MEIO AMBIENTE
DIREITO E DEVER FUNDAMENTAL

01332

M488m   Medeiros, Fernanda Luiza Fontoura de
Meio ambiente: direito e dever fundamental / Fernanda
Luiza Fontoura de Medeiros. – Porto Alegre: Livraria do
Advogado Editora, 2004.
201 p.; 16x23cm.
ISBN 85-7348-310-5

1. Direito Ambiental. 2. Meio ambiente. 3. Proteção
ambiental. I. Título.

CDU – 34:504

Índices para o catálogo sistemático:
Direito Ambiental
Meio ambiente
Proteção ambiental

(Bibliotecária responsável: Marta Roberto, CRB-10/652)

Fernanda Luiza Fontoura de Medeiros

MEIO AMBIENTE
DIREITO E DEVER FUNDAMENTAL

livraria
DO ADVOGADO
editora

Porto Alegre 2004

© Fernanda Luiza Fontoura de Medeiros, 2004

Capa, projeto gráfico e diagramação:
Livraria do Advogado Editora

Revisão:
Rosane Marques Borba

Direitos desta edição reservados por
Livraria do Advogado Editora Ltda.
Rua Riachuelo, 1338
90010-273 Porto Alegre RS
Fone/fax: 0800-51-7522
livraria@doadvogado.com.br
www.doadvogado.com.br

Impresso no Brasil / Printed in Brazil

A Gilberto e Marilú pelo apoio, pelo amor, pelo carinho que recebi como pais e por me estimularem a gostar de aprender e de ensinar, como mestres.

A meu irmão, João Paulo, parceiro nesta vida e na luta pela proteção do ambiente.

A minha vó Iracema, que ilumina e se ilumina ao cuidar de plantas e animais.

Ao Apolo, ao Odin, a Bela, a Godofreda, a Piriri, ao Barão Vermelho, a Pandora, ao Bidu e ao Racer (*in memoriam*), minhas fontes de inspiração e início de preocupação com um Direito que fosse para além do homem só!

Ao Flávio, meu noivo, companheiro de todas as horas, amor de todas as vidas.

Prefácio

Ao receber o honroso e gentil convite para prefaciar esta obra, que consiste no texto revisto e atualizado da dissertação de mestrado apresentada pela autora, Professora Mestre Fernanda Luiza Fontoura de Medeiros, na Faculdade de Direito da Pontifícia Universidade Católica do Rio Grande do Sul, cujo corpo docente tenho o privilégio de integrar, fui tomado simultaneamente por um sentimento de alegria, gratidão e orgulho. Alegria, por testemunhar a felicidade da colega e amiga Fernanda em superar, com competência, esta relevante etapa no âmbito da sua trajetória acadêmica e existencial. Gratidão, por ter sido contemplado com a distinção de lançar estas breves notas inaugurais de uma obra que deverá contribuir de modo substancial para a devida compreensão das principais questões que envolvem a problemática do direito a um meio ambiente sadio e equilibrado no contexto da nossa ordem jurídico-constitucional, assim como dos correlatos deveres impostos ao Estado e à sociedade. Orgulho, pelo fato de ter participado, ainda que modestamente, do processo de construção desta obra, na condição de professor, orientador e, posteriormente, de presidente da banca examinadora.

Sem que se vá aqui aprofundar qualquer aspecto ligado ao tema, importa, contudo, lembrar que, notadamente a partir da promulgação da nossa vigente Constituição, o meio ambiente e a sua proteção passaram a ocupar um lugar de destaque no âmbito de nossa arquitetura constitucional, de tal sorte que também o Estado democrático de Direito consagrado na nossa Carta Magna (e não apenas pela previsão expressa de um direito à proteção do meio ambiente) pode ser designado como sendo um verdadeiro Estado Constitucional Ambiental, tal qual costuma ser caracterizado por autores do porte de Michael Kloepfer (Alemanha), Joaquim José Gomes Canotilho (Portugal) e, entre nós, Paulo Affonso Leme Machado, José Rubens Morato Leite e José

Afonso da Silva, apenas para citar alguns dos que se têm notabilizado não apenas na teorização, mas também por sua contribuição para a afirmação deste modelo de Estado. Por outro lado, a efetiva construção de um Estado Ambiental, para além de uma previsão formal nos textos constitucionais e legislativos, reclama um permanente e dinâmico processo de construção, que somente será frutífero com o comprometimento de todos os segmentos da sociedade, e, evidentemente, não apenas do Direito e dos seus estudiosos e aplicadores. Aliás, tal dimensão justamente radica na base do discurso que permeia a obra ora prefaciada, já que a autora bem destaca que o meio ambiente não apenas é direito fundamental da pessoa humana (individual e coletivamente considerada), mas também dever fundamental, que vincula permanentemente os atores estatais e sociais, tanto numa perspectiva negativa quanto positiva. De outra parte, não olvidou a autora a necessária dimensão democrático-participativa dos direitos fundamentais, que, na esfera da proteção ambiental, assume particular relevância, notadamente em face da inviabilidade de se alcançar níveis satisfatórios de efetividade das normas constitucionais ambientais e, de modo geral, dos princípios direcionadores das políticas ambientais, sem uma considerável participação da sociedade civil. Por derradeiro, a despeito de outros pontos que poderiam aqui ser colacionados, é de aplaudir, no nosso entender (especialmente considerando o enfoque e as dimensões do trabalho), o bem-sucedido esforço da autora em lançar algumas questões vinculadas a uma ética ambiental, a começar pela convicção da própria necessidade de uma discussão das questões ambientais por este prisma.

Além do exposto e na tentativa de sermos fiéis ao nosso propósito de não efetuar uma digressão sobre a temática versada nesta obra, já que tal tarefa foi empreendida com desenvoltura pela nossa estimada Fernanda, importa destacar, ainda, que o texto ora apresentado ao leitor é fluido e de agradável leitura, facilitando a compreensão de toda a gama de questões enfrentadas. A bibliografia é rica e foi objeto de criteriosa seleção, de tal sorte que – apesar de (necessariamente) não exaustiva – revela a seriedade do trabalho e a intensa dedicação da autora à pesquisa, qualidades que, de resto, têm caracterizado a atuação da autora como docente, pesquisadora e orientadora de monografias de conclusão de curso e trabalhos de iniciação científica.

Para finalizar, só nos resta almejar que a autora e a sua obra venham a alcançar o merecido sucesso, notadamente com a acolhida ampla deste texto por todos aqueles que acreditam (ou, pelo menos, estão dispostos a acreditar) que o futuro da Democracia, do Estado de Direito e da própria humanidade depende – também e em muito – da adequada compreensão e da seriedade no manejo de toda a gama das questões que envolvem a promoção e proteção de um meio ambiente saudável e equilibrado. Foi – convém repisá-lo – uma satisfação e um privilégio poder escrever estas linhas, de tal sorte que só resta parabenizar a autora, a Livraria do Advogado Editora e a comunidade de leitores.

Porto Alegre, março de 2004.

Prof. Dr. Ingo Wolfgang Sarlet

Sumário

Apresentação - Paulo Affonso Leme Machado 13

Direito e Ambiente 15

1. Pensando a proteção ambiental 23

2. A proteção jurídica do meio ambiente e sua evolução 37

2.1. Uma aproximação à defesa do ambiente 37

2.2. A proteção ambiental no Direito Internacional 41

2.3. A proteção ambiental no Direito comparado 48

2.4. A proteção ambiental no Direito brasileiro 53

2.4.1. A proteção ambiental na esfera infraconstitucional 58

2.4.2. A constitucionalização da proteção ambiental no Brasil 61

3. Dos Direitos Fundamentais 65

3.1. Conceitos de Direitos Fundamentais 65

3.2. As dimensões dos Direitos Fundamentais 68

3.3. A dupla fundamentalidade dos Direitos Fundamentais na
Constituição Federal de 1988 76

3.3.1. Direitos Fundamentais em sentido formal 77

3.3.2. Direitos Fundamentais em sentido material 79

3.3.3. O sistema materialmente aberto dos Direitos Fundamentais na
Constituição de 1988 82

3.4. A dupla função dos Direitos Fundamentais como Direitos de defesa e a
prestações 85

3.4.1. Os Direitos Fundamentais como direitos de defesa 87

3.4.2. Os Direitos Fundamentais como direitos a prestações 88

4. Dos deveres fundamentais 93

4.1. Conceitos e características dos deveres fundamentais 94

4.2. Pressupostos sócio-histórico-jurídicos dos deveres fundamentais 98

5. proteção do meio ambiente: direito e dever fundamental 109

5.1. Direito Fundamental à proteção ambiental: fundamentação
jurídico-constitucional 110

5.2. Direito Fundamental à proteção ambiental e sua dupla função defensiva e prestacional 114

5.3. A proteção do ambiental como um dever fundamental 122

5.3.1. Conteúdo e significado do dever fundamental de proteção do meio ambiente 126

5.4. Direito e dever fundamental à proteção ambiental na perspectiva de sua titularidade ativa e passiva 131

5.5. Eficácia e efetividade das normas de proteção do meio ambiente . . . 141

6. Proteção do meio ambiente e necessária construção de um espaço participativo 153

6.1. Participação popular e o "feitio indomesticado da democracia" 153

6.2. Participação popular e direitos fundamentais 155

6.3. Dimensões processuais da participação popular e direitos fundamentais 157

6.4. Espaços de esfera pública e direitos à proteção ambiental 160

6.5. Proteção ambiental e bem essencialmente difuso e coletivo 164

7. Por uma ética ambiental 173

7.1. Razões de ser de uma ética ambiental 173

7.2. Pressupostos de uma ética ambiental 175

7.3. Uma ética ambiental: reciprocidade e solidariedade 182

7.4. Ética ambiental: facticidade e validade 184

7.5. Ética ambiental e bioética 189

Bibliografia 201

Apresentação

Meio Ambiente – direito e dever fundamental é a nova obra jurídica que brasileiras e brasileiros têm a vantajosa oportunidade de ler.

A autora – Fernanda Luiza Fontoura de Medeiros – é Mestre em Direito pelo Programa de Pós-Graduação em Direito pela Pontifícia Universidade Católica do Rio Grande do Sul – PUCRS, sendo Professora de diversas disciplinas nessa prestigiosa Universidade, entre elas, a matéria Direito Ambiental.

O livro está dividido em sete capítulos: pensando a proteção ambiental; a proteção jurídica do meio ambiente e sua evolução; direitos fundamentais; deveres fundamentais; proteção do meio ambiente: direito e dever fundamental; proteção do meio ambiente e necessária construção de um espaço participativo e ética ambiental.

Pela escolha dos temas revela-se a perspicácia jurídica da Autora. Dentro de uma aparente aridez da problemática puramente constitucional, Fernanda Luiza Fontoura de Medeiros faz um exaustivo levantamento da bibliografia, trazendo doutrinadores renomados, não subestimando os exímios juristas gaúchos e submetendo-os a uma acurada análise.

A obra fala por si mesma. Minha análise só faz acentuar o que os leitores vão encontrar: uma obra séria e lógica, desenvolvida com apurado rigor intelectual e fidedignidade às fontes.

Minha presença nesta página introdutória deve-se, além da generosa simpatia da Autora, à minha antiguidade na temática ambiental, que já data de 1972.

O Brasil, dotado de uma natureza tão pujante como diversa, não faltou a seu encontro histórico com a contemporaneidade. A Constituição Federal de 1988 foi construída pelo idealismo de muitos e pela urgência de mostrarmos nossa adesão à conservação e à preservação do meio ambiente como bem de uso comum do povo.

A Constituição Federal de 1988 conseguiu chegar à adolescência. O direito ambiental, como direito difuso e coletivo, está afirmando-se, ainda que a duras penas. O encantamento do início choca-se com a renitência de mentalidades insensíveis e egoístas. A transversalidade desse novo ramo do direito demanda ousadia contínua na transformação legislativa, na interpretação doutrinária e na implementação pelos juízes.

O direito ambiental está imerso numa nova concepção política em que as pessoas, as empresas e os poderes públicos precisam admitir novos parceiros – as organizações não-governamentais. O século XXI irá mostrar se realmente haverá sabedoria para gerar a paz ambiental, através de um novo controle social.

O livro de Fernanda Luiza Fontoura de Medeiros irá ajudar-nos a conseguir as soluções jusambientais de que necessitamos.

Piracicaba-SP, março de 2004.

Paulo Affonso Leme Machado

Professor de Direito Ambiental na Universidade Metodista de Piracicaba
e na Universidade Estadual Paulista. Professor convidado no Curso de
Pós-Graduação da Faculdade de Direito e de Ciências Econômicas
da Universidade de Limoges – Franças (1986-2004).
Prêmio de Direito Ambiental "Elizabeth Haub" (1985).
Autor do livro *Direito Ambiental Brasileiro.*

Direito e Ambiente

Vivemos em um período de intensos contrastes no desenvolvimento econômico-político-social da humanidade. Ao mesmo tempo em que a economia mundial aprimora-se para além do industrial, e a sociedade deslumbra-se com as habilidades de nossa civilização para as grandiosas descobertas técnico-científicas, paradoxalmente nos distanciamos, cada vez mais, da intimidade com o planeta onde vivemos.

Nossa civilização luta incessantemente para gerar e comercializar riquezas. Na luta por estes objetivos, imergimos em um ambiente em constante desintegração dos recursos naturais e do próprio humano, correndo o risco de gerar um mundo artificial.[1] Nossas ações e omissões referentes ao meio ambiente estão destruindo o planeta, colocando em risco a existência da própria civilização. As características dos riscos modernos com relação à degradação ambiental é desenvolvida, com propriedade, pelo sociólogo alemão Ulrich Beck em duas publicações significativas, *Risk Society* e, posteriormente, *Ecological Politics in an Age of Risk*. Goldblatt[2] ressalta, em análise de Beck, que "(...) embora os riscos que ameaçaram as sociedades industriais fossem importantes a nível local e freqüentemente devastadores a nível pessoal, os seus efeitos acabavam por ficar limitados em termos de espaço. Não ameaçaram sociedades inteiras", acrescentando que em sentido contrário "as formas contemporâneas de degradação do ambiente (...) não estão limitadas em termos de espaço ao âmbito do seu impacto,

---

[1] Quando nos referimos à geração de um mundo artificial, fazemos alusão a um mundo com uma natureza não-natural, com o ar poluído, as florestas desaparecidas, a miséria social e econômica se ampliando e dominando as propostas contra hegemônicas a este mundo. A. Giddens aponta uma conceituação um tanto quanto diferente ao abordar a mesma questão. Giddens cria a denominação "ambiente criado" como sendo aquele resultante do ambiente natural transformado pela industrialização.

[2] D. Goldblatt, *Teoria Social e Ambiente*, p. 231.

nem estão confinadas em termos sociais a determinadas comunidades. São potencialmente globais no âmbito de seu alcance".

Embora o contraste entre nossa civilização e a dos nossos ancestrais seja marcante, temos na realidade algo em comum: dependemos também, totalmente, dos sistemas e recursos naturais da Terra para o nosso sustento. Infelizmente, a expansão da economia global, na forma em que está estruturada, tem subjugado nossos ecossistemas. Essa situação pode ser comprovada diante das inúmeras questões ambientais globais emergentes, tais como o desaparecimento de espécies vegetais e animais, o encolhimento das florestas, o aquecimento da temperatura do planeta, a erosão dos solos, a produção avassaladora de lixo doméstico e tóxico, a poluição e a escassez da água, a extinção da própria espécie humana em sua face econômica perversa. Nesse contexto, a contaminação do meio ambiente é abordada pelo ilustre jurista Afonso da Silva,[3] como sendo "...todas as formas de poluição concorrem para a contaminação do meio: (...) a poluição atmosférica, proveniente das emissões fabris e domésticas que remetem ao ar toneladas de partículas sólidas, gasosas ou líquidas contaminadas de elementos químicos e tóxicos, a poluição das águas provinda do lançamento, descarga ou emissão de substâncias líquidas, gasosas ou sólidas que contaminam ou destróem as propriedades físicas, químicas e biológicas da água, a poluição do solo, pelo depósito de resíduos de variada natureza e diversas fontes, alguns patogênicos e altamente perigosos como o lixo hospitalar."

Os juristas Morato Leite e Ayala[4] apontam, no horizonte de criação de um Estado de Direito Ambiental, "a falência do Estado como modelo de regulação desses novos problemas e a quebra de relação de legitimidade entre suas restrições e as promessas de mantença da segurança do cidadão". Apoiando-se em Beck e De Giorgi,[5] os autores supra-referenciados trabalham as questões de risco nas sociedades contemporâneas, segundo o qual "as circunstâncias fáticas, naturais ou não, que sempre ameaçaram as sociedades humanas são perigos, mas somente poderão ser entendidas como riscos (...) se esses perigos forem conhecidos, sua ocorrência puder ser prevista e sua probabilidade, calculada".

---

[3] J. Afonso da Silva, *Direito Ambiental Constitucional*, p. 151.

[4] J. R. Morato Leite e P. Ayala, *Direito Ambiental na Sociedade de Risco*, p. 12.

[4] Beck e De Giorgi *apud* J. R. Morato Leite e P. Ayala, Op. Cit., p. 14.

Ao longo do século XX, assistimos, sob a ótica do ordenamento jurídico, uma luta entre a figura do Estado Social como articulador das necessidades individuais e sociais e uma ótica liberal; assistimos, da mesma forma, ao seu esfacelamento como cumpridor dessas expectativas.[6] A idéia de Estado-Nação configura outra modalidade de organização sociopolítica que busca dar conta das demandas das sociedades locais, regionais e internacionais. Também vem evidenciando o esgotamento de suas possibilidades.

Habermas,[7] nessa linha, defende que "no papel de cidadão do mundo, o indivíduo confunde-se com o do homem em geral – passando a ser simultaneamente um eu singular e geral. O século XIX acrescenta a esse repertório de conceitos, oriundo do século XVIII, a dimensão histórica: O sujeito singular começa a ser valorizado em sua história de vida, e os Estados – enquanto sujeitos do direito internacional – passam a ser considerados na tessitura da história das nações.(...) a filosofia prática da modernidade parte da idéia de que os indivíduos pertencem à sociedade como os membros a uma coletividade ou como as partes a um todo que se constitui através da ligação de suas partes."

Uma idéia que se configura com força e vai dar substrato aos nossos argumentos do ponto de vista do Direito vem da interligação não mais opaca ou intransparente, do ponto de vista filosófico e, quiçá, do Direito, entre homem-cidadão e sociedade-Estado "entrementes, as sociedades modernas tornaram-se tão complexas, ao ponto de essas duas figuras de pensamento – a de uma sociedade centrada no Estado e a da sociedade composta de indivíduos – não poderem mais ser utilizadas indistintamente.(...) O Estado passa a formar um subsistema ao lado de outros subsistemas sociais funcionalmente especificados".[8]

Instaura-se uma proposta que começa a ser delineada por Habermas e que, embora não vá ser seguida à risca nesta obra, aponta para questionamentos que não podem ser descurados, pois traduzem uma nova/velha ordem na instituição da coisa pública e, nela, o valorado papel do Estado de Direito e do Direito como ordenador/articulador das ações do Estado na teoria do direito. Essa teoria, por sua vez, vai lidar, tal como a figura de um "fio da navalha" entre "facticidade e

---

[6] Vasco Pereira da Silva. Verdes são também os Direitos do Homem, responsabilidade administrativa em matéria de meio ambiente, p. 11-13.

[7] Jürgen Habermas, *Direito e Democracia, entre facticidade e validade*, p. 17.

[8] Idem, p. 18.

validade", a que nós impõem as configurações de Estado, a forma/modalidade de tratar esses mesmos ou outros questionamentos, assumindo o princípio da formação da vontade socioindividualmente construída, no caso do trato das questões que envolvem o Direito e o Meio Ambiente.

Habermas assevera que "arrastada para cá e para lá, entre facticidade e validade, a teoria da política e do direito decompõe-se atualmente em facções normativistas, que correm o risco de perder o contato com a realidade social, e princípios objetivistas, que deixam fora de foco qualquer aspecto normativo, pode ser entendida como admoestação para não nos fixarmos numa única orientação disciplinar e, sim, nos mantermos abertos a diferentes posições metódicas (participante *versus* observador), a diferentes finalidades teóricas (explicação hermenêutica do sentido e análise conceitual *versus* descrição e explicação empírica) a diferentes perspectivas de papéis (o do juiz, do político, do legislador, do cliente e do cidadão) e a variados enfoques pragmáticos na pesquisa (hermenêuticos, críticos, analíticos, etc.".[9]

Esta realidade impactante enseja um questionamento profundo acerca da maneira como a humanidade tem direcionado sua relação com o meio ambiente. A visão holística e sistêmica[10] do homem interagindo com o mundo e do mundo interagindo com o homem tem invadido nossas produções científicas e acadêmicas. Estudos deste tema nas mais diversas áreas do conhecimento remetem-nos à dimensão de transdisciplinaridade[11] e interdisciplinaridade,[12] pois a preocupação com o ambiente alcança ramos do conhecimento muito além das ciências jurídicas.

---

[9] Jürgen Habermas, Op. Cit., p. 23.

[10] Entende-se como "condição holística e sistêmica", segundo autores como Fritoj Capra e Maturana e Varela, respectivamente nas obras 1997 e 1995, as propostas de exame da realidade e da interação entre os agentes envolvidos que contemplam o todo e as partes, assim como a visão local com perspectiva do universal, do global.

[11] O conceito de transdisciplinaridade, segundo Japiassu in G. Rohde, Op. Cit., p. 86, é a "coordenação de todas as disciplinas e interdisciplinas do sistema de ensino inovado sobre a base de uma axiomática geral, representando um sistema de níveis e objetivos múltiplos: coordenação com vistas a uma finalidade comum dos sistemas". Desta feita, observamos que as relações ambientais expressam ações não relacionadas estritamente a uma só disciplina. Pela própria natureza da área, indicam processos, no mínimo, interdisciplinares.

[12] Conforme o entendimento de Hilton Japiassu in G. Rohde, *Epistemologia Ambiental*, p. 86, o conceito de interdisciplinaridade pode traduzir-se pela "axiomática comum a um grupo de disciplinas conexas e definida no nível hierárquico imediatamente superior, o que introduz a noção de finalidade, especificado por um sistema de dois níveis e de objetivos múltiplos: coordenação procedendo do nível superior".

É um período de crises, uma crise ecológica que na realidade representa uma crise do homem com sua humanidade. Ost pondera, posição com a qual compartilhamos, que é uma crise de paradigma, a qual denomina a crise do vínculo e a crise do limite. "Crise do vínculo: já não conseguimos discernir o que nos liga ao animal, ao que tem vida, à natureza; crise do limite: já não conseguimos discernir o que deles nos distingue".[13]

Daí por que os questionamentos recorrentes junto à relação do homem com o planeta inserem-se nessa correlação de forças, forças essas a que Habermas vai denominar como a busca de uma teoria de Estado e de Direito que trata da facticidade e da validade entremeada pela legalidade e legitimidade. Esses se constituem em questionamentos presentes em temas candentes como os que envolvem a vida em geral e a ligação da pessoa humana com a sua ambiência física e cultural.

Morin[14] acentua, a esse respeito, que "quando nos limitamos às disciplinas compartimentadas – ao vocabulário, à linguagem própria a cada disciplina –, temos a impressão de estar diante de um quebra-cabeças cujas peças não conseguimos juntar a fim de compor uma figura. Mas, a partir do momento em que temos um certo número de instrumentos conceituais que permitem reorganizar os conhecimentos – como para as ciências da Terra, que permitem concebê-la como um sistema complexo e que permitem utilizar uma causalidade feita de interações e de retroações incessantes-, temos a possibilidade de começar a descobrir o semblante de um conhecimento global (...). Sem dúvida, é a relação que é a passarela permanente do conhecimento das partes ao todo, do todo às partes, segundo a perspectiva de uma frase de Pascal (...): 'Sendo todas as coisas causadas e causadoras, auxiliadas e auxiliantes, mediatas e imediatas, e sustentando-se todas mutuamente por meio de um elo natural e insensível que liga as mais distantes e diferentes, eu assevero que é impossível conhecer o todo sem conhecer particularmente as partes'".

Em que pesem as dimensões extrajurídicas, é na perspectiva jurídica que se assentam as teses desenvolvidas nessa obra, sem renunciar a eventuais incursões em outras searas. O papel da ciência jurídica, atualmente, atinge patamares mais elevados, pois a complexidade da

---

[13] F. Ost, *A Natureza à Margem da Lei*, p. 9.
[14] E. Morin, *A Religação dos Saberes*, p. 491.

Meio Ambiente
DIREITO E DEVER FUNDAMENTAL

sociedade moderna exige a regulamentação de novas situações, antes inexistentes no mundo jurídico, como requisito cogente ao ordenamento social. Nesse contexto, situam-se as relações do homem com o meio ambiente, cujos fatos obrigam o reconhecimento de novos bens e posições jurídicas.

Morato Leite e Ayala[15] salientam que "a tomada de consciência da crise ambiental é deflagrada, principalmente, a partir da constatação de que as condições tecnológicas, industriais e das formas de organização e gestões econômicas da sociedade estão em conflito com a qualidade de vida (...). São processos que cada vez mais se impõem a serem considerados na organização interna dos poderes estaduais nacionais, e, sobretudo, na organização das relações dos poderes estatais perante a posição juridicamente protegida do cidadão no espaço público contemporâneo. (...) Questões com repercussões não apenas locais (...) e que dificilmente se enquadrariam nos esquemas tradicionais da ciência jurídica (...). É nesse espaço que se localiza com segurança o domínio do Direito Ambiental".

O meio ambiente é um bem jurídico fundamental protegido pela Constituição Federal brasileira. A análise da relação homem/meio ambiente sob o ponto de vista do sistema jurídico, especificamente na abordagem do direito constitucional, alicerça-se nos direitos e nos deveres fundamentais como posições jurídicas que podem ser reconduzidas a este bem jurídico intitulado ambiente.

Para além disso, nesta obra, demonstramos a necessidade de repensar a teoria jurídica tradicional, enfatizando a necessidade de uma reflexão inter e transdisciplinar relacionando as ciências sócio-humanas e jurídicas em busca do bem comum. Destacamos a proteção ao meio ambiente como um princípio básico de nosso sistema jurídico, posicionando o direito ambiental como integrante indubitável do grupo de direitos fundamentais de nossa Constituição, vinculado ao princípio da dignidade da pessoa humana e ao próprio conceito de cidadania numa ordem genuinamente democrática. Para tanto, recorremos ao regime jurídico-constitucional dos direitos e dos deveres fundamentais para determinar a função do homem e sua posição perante a natureza, como indivíduo e como sociedade.

A proteção do meio ambiente é um dos mais valiosos direitos e, principalmente, um dos mais importantes deveres do cidadão. O meio

---

[15] J. R. Morato Leite e P. Ayala, Op. Cit., p. 1.

ambiente saudável e equilibrado é fundamental para garantir a dignidade da pessoa humana e a vida em geral, assim como enfatiza a necessidade do conceito de cidadania. Encontramos no filósofo alemão Jürgen Habermas[16] o apoio teórico que alicerça as teses defendidas nesse livro. O referido autor dispõe que o conceito de cidadania amplia os papéis do homem, ressaltando que "hoje em dia, no entanto, as expressões 'cidadania' ou 'citizens-hip' são empregadas, não apenas para definir a pertença a uma determinada organização estatal, mas também para caracterizar direitos e deveres dos cidadãos".[17]

Assim, o homem, na condição de cidadão, torna-se detentor do direito a um meio ambiente saudável e equilibrado e também sujeito ativo do Dever Fundamental de proteção ao meio ambiente, de tal sorte que propomos a possibilidade de se instituir, no espaço participativo e na ética, uma caminhada rumo a um ordenamento jurídico fraterno e solidário. Ancora-se a análise da preservação ambiental como um direito fundamental, constitucionalmente reconhecido. Porém, esta não é a única questão suscitada: a proteção ambiental constitui-se em responsabilidade tanto do indivíduo quanto da sociedade, admitindo suas posições no processo de preservação, reparação e promoção, assim, reveladas como um dever fundamental. Como inerente do direito, pressupomos a exploração dos conceitos de eficácia e de efetividade da norma em relação à aplicação de princípios jurídicos à proteção do meio ambiente.

Cada capítulo desta obra trata de um tema específico na busca de uma exegese da condição contingencial de um Estado de Direito Ambiental. No desenvolvimento do texto, o *capítulo 1, "pensando a proteção ambiental"*, salienta a proteção ao meio ambiente, no Brasil e no mundo, por intermédio de uma visão histórica da evolução com a preocupação da preservação ambiental, como parte da importância do meio para a preservação da vida na Terra. No *capítulo 2, "a proteção jurídica do meio ambiente"*, destaca-se a evolução da proteção jurídica ao meio ambiente na esfera constitucional comparada, internacional e interna, salientando as suas origens, seus primeiros passos, como uma forma de introduzir uma consciência ecológica e as suas pressupostas conseqüências. O *capítulo 3, "dos direitos fundamentais"*, estabelece parâmetros conceituais gerais a respeito dos direitos fundamentais da

---

[16] J. Habermas, *Soberania Popular como Procedimento*, p. 107-113.
[17] J. Habermas, *Direito e Democracia entre facticidade e validade*, tomo II, p. 285.

pessoa humana e, para tanto, exploram-se conceitos, evolução, classificações e funções dos direitos fundamentais. Este aprofundamento permite que se possa enquadrar, justificadamente, o direito à proteção ambiental como um direito fundamental na Constituição Federal de 1988, pontuando os aspectos relativos às suas funções e sua força normativa. Alicerçados nesse entendimento, examinando o desenvolvimento de uma *consciência verde*, os deveres e os direitos oriundos de nossa Carta Constitucional, no *quarto capítulo*, "dos deveres fundamentais", propomos a análise específica dos deveres fundamentais, por meio de uma revisão de literatura acerca do tema e de um estudo orientado aos deveres fundamentais na Carta de 1988 e para além dela. O *capítulo 5* tematiza, de maneira específica, a proteção ao *"meio ambiente saudável e equilibrado como um direito e um dever fundamental."* A tarefa cuida em estabelecer, legitimando o direito à proteção ambiental como um verdadeiro, autêntico e inexorável dever fundamental do Estado, da comunidade e do indivíduo, não deixando de ser, concomitantemente, um direito fundamental do cidadão. O *sexto capítulo, "a proteção do meio ambiente e a necessária construção de um espaço participativo"*, com fulcro no Estado Democrático de Direito disposto em nossa Carta, expõe possibilidades de o cidadão comum exercer o seu dever de preservação. Com fundamento em autores contemporâneos, são expostas algumas formas necessárias de participação na organização e procedimento como uma das condições para assegurar a proteção do meio ambiente. Ao classificarmos a proteção ambiental como um direito e um dever fundamental é imperativo, em nosso ponto de vista, que se vá mais além. Com o *capítulo 7, "por uma ética ambiental"*, refletimos acerca de uma ética ambiental, eminentemente voltada para a vida, traduzida pela inserção da bioética na ciência jurídica. Acolhemos, como tese, uma nova estrutura antropológica ou antropofilosófica que se valha de uma leitura contemporânea da posição e da função do homem no meio em que vive.

1. Pensando a proteção ambiental

> "La preocupación por la naturaleza y por el medio ambiente, ¿no es en realidad preocupación por nosotros mismos?"[18]

A conexão do Direito com o meio ambiente não é gratuita. Ela funciona como articuladora e mediadora das necessidades da população, dos indivíduos, das instituições em suas diferenciadas configurações, assim como necessita de ordenamentos jurídicos que busquem manter os interesses de cada um e de todos.

A natureza clama por atenção. Desastres ecológicos aumentam em quantidade e poder de destruição em todas as regiões do planeta. Navios cargueiros derramam toneladas de óleo em regiões que deveriam ser consideradas patrimônio da humanidade; animais morrem pelo uso indiscriminado de poluentes despejados nas águas, na terra e no ar; florestas encontram-se ameaçadas de extinção devido à ganância do homem, assim como a própria vida humana está correndo o risco de sucumbir se nenhuma precaução for tomada.[19]

A partir dos primeiros grandes desastres ecológicos, a proteção ambiental tornou-se a preocupação de diversos ramos do conhecimento.[20] Contudo, ampla parcela do pensamento científico, ainda hoje,

---

[18] A. Dobson, *Pensamiento Político Verde*, p. 41.

[19] Como forma de reação a esses acontecimentos, "assiste-se, a um extraordinário desenvolvimento das ciências do ambiente, das políticas de ambiente, da proliferação de leis em matéria de ambiente, que contribui para a difusão de uma nova consciência ecológica". Vasco Pereira da Silva. Verdes também são os direitos do homem, p. 11.

[20] Claude Lévi-Strauss disse sem rodeios, em entrevista concedida a L'Express de Paris, reproduzida em Temas candentes de hoy, Buenos Aires, Emecé, 1975, que: "o problema fundamental da sociedade atual, a seu juízo, não é a superação do capitalismo, nem a luta de classes, mas, arriscando-se a 'parecer reacionário', o do esgotamento dos recursos naturais frente ao aumento

coloca-nos em uma posição de observadores alheios à natureza. Nosso ilustre Lutzenberger afirma que, o "ambiente é visto como algo externo a nós, no qual estamos total e umbilicalmente imersos, é verdade, mas que não faz parte de nosso ser – uma dicotomia bem clara".[21]

A ação predatória do homem sobre a Terra é tão antiga quanto a sua própria existência. Nos primórdios, o homem exercia essa ação predatória para sobreviver e igualmente, para enriquecer, retirando da natureza toda a matéria de que necessitava de modo irresponsável e inconsciente. As ações de degradação ambiental eram permitidas ou, pelo menos, toleradas, inclusive, pela própria falta de regulação na área.

Atualmente, a essas matrizes se agregam outras vertentes que incluem o homem na teia da vida, processo do qual esse mesmo homem se excluía como parte inerente. Porém, tem-se em mente a finitude dos recursos naturais do planeta e que a exploração desenfreada pode levar a conseqüências desastrosas.[22] Essa condição torna-se clara quando refletimos acerca da idéia de que o planeta onde vivemos possui órgãos, fluidos, vísceras; é uma massa viva que necessita de condições adequadas para sobreviver. Sua riqueza de recursos é finita, pois, se as fontes de água potável se extinguirem, não haverá retorno. Isso faz parte de um sofisma, pois elas se extinguem, geralmente, por ações externas, em grande parte, exercidas pelo homem. O mesmo poderia acontecer com a fauna, com a flora, e com todos os organismos vivos que dependem do planeta sadio para sobreviver. Nesse elenco, também, se encontra o homem.[23] Assim, a proteção do meio ambiente reveste-se de capital importância para a preservação da vida na Terra,

---

populacional da humanidade, ou seja, o problema ecológico" *apud* Roberto Follari, *Ecologia, Ecodesenvolvimento, Ecocídio, Eco. . ., in Cadernos Cedes*, nº 29/1993.

[21] In F. Lewgoy, *Política e Meio Ambiente*, p. 9.

[22] Gould traduz bem essa preocupação ao caracterizar os planetas como "organismos, não como moléculas de água, possuem personalidades irredutíveis formadas pela história. São objetos que pertencem ao domínio de um grandioso empreendimento humano – a história natural – que em ambos os estilos da ciência até no nome, ainda perfeitamente apropriado, que o acompanha desde a Antigüidade". S. J. Gould, Viva o Brontossauro. *Reflexões sobre a História Natural*, p. 498.

[23] Nesta perspectiva, Souza Filho dispõe que "o meio ambiente, entendido em toda a sua plenitude e de um ponto de vista humanista, compreende a natureza e as modificações que nela vem introduzindo o ser humano. Assim, o meio ambiente é composto pela terra, a água, o ar, a flora e a fauna, as edificações, as obras-de-arte e os elementos subjetivos e evocativos, como a beleza da paisagem ou a lembrança do passado, inscrições, marcos ou sinais de fatos naturais ou da passagem de seres humanos. Desta forma, para compreender o meio ambiente é tão importante a montanha, como a evocação mística que dela faça o povo" C. F. M. de Souza Filho, *Bens Culturais e Proteção Jurídica*, p. 9.

e a atuação da humanidade, hoje a principal causa da destruição, poderá tornar-se a principal cura.

Durante milhares de anos, a intervenção do homem na natureza era relativamente reduzida, devido às limitadas técnicas de exploração utilizadas na produção dos bens de consumo, seja nas manufaturas, na agricultura ou na pecuária. Com o início da era industrial, essa realidade alterou-se e ao final do século passado os perigos que afetam o meio ambiente atingiram um nível dramático; são técnicas que variam desde uma queimada – para preparar a terra e para destruir a terra – até a liberação de gases poluentes na atmosfera, destruindo a camada que nos protege – para melhorar a vida e para destruir a vida.

A degradação ambiental tem sua origem na própria ação do homem, que pode ser entendida como uma atividade eminentemente modificadora do ambiente, haja vista a alteração de processos naturais, de características físicas, químicas e/ou biológicas que, de alguma forma, interferem nos usos preexistentes de um determinado meio ambiente. O homem é o maior poluidor e o maior responsável pelo esgotamento das próprias bases naturais da manutenção da vida por intermédio de suas ações modificadoras do meio, como as obras da construção civil (com o uso dos recursos minerais), as atividades agrícolas e de mineração, que ocupam e transformam o solo através do uso, entre outras.

Inobstante, essa visão aos poucos vem sendo modificada pela participação efetiva na proteção, promoção e preservação do meio ambiente. Governos, organizações não-governamentais, escolas, pessoas, dentre outros tantos entes, têm-se manifestado na luta pela preservação da vida, incluindo a vida humana, e para além dela. Essa busca é global, haja vista o meio ambiente ser um dos poucos temas a despertar o interesse de todas as nações, "independentemente do regime político ou sistema econômico",[24] devido à consciência de que *as conseqüências dos danos ambientais ultrapassam fronteiras, países ou regiões*: "daí a preocupação geral no trato da matéria que, em última análise, significa zelar pela própria sobrevivência do homem".[25] O dever de zelar pela manutenção de um meio ambiente saudável supera conceitos fechados de soberania e suplica por uma interpretação supranacional, no concernente à proteção ambiental.[26]

---

[24] V. Passos de Freitas, *Direito Administrativo e Meio Ambiente*, p. 12.

[25] Ibidem.

[26] Embora aqui nós estejamos a nos preocupar, prioritariamente com a proteção jurídico-constitucional.

O passar dos anos e o gigantesco aumento das tragédias naturais provocadas pela mão humana despertaram uma reação mundial voltada à preservação do meio natural. Essa reação se apresenta mediante uma alteração de consciência da humanidade referente à saúde ambiental. Essa conscientização acerca do estado do meio ambiente de nosso planeta não deixou de registrar conseqüências no ordenamento jurídico, culminando no desenvolvimento do direito à proteção ambiental.

Morato Leite e Ayala[27] propõem, nessa linha, a necessidade de o Estado "lidar com a crise ambiental, ciente das circunstâncias diferenciadas que se caracterizam, a partir de um modelo de riscos (...) [caracterizando] o Estado de Direito Ambiental e enfatizando a necessidade de seu diálogo transdisciplinar, (...) para que venha a se firmar como um Estado integral, que compreenda seus problemas, na espécie, os ambientais, da forma mais completa e satisfatória possível".

Ao nos referimos ao direito a usufruir um ambiente ecologicamente equilibrado, é necessário transitarmos pela ciência ecológica. Ao abordarmos a origem das denominações e dos conceitos de meio ambiente, necessários para o entendimento do tratamento dispensado ao tema pela nossa Constituição. O mestre português Odum[28] conceitua ecologia como signo derivado da palavra grega *oikos*, que significa "casa" ou "lugar onde se vive", reafirmando a ecologia como a ciência que estuda as relações dos organismos com o meio em que vivem,[29] da mesma forma, vamos analisar o conceito de meio ambiente, tarefa mais árdua, mas imprescindível, haja vista a necessidade de dominarmos o significado conceitual do bem que pretendemos proteger.

A relevância de conceituar o meio ambiente encontra fundamento na obra do renomado jurista Alexy. O professor alemão pontua que a claridade analítico-conceitual é uma condição elementar da racionalidade de toda a ciência, e acrescenta que, para as disciplinas que são

---

[27] J. R. Morato Leite e P. Ayala, Op. Cit., p. 20.

[28] Eugene Odum. *Fundamentos de Ecologia*. Lisboa: Fundação Calouste Gulbenkian, 1971, p. 4 *apud* V. Passos de Freitas, Op. Cit., p. 15. O referido autor salienta, ainda, que "em sentido literal, a ecologia é o estudo dos organismos em sua casa. A ecologia define-se usualmente como o estudo das relações dos organismos ou grupos de organismos com o seu ambiente, ou a ciência das inter-relações que ligam os organismos vivos ao seu ambiente".

[29] Idem, p. 16. Nesta perspectiva, Passos de Freitas alerta que a ecologia é, atualmente, a "razão de interesse de todos os homens, já conscientes de que a má utilização dos recursos naturais, o desenvolvimento econômico a qualquer preço, o descuido com a conservação da natureza, poderão acarretar graves conseqüências. Quiçá, até, o fim da espécie humana".

controladas por experiências empíricas, este postulado tem uma importância ainda maior.[30]

Porém, conceituar meio ambiente e elencar os itens que o compõem não é tarefa que se resume à definição de ecologia, como ocorre nas ciências biológicas. O conceito de meio ambiente é muito mais amplo do que o de ecologia, envolvendo todos os tipos de relações estabelecidas entre os homens individualmente considerados e, na relação entre os mesmos e o espaço onde vivem. Daí a relevância de sua conceituação e ordenamento do ponto de vista sociojurídico.[31]

Ao falar em meio ambiente não podemos deixar de destacar a existência de vários "ambientes" distintos, mas interdependentes. Meio Ambiente não é tão-somente a relação dos seres vivos com o meio em que vivem; meio ambiente inclui, conforme o entendimento que acolhemos, de Passos de Freitas,[32] "urbanismo, aspectos históricos, paisagísticos e outros tantos essenciais, atualmente, à sobrevivência sadia do homem na Terra".[33]

Nessa linha, apoiamo-nos em Deebeis[34] quando realça, ainda, que o "meio ambiente não é meio, é um todo que engloba elementos naturais, artificiais, culturais e do trabalho". Souza Filho[35] corrobora o

---

[30] R. Alexy, *Teoria de los Derechos Fundamentales*, p. 39.

[31] Conforme o entendimento de E. Pigretti, Op. Cit., p. 49-50, estudar o meio ambiente significa compreender o significado de nosso planeta, da biosfera, de ecologia e da própria vida. Dispõe que: "la biósfera se define como la parte de la Tierra donde existe vida, pero esta definición acarrea a los especialistas algunas dificultades, por cuanto aún en la superficie de la Tierra existen zonas demasiado secas o frías o muy calientes que impeden el mantenimiento natural de organismos com procesos metabólicos. (...) Para otros, la serie de interrelaciones existentes entre el hombre, el aire, el agua y los suelos sería comparable al concepto de biósfera, cuando no al criterio de medio ambiente. Este concepto de 'medio ambiente' pasaría, en consecuencia, a ser definido como la suma de todo lo que nos rodea. De aceptar tal punto de partida, biósfera y medio ambiente serían identificables com el término ecología (...)."

[32] V. Passos de Freitas, Op. Cit., p. 17.

[33] J. A. da Silva, *Direito Ambiental Constitucional*, p. 2. Nesta mesma linha, Silva dispõe que "O conceito de meio ambiente há de ser, pois, globalizante, abrangente de toda a natureza original e artificial, bem como os bens culturais correlatos, compreendendo, portanto, o solo, a água, o ar, a flora, as belezas naturais, o patrimônio histórico, artístico, turístico, paisagístico e arqueológico".

[34] T. D. Deebeis, Op. Cit., p. 20.

[35] C. F. M. de Souza Filho, Op. Cit., p. 10. Conforme o autor, meio ambiente é "O patrimônio ambiental – natural e cultural, assim é elemento fundamental da civilização e da cultura dos povos, *e a ameaça de seu desaparecimento é assustadora, porque ameaça de desaparecimento a própria sociedade.* Enquanto o patrimônio natural é a garantia de sobrevivência física da humanidade, que necessita do ecossistema – ar, água e alimentos – para viver, o patrimônio cultural é garantia de sobrevivência social dos povos, porque é produto e testemunho de sua vida" (grifo nosso).

entendimento de Deebeis e acrescenta que o patrimônio ambiental, englobando na expressão o meio natural e cultural, é o elemento fundamental da civilização e da cultura dos povos. Goldblatt[36] alerta que "não seremos capazes de compreender a fundo a dinâmica das políticas de ambiente enquanto não compreendermos as causas e as conseqüências da degradação do ambiente".

Machado[37] assevera, em sua obra, que a denominação "meio ambiente", apesar de constituir expressão largamente utilizada e de boa sonoridade, não é, contudo, a mais correta. Os verbetes "meio" e "ambiente" são sinônimos "porque meio é precisamente aquilo que envolve, ou seja, o ambiente". O termo "ambiente" possui origem na língua latina e significa, dentre outros, "meio em que vivemos", por isso, ao utilizar as duas expressões, juntas, incorreríamos em um pleonasmo. Todavia, apesar de reconhecer que poderemos estar incorrendo em eventual erro de linguagem, fazemos uso dessas expressões (meio ambiente) ao longo desta obra para designar o bem jurídico do qual estamos tratando, inclusive para não perder a sintonia com a terminologia predominantemente utilizada.

Embora sejamos capazes de compreender a importância da abrangência do ponto de vista multifocal das relações do homem com o ambiente nas mais diversas esferas, aprofundamo-nos em uma análise mais específica do todo, referindo-nos, essencialmente ao regime jurídico destinado à proteção dos elementos naturais do ambiente, ou seja, à análise da atuação jurídico-constitucional na preservação ambiental.

Nesse contexto, Séguin[38] manifesta-se questionando a posição do homem como salvador do planeta, alertando que a Terra sobreviveu e se recuperou de inúmeros impactos e cataclismas e que, talvez, os verdadeiros indivíduos frágeis sejam os da raça humana. Acompanhando o pensamento de Gould,[39] há a propositura de elaboração de um pacto com a Terra. Nesse pacto, assumimos o compromisso de dispensar os cuidados que gostaríamos de receber e "ela talvez tenha condescendência para conosco e nos permita sobreviver". A preocupação sobre o que vem sendo feito com o nosso ambiente e de que forma a

---

[36] D. Goldblatt, Op. Cit., p. 30.

[37] P. A. L. Machado, *Direito Ambiental Brasileiro*, p. 89.

[38] E. Séguin, Op. Cit., p. 2.

[39] S. J. Gould, Op. Cit., p. 15.

ciência jurídica pode comprometer-se e participar do processo de preservação é questão de grande relevância neste estudo.[40]

A preocupação mundial concernente à proteção ambiental teve seus primeiros passos, conforme o entendimento de Ruiz, nos anos anteriores à Primeira Grande Guerra Mundial. O referido autor denomina este período como sendo aquele correspondente à pré-história do direito à proteção ambiental, tratando a proteção ambiental apenas dos elementos do ecossistema que possuíssem utilidade para a produção ou representasse valor econômico por ser objeto de utilização comercial.

Entre as décadas de 20 e 40, segundo Paula,[41] concretizou-se, no mundo, a expansão tecnológica e industrial, a massificação da produção e a expansão dos suprimentos de energia, tudo isso resultando não só numa maior concentração nos centros urbanos, assim como no prosseguimento do modelo de desperdícios dos recursos naturais. Para Ruiz,[42] o período compreendido entre o início dos anos 30 e a Segunda Grande Guerra pode ser denominado como "natureza virgem", haja vista a intervenção do homem sobre espaços naturais e riquezas biológicas de territórios virgens submetidos à colonização.

No decorrer da Segunda Grande Guerra houve a conversão do pólo industrial para a produção de produtos bélicos, configurando-se uma escassez de bens de consumo e uma pesquisa de alternativas para matérias-primas em falta, surgindo novas tecnologias e materiais, conforme Paula.[43] Já no entender de Ruiz[44] a preocupação da escassez de matérias-primas levou a comunidade mundial a celebrar convênios e convenções com o intuito de proteger, dentre outros, a água do mar e as águas doces.

As atitudes e ações presentes nesse período eram regidas pela corrente do Desenvolvimentismo, pensamento filosófico que subordinava a capacidade humana de conservação dos recursos naturais às

---

[40] E. Pigretti, *Derecho Ambiental*, p. 45. Neste sentido, dispõe Pigretti "(...) la preocupación por las condiciones de vida del hombre, en el planeta que habita, es en realidad una preocupación de reciente data, si la consideramos como el esfuerzo interdisciplinario mediante el cual se intenta lograr que la vida humana se desarrolle en un estado de perfecta salud, y dentro del mayor bienestar físico y mental posible, para el conjunto de seres vivientes que habitamos la biósfera, esa delgada capa que circunda el planeta Tierra y dentro de la cual se dan las condiciones de vida necesarias para el nacimiento y desarrollo de las especies naturales".

[41] J. A. de Paula, *Biodiversidade, população e economia*, p. 15.

[42] J. J. Ruiz, Op. Cit., p. 17 e seguintes.

[43] J. A. de Paula, Op. Cit., p. 15.

[44] J. J. Ruiz, Op. Cit., p. 17 e seguintes.

exigências do desenvolvimento econômico. O desenvolvimentismo perdurou até a década de 60, no hemisfério norte, e até a década de 70, no hemisfério sul, passando a vigorar uma "era ecológica". Esse período é decorrente de uma crise de valores da sociedade de consumo, o que produziu um "fermento ecológico" gerado pelo alarme lançado pelos cientistas em virtude dos numerosos acidentes de contaminação ambiental, nascendo um novo pensamento ecológico de preservação do ambiente: o "verde".[45]

O emérito professor Paula[46] afirma que, no período compreendido entre as décadas de 70 e 80, surgiu a preocupação com a finitude dos recursos em decorrência das crises do setor petrolífero; houve um início de esforços para a redução dos desperdícios nos meios de produção, o que fez aumentar a conscientização ambiental da população. Indicou um período de surgimento do protesto ecológico como forma de manifestação política, assim como da introdução de temas ecológicos no processo de discussão legislativa. Foi, também, o período de emergência das primeiras Organizações Não-Governamentais (ONGs), representantes ativos do terceiro setor da sociedade e indicativas de uma outra forma de operar no processo político, incluindo nele, de forma direta ou representativa, os atores envolvidos nas cenas sociais.

A corrente que imperou nesse ínterim foi a do Conservacionismo, que subordina o desenvolvimento socioeconômico à capacidade humana de conservação dos recursos naturais, procurando equacionar as necessidades da sociedade à conservação do meio ambiente.[47] Grandes desastres ambientais ocorreram, com uma escassez real dos recursos naturais, o que acentuou a degradação da qualidade de vida dos grandes centros urbanos. Em decorrência desses desastres ecológicos, uma revisão de atitudes começa a esboçar-se por parte dos cidadãos, dos legisladores, do Executivo, em suas diversificadas esferas e níveis, dos representantes do corpo judiciário com relação à sustentabilidade e ao rebatimento da idéia de intercorrência nas ações-reações em um determinado local, nas ingerências e implicações em locais completamente distintos e distantes.

A partir do final da década de 80 e do início dos anos 90 emerge a figura do Desenvolvimento Sustentável, corrente do pensamento que

---

[45] J. J. Ruiz, Op. Cit.

[46] J. A. de Paula, Op. Cit.

[47] Ibidem.

domina a economia mundial. Essa corrente, visando à proteção do Meio Ambiente, busca a qualidade do processo de desenvolvimento socioeconômico que se subordina às possibilidades práticas de manejo dos recursos naturais, valendo-se da necessidade do contínuo conhecimento científico. Na perspectiva do desenvolvimento sustentável, esse conhecimento, por sua vez, está atrelado a dilemas e problemas morais que buscam levar em consideração a qualidade da vida vivida. E é essa busca pela qualidade da vida na Terra que fez e faz com que a humanidade se transforme em unidade, evidenciando o múltiplo no uno, possibilitando a evolução da proteção ambiental sob a visão do direito.

Assumindo a idéia de risco, nossos destacados interlocutores, Morato Leite e Ayala,[48] apresentam, diversas posições dos intelectuais no embate com o ambiente: uma primeira hipótese assumia o risco "de forma restritiva, ou como um dado existencial dessas sociedades, que só poderia ser superado pela formação. Uma segunda hipótese ainda reputaria o risco como produto dos processos civilizatórios e da diminuição do controle social, e numa terceira, (...) procuraria entender o risco como reflexo de uma pretensa segunda modernidade", esta última muito criticada por seu autor De Giorgi.

Os problemas relativos à destruição do meio ambiente afetam todas as nações, não estando vinculados a fronteiras, nacionalidades ou jurisdição. E a representação dessa unidade mundial na busca por um ambiente saudável resulta na ocorrência de movimentos supranacionais como, por exemplo, a Conferência de Estocolmo, em 1972, e a Conferência do Rio, a ECO 92, que despertam a "aldeia global" para o perigo da destruição ambiental e unem a humanidade para reverter a degradação do ambiente em que vivemos, antes que seja tarde demais. Faz parte desse "despertar" para o problema o estabelecimento, nos planos interno e externo, de normas jurídicas que busquem assegurar a proteção do meio ambiente, revelando, dessa forma, uma construção contínua de uma teoria e prática jurídica da proteção ambiental, a qual enfocamos pelo prisma jurídico-constitucional.

A preocupação com o futuro dos recursos naturais de nosso planeta, por meio da degradação da flora, da fauna, da terra, da água e do ar em todas as regiões, foi a propulsão necessária para realizar essas reflexões. Proteger o meio ambiente encontra-se revestida de capital

---

[48] J. R. Morato Leite e P. Ayala, Op. Cit., 17.

importância para a própria manutenção da vida na Terra e, por meio dela, procuramos desvendar qual o papel do Direito, da sociedade e do Estado na imprescindível tarefa de preservação ambiental.

Propomos redimensionar a posição do homem em relação ao Meio Ambiente. Desafiamos o Direito a possibilitar ao homem, através de sua participação efetiva, a redesenhar o ordenamento jurídico, emoldurado pelas dimensões de legalidade e legitimidade. Nesse sentido, avaliar o bem jurídico tutelado é fundamental para compreensão da legitimidade da lei e do próprio ordenamento jurídico.

Assumimos ponto de vista jurídico-constitucional para caracterizar a proteção ambiental como parte integrante do grupo seleto dos direitos fundamentais da Constituição brasileira de 1988. A premissa nuclear de nossas reflexões parte da caracterização do direito à proteção do meio ambiente, na esfera jurídico-constitucional, como um bem jurídico fundamental. Para tanto, fizemos uso da análise da evolução da proteção jurídica do meio ambiente, nas esferas do direito constitucional nacional, do direito constitucional comparado e do direito internacional assumindo que, a tutela desse bem jurídico foi-se alçando, paulatinamente, a categoria jurídica postada no cume do ordenamento jurídico na grande maioria das Constituições européias e americanas.[49]

O Direito à Proteção Ambiental representa mais do que a descrição da existência de um Direito: é um Direito de proteção ao meio ambiente, é um Direito portador de uma mensagem de interação entre o homem e a natureza, para que se estabeleça um relacionamento mais harmonioso e equilibrado. Não é de surpreender que esse seja um Direito de caráter horizontal, representando um direito fundamental de caráter *erga omnes*, recobrindo diferentes ramos do Direito clássico, procurando estabelecer uma interação entre eles de forma que o âmago do direito ambiental penetre no ordenamento jurídico para os orientar em um sentido ambientalista.

O direito e o dever fundamental do meio ambiente consubstancia-se em um caráter de função mista em relação à teoria dos direitos fundamentais, em virtude da diversidade de normas existentes no artigo 225 da Constituição Federal. O direito fundamental de proteção ambiental, assim como o dever, possui um caráter em sentido presta-

---

[49] Ao longo do trabalho podemos constatar a presença de diversos exemplos constitucionais alienígenas que consideram o direito a proteção do meio ambiente como um direito fundamental do cidadão.

cional, quando cumpre ao Estado, por exemplo, prestar a proteção aos recursos naturais – representados pelo ecossistema ecologicamente equilibrado – ou a promoção de alguma atividade para a efetiva proteção do meio ambiente, contra intervenções de terceiros e do próprio Poder Público. Assume, ainda, seu caráter em sentido de defesa quando proíbem seus destinatários de destruir, de afetar negativamente o objeto tutelado.

Em virtude da diversidade de normas do artigo 225, a mesma duplicidade de caracterização, que ocorre com a questão da função, ocorre também, em relação à eficácia. Ressaltamos, em nosso estudo, salvo entendimentos em contrário, a existência de diversas eficácias correspondentes a diversos direitos compreendidos no artigo 225. Apesar de defendermos a idéia de que o direito (e o dever) fundamental de proteção do meio ambiente é um direito fundamental em sentido formal (pois está positivado no corpo do texto constitucional, mesmo que fora do Título II da Carta) e no sentido material (haja vista seu conteúdo ser nitidamente fundamental) e, em decorrência estar submetido ao § 1º do artigo 5º, o que lhe concede aplicabilidade imediata, algumas normas dispostas no artigo 225 necessitam de uma interposição do legislador para serem efetivadas. Tal afirmação resulta na conclusão de que estamos defendendo a existência de normas de eficácia plena e normas de eficácia limitada, no que diz respeito ao artigo 225.

Buscamos evitar o isolamento da temática ambiental e sua abordagem antagônica, procurando interpretar os mecanismos de proteção ambiental de forma interligada com os instrumentos jurídicos direcionados à organização do Estado e à satisfação de necessidades do homem. É imperativo que se possa, sempre, extirpar do edifício jurídico os tijolos que não mais acompanham a edificação. Tal tarefa deve ser efetuada por intermédio da revogação ou modificação de preceitos legais que, a despeito de vigentes, não mais se adaptam aos interesses da coletividade, através do efetivo exercício de cidadania questionadora e reformadora.

A letra formal da lei passa a constituir-se em letra viva de uma prática vivida em sua condição concreta. Asseveramos, também, que a proteção do meio ambiente, para além de se constituir em um direito fundamental, caracteriza-se como um dever fundamental e é na prática viva do Direito que se insere, não só o direito, mas também o dever e a responsabilidade do homem na construção de um novo ordenamento jurídico, adequado às constantes transformações sociais.

A idéia da proteção ambiental, é qualificada sob o prisma constitucional com o escopo de incluir a proteção ambiental como um direito fundamental, embora seja muito mais do que isso. Procuramos entender e esclarecer a posição do direito à proteção ambiental como um dever fundamental explícito na nossa Constituição. O intuito dessas classificações e caracterizações é incutir/promover (mesmo que pareça rude dizer assim) na sociedade o espírito cidadão necessário para a preservação do meio em que vivemos.

Pois, defendemos que somente através de uma conscientização da imperatividade de ações preservacionistas que o ambiente conseguirá manter-se, ou tornar-se, equilibrado e sadio para essa e para as próximas gerações. A força do direito manifesta-se a todo o momento, proporcionando à proteção do meio ambiente uma posição nuclear em nosso ordenamento, como um direito fundamental alicerçado em dimensão solidária/fraternal. Mas para que esse direito se torne, para além do eficaz, efetivo, é necessária a participação da coletividade (já que titulares/destinatários) desse direito, para que despertem à consciência ecológica, à ética ambiental, ao exercício da cidadania.[50]

Julgamos pertinente que se reflita sobre as seguintes questões: a legislação ambiental brasileira tem atingido seu escopo maior de proteção ao Meio Ambiente? Existe verdadeira efetividade na proteção jurídico-constitucional do meio ambiente? Até que ponto o cidadão tem participado efetivamente dos processos que levam à formação dessas legislações? O cidadão brasileiro está preparado para, através de espaços democráticos, exercer seu poder comunicativo e lutar pelo que, legitimamente, acredita? Que papel está exercendo a sociedade civil no cenário jurídico-político nacional? Até que ponto o homem reconhece que além de reclamar direitos possui a obrigação social de prestar deveres?

A resposta a essas questões é fundamental para que se estabeleça uma política ambiental voltada para efetivação da vontade popular, por intermédio de um direito legal e legítimo, fundamentado em uma educação ambiental, preocupada com a conservação e preservação do ambiente.

---

[50] Apesar de que, em nossa opinião, o titular/destinatário do direito em tela vai mais além do que puramente o cidadão; para nós, o titular/destinatário é o homem.

34   *Fernanda Luiza Fontoura de Medeiros*

Universalizar o pensar jurídico, por meio da participação do homem no que se refere a direitos e deveres, é uma forma de trazer às soluções de demandas e litígios a verdadeira intenção da lei, do legislador e do cidadão. Essa visão deve ser norteada pela interpretação sistemática, com o intuito preventivo de evitar antinomias axiológicas, oferecendo, dentro do edifício jurídico vigente, as soluções mais adequadas ao espírito do ordenamento, produzindo diretrizes para uma interpretação em consonância plena com a alma da nossa Constituição.[51]

É imperioso ressaltar, ainda, que o direito à proteção ambiental caracteriza-se por ser um direito e um dever fundamental do homem. Através desta fundamentalidade somos, ao mesmo tempo, detentores de direito e obrigados a um dever. Observamos que muito além das determinações jurídicas, ou até, de todas as teorias jurídico-constitucionais, nosso papel como ser humano somente será digno de nossa existência se honrarmos o ambiente em que vivemos. Mais do que titulares de um direito fundamental, estamos eticamente obrigados a um dever fundamental de manter este planeta saudável e ecologicamente equilibrado, tentando colocar em prática esta complexa teia teórica que define o direito-dever fundamental de preservar o ambiente da vida.

---

[51] Ver: J. Freitas, *Interpretação Sistemática do Direito*, p. 155.

2. A proteção jurídica do meio ambiente e sua evolução

> "Se o amor à Natureza, e conseqüente preocupação com o seu destino, é um fenómeno que se verifica desde os primórdios da Humanidade – e que dá lugar às mais variadas manifestações individuais ao longo da História, de acordo com distintas perspectivas religiosas, morais ou filosóficas –, só muito recentemente é que ele veio a adquirir uma dimensão colectiva, tornando-se um 'problema político' das sociedades modernas".[52]

2.1. Uma aproximação à defesa do meio ambiente

A preocupação do Direito em face da proteção do meio ambiente surgiu em meados do século passado, mediada pela ampliação de um "pensar ecológico", e foi oriunda de um momento de crises e de transformações, fossem elas técnico-científicas ou vinculadas a valores éticos. Esse pensar ecológico, essas crises e transformações advieram em virtude da superveniência das primeiras grandes catástrofes ambientais no planeta, com conseqüências que refletiram em todo o mundo.[53]

---

[52] V. Pereira da Silva, *Verde Cor de Direito: lições de direito do ambiente*, p. 17.

[53] A. A. C. Trindade, Op. Cit., p. 43-44."O caráter global das questões ambientais reflete-se no tema, e. g., da conservação da diversidade biológica; ilustram-no, ademais, em particular, os problemas ligados à poluição atmosférica (tais como a destruição da camada de ozônio e o aquecimento global). Estes problemas, tidos de início como sendo essencialmente locais ou mesmo transfronteriços, desvendariam 'une portée pratiquement illimitée dans l'espace'. A ameaça de dano a muitas nações resultante das alterações climáticas, por exemplo, é um problema grave cuja causa dificilmente poderia ser traçada ou atribuída a um único Estado ou grupo de Estados, requerendo assim um novo enfoque com base em estratégias de prevenção e adaptação e considerável cooperação internacional."

Na mesma perspectiva manifesta-se o nobre Passos de Freitas, salientando que "em um primeiro momento, vêm-nos à mente que as agressões ao meio ambiente referem-se apenas à água, ao solo, ao ar e ao mar. Porém, existem outras tantas formas de lesão. Basta pensarmos nas condições de trabalho, nas edificações, no sistema viário das cidades de grande porte, no problema do lixo entre outros tantos que influem diretamente na interação não só física, como também psíquica entre o homem e o ambiente em que vive".[54] Essa consciência ambiental passa a interessar não só por seus enfoques técnico-científicos da degradação do ambiente, mas, também, pelo seu enfoque humano que, ao fim e ao cabo, em nosso entendimento, resultam na idéia de qualidade de vida da humanidade e na necessidade de uma proteção jurídica.

O Estado, como guardião do interesse público, submete o seu poder aos princípios de Direito Público e de Direito Constitucional, que devem ser obrigatoriamente observados pelos agentes públicos, independentemente da necessidade de existência de um texto de lei que os acolha de forma expressa. A defesa do meio ambiente constitui-se em uma das finalidades e uma das obrigações do Estado e um direito e um dever do cidadão; tal como demonstramos por meio da realização dessa prática, assegura-se à prevalência dos princípios que lhe são ínsitos, como a preservação da vida, a diversificação das espécies, a higidez ambiental e o equilíbrio ecológico.

Nosso colega, Borges,[55] com o qual concordamos, sustenta que o direito à proteção do ambiente, consubstanciado na prerrogativa de usufruí-lo como um bem ecologicamente equilibrado, é fruto da evolução dos direitos, tratando-se de um produto histórico, diferente das proteções jurídicas de bens ambientais esparsos em legislações anteriores; esse direito vem em resposta às necessidades do homem no final do século XX, desnudando a ampliação do conteúdo dos direitos humanos.[56]

As ações sociais em matéria de proteção jurídica do meio ambiente vêm contribuindo para um alargamento dos níveis de consciência

---

[54] V. Passos de Freitas, Op. cit., p. 19.

[55] R. Borges, *O Novo em Direito Ambiental*, p. 11.

[56] Acerca da evolução dos direitos do homem, ou seja, de sua multiplicação, podemos citar a obra do italiano Norberto Bobbio, *A Era dos Direitos*, p. 67 e ss, quando dispõe que o processo de multiplicação dos direitos humanos possui uma estreita conexão com as mudanças sociais, demonstrando uma relação íntima entre o homem e a sociedade em que vive. Bobbio afirma: "prova disso é que as exigências de direitos sociais tornaram-se tanto mais numerosas quanto mais rápida e profunda foi a transformação da sociedade".

ecológica e da necessidade de ação com relação aos atos de degradação, ressaltando, ainda, o incremento e a amplitude das ações e agressões ao ambiente. Tavolaro[57] assevera que "na verdade, o que há de específico na emergência e na dinâmica do movimento ambientalista, como fenômeno da modernidade que é, é a maneira como ele define sua relação de alteridade com a natureza, demarcando-a como um outro que por vezes é objeto de direitos e, em outras, um sujeito participante da sociabilidade". Nesse contexto, Passos de Freitas, na linha dos estudiosos dessa área que, cada vez mais, se amplia, em nossa perspectiva, aponta para um comprometimento de todos com uma concepção mais abrangente, sistêmica e holística do próprio meio ambiente, assim como da não-isenção e da responsabilidade do homem pela vida.

Não é novidade que o Direito[58] busca criar figuras jurídicas que possam ser utilizadas efetivamente na luta para o estabelecimento de normas à proteção ambiental. Já no Direito Romano[59] os recursos naturais, tais, como a terra, a água, a flora e a fauna, por exemplo, em termos gerais eram considerados como *res commune*, ou seja, a natureza entendida como "coisas da comunidade". Os romanos entendiam esses bens como sendo de uma espécie não assimilável pelo patrimônio individual, diferentemente da *res nullius*, haja vista estes serem passíveis de incorporação patrimonial.[60] Nos tempos modernos, o meio ambiente firmou-se bem comum e, atualmente, grande foco de preocupação, haja vista a maior utilização do meio natural com os processos decorrentes da industrialização e demais progressos científicos, que vieram a prejudicar e a ameaçar o aproveitamento coletivo.

As exceções existentes referiam-se a casos específicos de direito de propriedade sobre pequenas porções de terra. Contudo, o uso parti-

---

[57] S. B. Tavolaro, *Movimento ambientalista e modernidade: sociabilidade, risco e moral*, p. 177.

[58] J. Miranda, A Constituição e o Direito do Ambiente, p. 353 ressalta que "(...) entre os anos 50 e a primeira metade da década de 70, as referências constitucionais eram escassas e esparsas, não apareciam integradas numa visão globalizante e não permitiam extrair das normas todas as suas virtualidades (...). Uma segunda fase dir-se-ia abrir-se com a Lei Fundamental portuguesa de 1976, ao *consagrar um explícito direito ao ambiente* (conquanto de contornos nem sempre fáceis de recortar), *ao ligá-lo a um largo conjunto de incumbências do Estado e da sociedade e, assim, a inseri-lo, em plenitude,, no âmbito da Constituição material como um dos elementos da sua idéia de direito.* Hoje, a relevância do ambiente tornou-se quase obrigatória ou recorrente em quase todos os novos textos constitucionais, entendida à luz das suas coordenadas básicas. Mas esta universalização não significa, só por si, que a efectividade das normas – sejam programáticas ou, por vezes, preceptivas – se mostre muito forte ou idêntica por toda a parte (e este é outro aspecto que não pode ser, infelizmente, esquecido" (grifo nosso).

[59] E. Pigretti, *Derecho Ambiental*, p. 52-53.

[60] M. Taborda, entrevista, 2003.

cular ou mesmo comunitário dos recursos naturais não afetaram a natureza a ponto de resultarem em algum tipo de desastre ecológico, apesar de nenhum obstáculo legal ou econômico impedir o uso e/ou o abuso dos bens em questão.[61]

Visto que a preocupação do Direito com a proteção ambiental é antiga, importa, antes de avançarmos, delinear os contornos de um conceito jurídico de meio ambiente. No Brasil, o conceito legal que, em nosso entender, é falho, uma vez que não prevê expressamente as influências e interações de ordem social decorrentes da saúde ambiental, adveio com a Lei da Política Nacional do Meio Ambiente[62] a qual dispôs que "para os fins previstos nesta Lei, entende-se por meio ambiente o conjunto de condições, leis, influências e interações de ordem física, química e biológica, que permite, abriga e rege a vida em todas as suas formas".

O renomado professor Michel Prieur,[63] por sua vez, leciona com propriedade, que "o Direito do Ambiente, construído por um conjunto de regras jurídicas relativas à proteção da natureza e à luta contra as poluições. Ele se define, portanto, em primeiro lugar pelo seu objeto. Mas é um Direito tendo uma finalidade, um objetivo: nosso ambiente está ameaçado, o Direito deve poder vir em seu socorro, imaginando sistemas de prevenção ou de reparação adaptados a uma melhor forma defesa contra as agressões da sociedade moderna. Então o Direito do ambiente mais do que a descrição do Direito existente é um Direito portador de uma mensagem, um Direito do futuro e da antecipação, graças ao qual o homem e a natureza encontrarão um relacionamento harmonioso e equilibrado".

Já o ilustre mestre português Gomes Canotilho[64] manifesta a sua posição acerca das conceituações de ambiente e da forma com que a ciência jurídica e suas normas se enquadram, ao afirmar que o conceito extensivo ou totalizante de ambiente serve para exprimir a globalidade das condições envolventes da vida que atuam sobre uma determinada unidade vital, quer se trate de um conjunto de seres vivos, quer apenas de um indivíduo isoladamente considerado. Todavia, o autor referido

---

[61] E. Pigretti, idem, ibidem.

[62] O conceito jurídico supracitado está normatizado no artigo 8º do corpo da Lei nº 6. 938, de 1981.

[63] Michel Prieur, professor da Universidade de Limoges na França e Diretor do Centro de Direito Ambiental.

[64] J. J. Gomes Canotilho, *Procedimento Administrativo e Defesa do Ambiente*, p. 289.

questiona se este tipo de conceito amplo pode servir para estruturar um discurso jurídico a respeito do ambiente e opta pela criação de uma concepção jurídica que tenha em conta o âmbito normativo e os domínios de proteção das normas jurídicas incidentes a propósito dos problemas do ambiente.

Conhecidas essas premissas, passemos a esboçar uma visão panorâmica acerca da evolução da proteção jurídica do meio ambiente, em três dimensões: a proteção ambiental no Direito Internacional; a proteção ambiental no Direito Comparado; e, a proteção ambiental no Direito Brasileiro.

2.2. A proteção ambiental no Direito Internacional

A proteção ao meio ambiente, no direito internacional, é recente ramo do direito internacional público. Antes do fim dos anos 60, já existia um certo número de instrumentos internacionais com vista à proteção da natureza e dos seus recursos.[65] Todavia, podemos dizer que os instrumentos que existiam até então possuíam uma característica eminentemente utilitarista, ou seja, pregava-se a proteção da fauna e da flora que fossem úteis ao homem.

A década de 60 desponta como o período de tomada de consciência, politizando as discussões acerca das desigualdades sociais e econômicas em caráter mundial. Reforçando o enfoque histórico da proteção ambiental no âmbito do Direito Internacional, afirma-se, de uma forma global, o ano de 1968 constitui-se na data de partida daquilo que é legítimo chamar de era ecológica, impulsionando os países a tecerem normatizações acerca do tema.[66] Foi durante esse ano que o Conselho da Europa adotou duas declarações importantes: uma a respeito da luta contra a poluição do ar e a outra a propósito da proteção dos recursos hídricos; aliás, foi ainda nesse ano que a Assembléia Geral das Nações Unidas decidiu convocar uma conferência mundial acerca do ambiente humano: a Conferência de Estocolmo, realizada em 1972.

A Conferência, realizada em Estocolmo no ano de 1972, representa um marco histórico de grande representatividade para os movi-

---

[65] A. Kiss, *Direito Internacional do Ambiente*, p. 147.
[66] Idem, p. 148.

Meio Ambiente
DIREITO E DEVER FUNDAMENTAL

41

mentos sociais por ela despertados. Nela, consoante lembra Séguin, "(...) terminaram por impor frutos na legislação brasileira, que timidamente começou a regulamentar a devastação desenfreada do nosso patrimônio ambiental".[67]

O internacionalista Soares[68] defende, tese com a qual concordamos, que a Conferência de Estocolmo foi reflexo das exigências da opinião pública internacional que iniciou o processo de conscientização já na década de 60.[69] Cumpre destacar que, dessa Conferência, resultou a instituição, no Sistema das Nações Unidas, do Programa das Nações Unidas para o Meio Ambiente, o Pnuma, entidade extremamente relevante para a proteção ambiental.

É eminentemente necessário que se faça, em virtude de nossas próprias determinações legais,[70] uma releitura do direito internacional no que tange à preservação do meio ambiente. Destarte, cumpre seja realizada uma busca atenta a respeito da internacionalização e da globalização da proteção ambiental, uma vez que decisões de âmbito ambiental possuem efeitos *erga omnes*, que transcendem a esfera individual, atingindo a humanidade como um todo.

Nesse sentido, o jurista Trindade,[71] coerentemente, salienta que o processo de internacionalização da proteção ambiental dá-se a partir da Declaração de Estocolmo, a respeito do Meio-Ambiente Humano de 1972. Nos anos seguintes à Declaração de Estocolmo houve uma multiplicidade de instrumentos internacionais acerca da proteção ambiental. Estima-se, atualmente,[72] que haja mais de 300 (trezentos) tratados multilaterais e cerca de 900 (novecentos) tratados bilaterais dispondo sobre a proteção e a conservação da biosfera, a esses se agre-

---

[67] E. Séguin, Op. Cit., p. 25.

[68] G. F. S. Soares, *Direito Internacional do Meio Ambiente*, p. 37.

[69] O ilustre professor Guido Soares, idem, p. 38, assevera, ainda, que foi a partir de Estocolmo, que a atividade diplomática dos Estados se intensificou e em boa parte, por pressão pública interna. Ou seja, as populações dos Estados nacionais cobravam atuações de seus Governos, em razão de um despertar consciente da ocorrência de desequilíbrios ecológicos, em âmbito local, e conseqüentemente surtindo efeito na esfera internacional, dadas as relações necessárias entre o meio ambiente local, nacional e global.

[70] Para exemplificar tal assertiva, podemos citar o § 2º do artigo 5º da Constituição Federal que normatiza: "Os direitos e garantias expressos nesta Constituição não excluem outros decorrentes do regime e dos princípios por ela adotados, ou dos tratados internacionais em que a República Federativa do Brasil seja parte".

[71] A. A. C. Trindade, Op. Cit., p. 39.

[72] Idem, p. 40.

gando, ainda, mais de 200 (duzentos) outros textos de organizações internacionais.

Essa considerável expansão da regulamentação internacional, relativa ao meio ambiente, foi responsável pelo desenvolvimento de um enfoque individualizado.[73] As convenções ou tratados eram celebradas com o intuito de proteger determinados setores ou áreas, citando como exemplo a situação dos oceanos, da atmosfera, da vida selvagem, dentre outros. Dessa forma, podemos afirmar que a regulamentação internacional, no que tange à proteção ambiental, tem-se dado na forma de respostas a desafios específicos.

Desde o início, o movimento de opinião que veicula a preocupação com um ambiente apresenta um caráter internacional.[74] As populações foram tornando-se mais sensíveis com relação ao futuro da natureza; simultaneamente a esse aumento de sensibilidade foi surgindo uma consciência da unidade fundamental do planeta. Essa unidade seria mais tarde denominada de Biosfera, e as populações viriam a adquirir o entendimento de que nem a água, nem o ar, nem a fauna e nem a flora têm fronteiras entre si, pelo contrário, todos esses elementos estão em permanente comunicação.

Na mesma linha do renomado estudioso Cançado Trindade,[75] afirma-se a existência de um interesse comum da humanidade com relação às questões ambientais globais, ocorrendo um "processo de internacionalização"[76] da proteção, tanto do direito ao meio ambiente quanto da proteção aos direitos humanos. Esse interesse, de ordem mundial, tem a sua primeira manifestação na Convenção ocorrida em Paris no ano de 1902, com o escopo de defender as aves úteis à agricultura e, posteriormente, é consagrado com a promulgação da Declaração Universal dos Direitos do Homem de 1948 e pela Declaração de Estocolmo sobre o Meio Ambiente Humano, de 1972. É o nobre autor, Cançado Trindade, quem acentua que "as evoluções paralelas da proteção dos direitos humanos e da proteção ambiental revelam algumas afinidades que não deveriam passar despercebidas. Ambas testemunham, e precipitam, a erosão gradual do assim chamado domínio reservado dos

---

[73] A. A. C. Trindade, Op. Cit., p. 40.

[74] A. Kiss, Op. Cit., p. 148.

[75] A. A. Cançado Trindade, *Direitos Humanos e Meio-Ambiente: paralelo dos sistemas de proteção internacional*, p. 38.

[76] Expressão de A. A. Cançado Trindade, Op. Cit., p. 39.

Meio Ambiente
DIREITO E DEVER FUNDAMENTAL

Estados. O tratamento pelo Estado de seus próprios nacionais torna-se uma questão de interesse internacional. A conservação do meio-ambiente e o controle da poluição tornam-se igualmente uma questão de interesse internacional".[77]

Ainda no final da década de 70[78] descobriu-se que existem fenômenos cujas dimensões são tais que nenhum Estado do mundo, por mais poderoso ou maior que seja, pode enfrentar sozinho. Dessa forma, o desenvolvimento da ação em favor do ambiente fará entender a existência de fatores econômicos e jurídicos que reforçam o caráter obrigatório da solidariedade entre os Estados perante os problemas ambientais.

O Direito Internacional do Meio Ambiente busca satisfazer um dos maiores desafios que a Comunidade Internacional tem que enfrentar em nossos dias: assegurar a proteção a um ambiente que se encontra acometido por um processo de inexorável deterioração. Nesse sentido, Juste Ruiz,[79] ilustre estudioso do ambiente, afirma que a todos esses desafios deve responder esse novo ramo do ordenamento internacional, tratando de estabelecer uma regulação adequada e efetiva, que contribua para a preservação do meio ambiente comum, cuidando de procurar melhores condições de vida para as gerações presentes e futuras.

A Conferência de Estocolmo é apontada como o grande divisor de águas para o enraizamento da efetiva busca pela proteção ambiental.[80] E a razão para isso é que a referida conferência contém 26 (vinte e seis) princípios e 109 (cento e nove) resoluções. Podemos afirmar, conjuntamente com vários autores, que, a partir dessa Convenção de 1972, as nações "passaram a compreender que nenhum esforço, isoladamente, seria capaz de solucionar os problemas ambientais do Planeta".

Restou ressaltar na I Conferência Européia sobre Meio Ambiente e os Direitos Humanos,[81] realizada em Estrasburgo em 1979, que a

---

[77] Idem, ibidem.

[78] A. Kiss, Op. Cit., p. 150.

[79] J. Juste Ruiz, *Derecho Internacional del Medio Ambiente*, p. 4-5.

[80] V. Passos de Freitas, Op. Cit., p. 41.

[81] A. A. C. Trindade, Op. Cit., p. 76. Neste sentido, afirma Trindade, que "O direito a um meio-ambiente sadio desse modo compreende e amplia o direito à saúde e o direito a um padrão de vida adequado ou suficiente, e tem ademais uma ampla dimensão temporal: como, 'em matéria de meio-ambiente, certos atentados ao meio-ambiente produzem efeitos sobre a vida e saúde do ser humano somente a longo prazo (...). Assim a dimensão ampla do direito a meio-ambiente sadio acarreta a conseqüente caracterização mais ampla de atentados ou ameaças a estes direitos, o que em contrapartida requer um maior grau de sua proteção."

humanidade necessitava se proteger de suas próprias ameaças. Estas têm repercussões negativas sobre as condições da existência: "a própria vida, a saúde física e mental, o bem estar das gerações presentes e futuras".

Ao analisar os princípios universais da proteção jurídica ao meio ambiente, observamos, no primeiro deles, *o dever de todos os Estados de proteger o ambiente, não limitando a proteção ao próprio território, mas estendendo-as ao meio ambiente em geral.* Nosso destacado autor, Kiss,[82] pontua que "(...) a par das regras aplicáveis às relações bilaterais, emergiram princípios jurídicos internacionais relativos à protecção do ambiente que podem ser utilizados contra todos os Estados. Estes princípios constituem regras costumeiras; na maior parte dos casos foram formulados pela primeira vez em instrumentos não-obrigatórios, como declarações e resoluções de organizações ou de conferências internacionais, e repetidos em disposições que figuram em tratados internacionais, ou seja, em documentos obrigatórios".

Observamos, portanto, que os problemas decorrentes da proteção do meio ambiente se percebem, inicialmente, em uma escala puramente local, ou seja, no ambiente imediato onde vive o homem. Contudo, conforme disciplina Juste Ruiz,[83] em uma grande quantidade de casos, os problemas ambientais não esgotam seus efeitos nesse ambiente "imediato", nesse meio geográfico próximo; alcançam uma dimensão mais ampla que se projeta em um plano nacional, internacional, em um plano mundial.[84] Como parte de uma globalização da proteção ambiental e dos direitos humanos, apontamos o entendimento da interação desses dois direitos como representantes do direito fundamental à vida. O direito à vida já possui um reconhecimento universal como um direito humano fundamental.[85]

---

[82] A. Kiss apud V. Passos de Freitas, Op. Cit., p. 43.

[83] J. Juste Ruiz, Op. Cit., p. 9.

[84] E, por meio de situações como estas que enxergamos o Direito à proteção ambiental como um verdadeiro direito fundamental de terceira dimensão, pois somente mediante uma consciência moral e ética, e um verdadeiro sentido de solidariedade, é que o ambiente poderá ser preservado.

[85] Conforme A. A. C. Trindade, Op. Cit., p. 71, "(...) é básico ou fundamental porque 'o gozo do direito à vida é uma condição necessária do gozo de todos os demais direitos humanos'. Como indicado pela Corte Intramericana de Direitos Humanos em seu Parecer sobre as Restrições à Pena de Morte (1983), o direito humano à vida compreende um 'princípio substantivo' em virtude do qual todo o ser humano tem um direito inalienável a que sua vida seja respeitada, e um 'princípio processual' segundo o qual nenhum haverá de ser privado arbitrariamente de sua vida".

Nos instrumentos internacionais de direitos humanos,[86] a asserção do direito inerente à vida de todo o ser humano faz-se acompanhar de uma asserção da proteção legal deste direito humano fundamental e da obrigação negativa de ninguém ser arbitrariamente privado de sua vida.[87] Contudo, o autor dispõe, ainda, que essa obrigação negativa faz-se acompanhar da obrigação positiva de tomar todas as providências apropriadas para proteger e preservar a vida humana, tal como, de forma mais ampla, determina o artigo 2 da Convenção Européia de Direitos Humanos, que impõe aos Estados uma obrigação positiva "de tomar as providências adequadas para proteger a vida".

É sob essa dimensão que se dá a inter-relação entre os direitos humanos e o direito à proteção ambiental, uma vez que tomada sob esse ângulo, amplo e próprio, segundo comungamos com Trindade,[88] "o direito fundamental à vida compreende o direito de todo ser humano de não ser privado de sua vida e o direito de todo o ser humano de dispor dos meios apropriados de subsistência e de um padrão de vida decente".

A relação entre os direitos humanos e a proteção ao meio ambiente adotou diversas formas quando se pode perceber que a deterioração ambiental poderia impedir o gozo de direitos já reconhecidos como fundamentais ao ser humano, desde os casos mais extremos do direito à vida e à saúde, aos direitos culturais e de patrimônio histórico, tal como entendemos junto à Felgueras.[89] A consciência desta interação entre os direitos humanos e o direito de proteção ao meio ambiente tem contribuído decisivamente com a evolução da internacionalização, com a globalização da proteção de ambos os direitos referendados. Não há, com efeito, como se pretender salvaguardar o direito humano à vida, sem proteger o meio em que esta vida se desenvolve.

O Brasil, sintonizado com as tendências internacionais, é signatário de diversos tratados e convenções que buscam proteger a biosfera e a qualidade ambiental, como uma tentativa de proteger o homem de

---

[86] A. A. C. Trindade, Op. Cit., p. 72.

[87] Ibidem. O autor cita como exemplo o "Pacto de Direitos Civis e Políticos das Nações Unidas, artigo 6(1); Convenção Européia de Direitos Humanos, artigo 2; Convenção Americana sobre Direitos Humanos, artigo 4 (1); Carta Africana dos Direitos Humanos e dos Povos, artigo 4".

[88] Idem, p. 73.

[89] S. Felgueras, Op. Cit., p. 17.

si mesmo.[90] Como já resta demonstrado, o direito a um meio ambiente equilibrado, propiciador de uma boa qualidade de vida, é inseparável do direito fundamental à vida e à dignidade da pessoa humana, haja vista não poder haver vida em um ambiente degradado e doente.

Existem inúmeros atos internacionais, entre tratados, acordos e convenções, ratificados pelo Brasil que merecem ser salientados. Contudo, como o escopo dessa obra não é realizar um estudo acerca do direito internacional à proteção ambiental, ressaltamos alguns dos mais recentes atos com o intuito de demonstrar e exemplificar a evolução da consciência verde.[91]

No que tange aos atos internacionais, podemos salientar a Convenção Interamericana para a proteção das tartarugas marinhas, de 1996. E, na linha das cooperações internacionais, salientamos os atos internacionais multilaterais ratificados pelo Brasil em matéria ambiental. O primeiro deles trata da Convenção Internacional para a Regulamentação da Pesca da Baleia, de 1946, dos quais destacamos alguns dos mais importantes, tais como: a Convenção Internacional sobre Responsabilidade Civil por Danos Causados por Poluição por Óleo, de 1969; a Convenção para a Conservação das Focas Antárticas, de 1972; a Convenção Internacional para a Preservação de Espécies Migratórias de Animais Selvagens, de 1979; a Convenção de Viena para a Proteção da Camada de Ozônio, de 1985; a Convenção sobre a Diversidade Biológica, de 1992, e, dentre outras, a Convenção Internacional sobre Responsabilidade e Compreensão por Danos Conexos com o transporte de substâncias nocivas e perigosas por mar, de 1996.

Convém ressaltar ainda, mesmo que com respeitosas reservas conceituais de pequena monta, a posição de Felgueras,[92] ao salientar não parecer provável que os problemas ambientais sejam solucionados,

---

[90] Posteriormente far-se-á referência à hierarquia constitucional dos tratados de Direito Internacional em matéria de proteção ambiental.

[91] Tratando-se de atos internacionais bilaterais, podemos destacar o Acordo de Cooperação da Área de Meio Ambiente entre o Governo brasileiro e o Governo dos Estados Unidos Mexicanos, de 1990; o Acordo de Cooperação entre o Governo do Brasil e o Governo do Uruguai para o aproveitamento dos recursos naturais e o desenvolvimento da Bacia do Rio Quaraí, de 1991; o Acordo de alcance parcial de Cooperação e Intercâmbio de bens utilizados na defesa e proteção do meio ambiente, entre Brasil e Argentina, de 1992; o Acordo entre a República Federativa do Brasil e a República Oriental do Uruguai em matéria ambiental, de 1992; o Acordo entre o Governo do Brasil e o Governo do Paraguai para a conservação da fauna aquática nos cursos dos rios limítrofes, de 1994; e, dentre outros, o Acordo sobre Cooperação Financeira para o empreendimento "Proteção Mata Atlântica" entre os Governos brasileiro e alemão, de 1995.

[92] S. Felgueras, Op. Cit., p. 15 e ss.

Meio Ambiente
DIREITO E DEVER FUNDAMENTAL

ou mesmo enfrentados, eficazmente, em um futuro próximo. Acrescenta, ainda, que se alguém desse crédito às descrições científicas relativas ao futuro ambiental de nosso Planeta, concluir-se-á provavelmente que a humanidade, em um curto espaço de tempo, enfrentará um desafio inevitável de manter a Terra viva.[93]

2.3. A Proteção ambiental no direito comparado

A universalização da consciência ecológica gerou, gradativamente, a positivação, nas constituições, de normas dispondo sobre a proteção ambiental. Essa abordagem constitucional não exclui a importância normativa infraconstitucional, assim como a necessidade de um (re)ordenamento jurídico ou de extensão e ampliação de demandas nos níveis específicos, regionais e locais, quando o mundo da vida assim o exigir. Esta idéia é medular no concernente às normas que regem a proteção do meio ambiente, haja vista serem as normas infraconstitucionais necessárias para a manutenção dos princípios que norteiam a proteção do ambiente na Carta Constitucional.

O pioneirismo no que diz com a positivação jurídico-constitucional tem sido atribuído à Constituição da Bulgária que, em 1971, previu, em seu artigo 31, a "proteção, a salvaguarda da Natureza e das riquezas naturais da água, ar e solo... incumbe aos órgãos do Estado e é também dever de cada cidadão", conforme relato de Silva.[94] À Constituição búlgara seguiu a Constituição de Cuba que, em 1976, dispôs em seu artigo 27 que era dever do Estado e da sociedade proteger a natureza para assegurar o bem-estar dos cidadãos, assim como velar para que

---

[93] Atualmente podemos referir a existência de vários mecanismos internacionais de controle ambiental, grande parte já citada neste trabalho, contudo, destacamos os mecanismos existentes para o controle da camada de ozônio da estratosfera. A Convenção de Viena para a proteção da camada de ozônio determinou alguns princípios e algumas medidas genéricas a serem adotadas pelos governos dos países signatários, bem como dispôs sobre a adoção de protocolos complementares para a efetivação da proteção da camada de ozônio. Desta feita, em 1987, o Protocolo de Montreal sobre substâncias que destroem a camada de ozônio impôs às partes signatárias obrigações mais específicas no que se refere a efetiva proteção. Dentre outras obrigações foi disciplinado prazos (diferentes para países desenvolvidos e em desenvolvimento) para a total eliminação das substâncias controladas. Em conseqüência destes dois instrumentos internacionais o Brasil, implementou medidas de controle para eliminar o uso das substâncias controlados, dentre elas prazos para a eliminação total do uso até incentivo tributário para estimular a adoção de tecnologias alternativas.

[94] J. A. da Silva, *Direito Ambiental Constitucional*, p. 24.

sejam mantidas limpas as águas e a atmosfera, e protegidos o solo, a flora e a fauna.

Citamos também, a título exemplificativo, duas Constituições de países co-irmãos que, de uma forma ou de outra, dividem conosco as conseqüências da devastação ambiental. Esse compartilhamento centra-se no direito à proteção ambiental como um direito supranacional, visto que os efeitos da degradação do ambiente não têm fronteiras, ordenamento jurídico, e nem mesmo respeitam a soberania dos povos e de seus territórios.[95]

Dessa feita, a Constituição da República Oriental do Uruguai, altamente atualizada em matéria ambiental, em pelo menos dois momentos protege o ambiente como verdadeiro "bem jurídico". No artigo 34, a Constituição Uruguaia[96] determina que serão protegidas pelo Estado todas as riquezas artísticas ou históricas do país, constituindo a proteção ao tesouro cultural da nação. Destacamos o presente artigo por entendermos ser esse um dispositivo que defende o meio ambiente histórico e cultural, ampliando a abrangência dos ordenamentos, assim como o entendimento da "res ambiental".

Contudo, como já referimos, o supracitado artigo não se coloca como a única norma constitucional que disciplina a proteção ambiental na Constituição Uruguaia. O artigo 47[97] desse mesmo diploma legal dispõe que a proteção ambiente é de interesse geral da nação, devendo as pessoas absterem-se de realizar qualquer ato que venha a causar dano ambiental. Ressaltamos, finalmente, que os dispositivos da Constituição Uruguaia, disciplinadores do direito (e do dever) da proteção ao meio ambiente, estão positivados na Seção II,[98] onde estão dispostos os Direitos, Deveres e Garantias constitucionais.

---

[95] Esse caráter supranacional pode ser exemplificado através da questão das águas. Os efeitos da chuva ácida, por exemplo, não distinguem entre Brasil e Uruguai; a poluição dos rios brasileiros não cessa quando adentram em solo argentino, e estes são apenas dois pequenos exemplos de tantos outros que, diariamente, ocorrem neste intercâmbio ambiental.

[96] Assim disciplina o artigo 34 da Constituição da República Oriental do Uruguai: "Toda la riqueza artística o histórica del país, sea quien fuere su dueño, constituye el tesoro cultural de la Nación; estará bajo la salvaguardia del Estado y la ley establecerá lo que estime oportuno para su defensa".

[97] O artigo 47 da Constituição Uruguaia disciplina que: "La protección del medio ambiente es de interés general. *Las personas deberán* abstenerse de cualquier acto que cause depredación, destrucción o contaminación graves al medio ambiente. La Ley reglamentará esta disposición y podrá prever sanciones para los transgesores" (grifo nosso). Salientamos que, na presente Carta Constitucional, a proteção ambiental surge como um dever fundamental do cidadão, questão que será abordada no capítulo 5 deste livro.

[98] Constitucion de La República Oriental del Uruguay – Seccion II: Derechos, Deberes Y Garantias.

Meio Ambiente
DIREITO E DEVER FUNDAMENTAL

A Constituição da Argentina, de 22 de agosto de 1994, dispõe, em seu Capítulo Segundo, denominado de *Nuevos Derechos y Garantías*, o dispositivo constitucional específico acerca da proteção ambiental. No artigo 41º dessa,[99] encontra-se determinado como deverá ser regulamentada a proteção ao meio ambiente. Está disciplinado que todo o cidadão tem direito a um meio ambiente sadio, equilibrado e apto para o desenvolvimento humano, comprometendo-se a manter o ambiente saudável para as presentes e futuras gerações. A Constituição estabelece, ainda, de maneira inequívoca, que a preservação do meio ambiente é, além de um direito, um dever do cidadão, cabendo às autoridades públicas efetuar as medidas necessárias para que se assegure esse direito.

Ainda dispondo acerca de países co-irmãos que dividem conosco os problemas que surgem e podem ainda surgir no concernente à degradação ambiental, cabe ressaltar a Constituição do Chile. Em 1981, a Constituição chilena já prescrevia o direito de viver em um ambiente livre de contaminação e que constitui em dever do Estado velar para que esse direito não seja afetado, assim como é também seu dever tutelar a preservação da natureza. A constituição chilena prevê, também, que a lei poderá estabelecer restrições específicas ao exercício de certos direitos ou liberdades para proteger o meio ambiente.[100]

A Constituição da República portuguesa, promulgada no ano de 1976, não foge à regra das grandes Constituições preocupadas em manter o equilíbrio ambiental do planeta em que vivemos, fazendo jus

---

[99] O direito à proteção ambiental, na Lei Maior da nação argentina, assim como na Constituição uruguaia, também está positivada no Capítulo que reza sobre os direitos e deveres fundamentais do cidadão. O artigo 41º da Constitución de la nación argentina compõe um texto claro e preciso, normatizando com maestria a preservação do meio ambiente: *"Todos los habitantes gozan del derecho* a un ambiente sano, equilibrado, apto para el desarrollo humano y para que las actividades productivas satisfagan las necesidades presentes sin comprometer las de las generaciones futuras, *y tienen el deber de preservarlo.* El daño ambiental generará proritáriamente la obligación de recomponer, según lo establezca la ley. Las autoridades proveerán a la protección de este derecho, a la utilización racional de los recursos naturales, a la preservación del patrimonio natural y cultural y de la diversidad biológica, y a la información y educación ambientales. Corresponde a la nación dictar las normas que contengan los presupuestos mínimos de protección, y a las provincias, las necesarias para complementarias, sin que aquellas alteren las jurisdicciones locales. Se prohibe el ingreso al territorio nacional de residuos actual o potencialmente peligrosos, y de los radiactivos" (grifo nosso). Salientamos, em tempo, a louvável preocupação e alto nível de consciência moral do constituinte argentino quando regulamentou, em dispositivo constitucional, o dever ante a educação ambiental.

[100] No que concerne à apreciação da atenção dispensada ao meio ambiente na Constituição chilena, cabe realizar uma observação crítica aos titulares do dever de preservar, uma vez que não confere à coletividade a co-obrigação de participar na proteção ambiental.

ao disposto em seu artigo 1º, o qual determina, como um de seus princípios fundamentais, que "Portugal é uma República soberana, baseada na dignidade da pessoa humana e na vontade popular e empenhada na construção de uma sociedade livre, justa e solidária". Nada mais natural, portanto, que a Constituição portuguesa seja fiel à dignidade da vida e defensora de um dos mais importantes direitos de solidariedade: o direito à preservação ambiental.

Em dois momentos distintos da norma constitucional portuguesa observamos a apreensão do constituinte português em delimitar de forma segura a proteção do meio ambiente. Assim, logo após o Preâmbulo, onde vemos disciplinado os princípios fundamentais que regem o sistema jurídico português, somos capazes de reparar que, no artigo 9º, o qual normatiza as tarefas fundamentais do Estado português, a positivação do dever do Estado de manter um ambiente saudável.[101]

Após a verificação de que o constituinte português delegou ao Estado o dever de proteger o meio ambiente, os recursos naturais e a qualidade de vida de seu povo, devendo, portanto, proteger a dignidade da pessoa humana e a dignidade da vida, restou-nos analisar qual ou quais são os deveres deste mesmo povo quanto à matéria de preservação ambiental.

Analisando o Capítulo II da Constituição portuguesa, na qual estão disciplinados os *"Direitos e Deveres Sociais"* do cidadão, deparamo-nos com o dispositivo constitucional[102] denominado *Ambiente e*

---

[101] As alíneas "d" e "e" do artigo 9º da Carta portuguesa disciplinam quais são as tarefas e os deveres do Estado frente ao direito do cidadão de viver em um ambiente saudável e equilibrado. Desta feita, transcrevemos as alíneas supracitadas para exemplificar e justificar as afirmativas que fazemos no corpo do trabalho: "São tarefas *fundamentais* do Estado: (. . .) d) *promover o bem-estar e a qualidade de vida do povo* e a igualdade real entre os portugueses, *bem como a efectivação dos direitos* económicos, sociais, culturais e *ambientais*, mediante a transformação e modernização das estruturas económicas e sociais; e) *proteger e valorizar* o património cultural do povo português, *defender a natureza e o ambiente, preservar os recursos naturais* e assegurar um correcto ordenamento do território." (grifo nosso).

[102] O dispositivo a que estamos nos referindo é o artigo 66º, que assim dispõe: "1. *Todos têm direito a um ambiente de vida humano, sadio e ecologicamente equilibrado e o dever de o defender.* 2. Para assegurar o direito ao ambiente, no quadro de desenvolvimento sustentável, *incumbe ao estado*, por meio de organismos próprios e com o envolvimento *e a participação dos cidadãos*: a) *prevenir e controlar a poluição* e os seus efeitos e as formas prejudiciais de erosão; b) ordenar e promover o ordenamento do território, tendo em vista uma correcta localização das actividades, um equilibrado desenvolvimento sócio-económico e a valorização da paisagem; c) criar e desenvolver reservas e parques naturais de recreio, bem como classificar e proteger paisagens e sítios, de modo *a garantir a conservação da natureza e a preservação de valores culturais de interesse histórico ou artístico*; d) promover o *aproveitamento racional dos recursos naturais*, salvaguardando a sua capacidade de renovação e a estabilidade ecológica,

Meio Ambiente
DIREITO E DEVER FUNDAMENTAL

Qualidade de Vida, que regulamenta o direito de todos a um ambiente de vida saudável e equilibrado, correlato ao dever de preservá-lo. O mesmo artigo reza, igualmente, que, apesar de ser dever do Estado a proteção ambiental, o cidadão português tem o dever de participar dessa atividade de preservação da vida.

Podemos, ainda, afirmar que, ante a posição geográfica que o direito à proteção ambiental ocupa na Constituição portuguesa, estamos diante de um direito e de um dever fundamental de preservação ambiental, direito e dever estes que possuem como titular tanto o cidadão, como a sociedade e o próprio Estado.

A Constituição espanhola, de 1978, em seu artigo 45,[103] integralmente contido no capítulo dos *Direitos e Deveres dos Cidadãos*, disciplina como direito e um dever fundamental de todo o cidadão espanhol o de possuir e manter um meio ambiente saudável, correlato ao dever de assim mantê-lo. Em consonância com as demais Constituições supracitadas, apóia o direito à proteção ambiental como um direito de solidariedade coletiva, no qual a participação de toda a sociedade é indispensável.

A experiência jurídico-constitucional estrangeira, examinada por meio de alguns exemplos arbitrariamente pinçados, fornece-nos uma visão ampla e atual das posições jurídico-constitucionais a respeito da proteção ambiental, permitindo-nos vislumbrar a relevância de uma proteção jurídica efetiva entre nós.

Nesse contexto, nosso colega Felgueras[104] ressalta que os avanços quanto a uma tomada de consciência dos problemas ambientais, ainda que insuficientes, já são tremendamente significativos. Porém, parado-

---

com respeito pelo princípio da solidariedade entre gerações; e) *promover*, em colaboração com as autarquias locais, *a qualidade ambiental das povoações e da vida urbana*, designadamente no plano arquitectónico e da protecção das zonas históricas; f) promover a integração de objectivos ambientais nas várias políticas de âmbito setorial; g) *promover a educação ambiental e o respeito pelos valores do ambiente*; h) assegurar que a política fiscal compatibilize desenvolvimento com protecção do ambiente e qualidade de vida." (grifo nosso).

[103] O artigo 45 do *Sección Segunda* ("*De los derechos y deberes de los ciudadanos*") da Constituição espanhola disciplina: "1. *Todos tienen el derecho a dusfrutar de un medio ambiente adecuado para el desarrollo de la persona, así como el deber de conservarlo. 2. Los poderes públicos velarán por la utilización de todos los recursos naturales*, con el fin de *proteger y mejorar* la calidad de vida y *defender y restaurar* el medio ambiente, *apoyándose en la indispensable solidaridad colectiva*. 3) Para quienes violen lo dispuesto en lo apartado anterior, en los términos que la ley fije se establecerán sanciones penales o, en su caso, administrativas, así como la obligación de reparar el daño causado". (grifo nosso).

[104] S. Felgueras, Op. Cit., p. 15 e ss.

xalmente, a preocupação pública concernente à crise ambiental é insignificante frente à gravidade do problema que temos para enfrentar.[105]

Com isso, procuramos demonstrar que a preocupação com a sensação de responsabilidade acerca da qualidade de vida do planeta como um todo não é uma situação regional ou mesmo continental. A proteção ambiental possui caráter global, envolvendo todos os povos e todas as Nações, manifestando-se, de tal sorte, tanto na esfera constitucional e jurídica interna, quanto no plano internacional.

2.4. A proteção ambiental no Direito brasileiro

As normas jurídicas de proteção ambiental vêm em resposta a circunstâncias sociais e históricas,[106] ou seja, são disposições contextualizadas, datadas e historicizadas, conforme dispõe Habermas,[107] se fundadas em condições de argumentação racional. As disposições de lei buscaram atender aos anseios de uma sociedade que se estava deparando com o surgimento de novos valores e interesses e, dessa forma, vinham em auxílio às demandas e necessidades da população, que se via possuidora de uma nova consciência da vida e do ambiente que a circunda, como partícipes dessas demandas e ações.

Modernamente, os conceitos de Meio Ambiente, Ecologia e Ecossistema têm ingressado no mundo jurídico de forma avassaladora. Antunes[108] pronuncia que a previsão do direito de proteção ao meio

---

[105] S. Felgueras, Op. Cit., p. 15 e ss. Felgueras sustenta que "Sería necesario avanzar mucho más en este sentido para lograr que los centros de decisión de la comunidad internacional se hagan cargo de las medidas que la crisis requiere. El fracaso de la cumbre de Río no es sino un ejemplo de esta falta de decisiones apropiadas. Por otra parte, las características de los problemas ambientales más acuciantes llevan cada vez más a una visión global y una búsqueda de soluciones globales. (...) Son muchos los casos en los que la acción autónoma a nivel nacional sería inconveniente y completamente inefectiva. Existen muchas fuerzas que actúan conjuntamente para impulsar las preocupaciones ambientales hacia el frente y el centreo del escenario internacional".

[106] O Código Civil brasileiro de 1916, de alguma forma, segundo o entendimento de Deebeis, já previa uma proteção ao ambiente natural. Como exemplo, poderíamos citar os artigos 15 e 159, no que diz respeito à responsabilidade civil; os artigos 43 e 46, regrando os bens imóveis no concernente ao solo e à superfície, seus acessórios, sua adjacência, seu espaço aéreo, seu subsolo; os artigos 530 a 591, disciplinando a propriedade imóvel; os artigos 545 a 549, normatizando as construções e as plantações; os artigos 554 e 555, regulando o uso nocivo da propriedade e, dentre outros exemplos, os artigos 572 a 587, ordenando o direito de construir.

[107] J. Habermas, *Para a Reconstrução do Materialismo Histórico*, p. 64 e ss.

[108] P. Antunes, *Dano Ambiental: uma abordagem conceitual*, p. 153.

Meio Ambiente
DIREITO E DEVER FUNDAMENTAL

ambiente, incluindo esse conceito, estão previstos, inclusive e principalmente, em sede constitucional.

Assim, na medida em que o ambiente é a expressão de uma visão global das intenções e das relações dos seres vivos entre eles e com o seu meio, Prieur[109] salienta que não é surpreendente que o Direito de proteção do ambiente seja um Direito de caráter horizontal, que recubra os diferentes ramos clássicos do Direito e um Direito de interações, que se encontra disperso nas várias regulamentações.

Neste segmento, passamos a enfocar a proteção jurídica ao ambiente no ordenamento jurídico brasileiro. Para tanto, percorremos caminhos trilhados pelo nosso Direito Constitucional e infraconstitucional, sem desconsiderar as influências oriundas do plano internacional e do Direito Comparado.

A questão ambiental no Brasil provém das crises advindas do modelo desenvolvimentista, vigente a partir de 1970, fundamentada na crise geral de uma matriz energética, de um modelo industrial e de uma estrutura de insumos e de matérias-primas. Nosso colega pesquisador da área Passos de Freitas[110] salienta que foi somente a partir dos anos 70 que o Brasil deu os primeiros passos efetivos na história da proteção jurídica ao ambiente. Salientamos aqui a existência de um paradoxo acerca da proteção ambiental, uma vez que esta surgiu concomitantemente com a crise do modelo desenvolvimentista, que pouco ou nada dedicava de atenção ao meio ambiente, tal como ocorre hodiernamente junto a países da Ásia, como os "Tigres Asiáticos".

A luta pela preservação do meio ambiente em que vivemos consiste não-somente na preservação da fauna e da flora, como também na preservação do homem, como ser individual, social e como sociedade civil organizada, assim como na natural inter-relação estabelecida entre eles. Na medida em que a proteção ao meio ambiente é um direito humano fundamental, este busca cumprir a função de integrar os direitos à saudável qualidade de vida, ao desenvolvimento econômico e à proteção dos recursos naturais.

O direito de proteção ao meio ambiente possui uma dimensão humana, ecológica e econômica, harmonizadas sob a égide do conceito

---

[109] Michel Prieur apud Toshio Mukai. *Direito Ambiental Sistematizado*. Rio de Janeiro: Forense, 1998, p. 10. Michel Prieur, como já assinalamos, é Diretor e Professor do Centro de Direito do Ambiente da Universidade de Strasbourg e é Presidente da Societé Française pour le Droit de l'Environment.

[110] V. Passos de Freitas, *A Constituição Federal e a Efetividade das Normas Ambientais*, p. 20.

de desenvolvimento sustentável, em face de um direito ecológico[111] que envolve nossa relação com o ambiente e, também, com uma ecologia socialmente ética. Desta feita, pode-se dizer que se trata de um direito alicerçado em um desenvolvimento sustentável da tecnologia, da indústria e das próprias ações humanas, permeado por uma idéia de harmonização e manutenção dos recursos naturais.[112]

Conforme Mukai,[113] o direito que objetiva proteger o meio ambiente não pode ser visualizado pelo jurista com o mesmo fulcro das matérias tradicionais do Direito, uma vez que diz respeito à proteção de interesses pluriindividuais que superam as noções comuns de interesses individuais ou coletivos. Os interesses pluriindividuais, no concernente ao direito à proteção ambiental, são, eminentemente, interesses difusos. Derani[114] afirma que o meio ambiente se deixa conceituar como um espaço onde se encontram os recursos naturais. Contudo, cabe dispor que este conceito não se reduz ao ar e à terra, mas deve ser definido como um conjunto das condições de existência humana que integra e influencia o relacionamento entre os homens, sua saúde e seu desenvolvimento biopsicossocial. Gomes[115] evidencia que essa mensagem advinda das novas correntes político-ideológicas internacionais, principalmente das européias, propunha a uma alternativa à devastação ilimitada.

No concernente à legislação brasileira, reparamos que o Direito Ambiental é resultante da contribuição e do interfaciamento de diversos outros ramos do direito. De acordo com o jurista Carvalho,[116] o Direito que prevê a proteção ao meio ambiente possui ligações determinantes com o Direito Administrativo, Direito Civil, Direito Processual Civil, Direito Comercial, Direito Trabalhista, Direito Penal,

---

[111] F. Guattari, *As Três Ecologias*, p. 28.

[112] T. Mukai, Idem, p. 10. O Prof. Mukai conceitua a proteção jurídica ambiental, no atual estágio de evolução no Brasil "(...) como um conjunto de normas e institutos jurídicos pertencentes a vários ramos do Direito reunidos por sua função instrumental para a disciplina do comportamento humano em relação ao seu meio ambiente."

[113] T. Mukai, Idem, p. 12.

[114] C. Derani, *Direito Ambiental Econômico*, p. 71.

[115] S. Gomes, *Direito Ambiental Brasileiro*, p. 25-26. O autor sugere uma "(. . .) nova via do 'desenvolvimento econômico sustentado', que envolve não só a preservação ambiental, vislumbrando-se o meio ambiente como um direito de todos, essencial à sadia qualidade de vida das gerações presentes e futuras, como também *propondo novos questionamentos em relação à organização do Estado, ao seu papel, à democracia e os mecanismos de participação da sociedade civil na defesa do meio ambiente*" (grifo nosso).

[116] C. G. de Carvalho, *Introdução ao Direito Ambiental*, p. 145.

Meio Ambiente
DIREITO E DEVER FUNDAMENTAL

Direito Tributário, Direito Internacional e, de acordo com o nosso entendimento, relação fundamental com o Direito Constitucional.

Dentre os ramos do direito elencados previamente, destacamos o Direito Constitucional como o ramo de maior influência e relevância para a efetiva aplicação do direito à proteção do meio ambiente, uma vez que as regras jurídicas que constituem o direito à proteção ambiental são, em sua maioria, de natureza pública. Nesse sentido, procuram proteger e regular os direitos difusos e subjetivos de interesse da coletividade.

Assim, ao traçar uma linha de tempo contextualizada com os acontecimentos socioculturais de nosso país nesses últimos vinte anos, podemos assegurar um aumento efetivo da legislação de proteção ambiental, que, após realizar um caminho de crescimento material e formal, sofreu o fenômeno e alcançou seu ápice na constitucionalização de sua proteção.

O autor que supracitamos, Gomes, acrescenta, ainda, que nessa década – a de 70 – ocorreu o despontar das iniciativas pioneiras na área de proteção ambiental. É Passos de Freitas que voltamos a destacar pela lucidez da proposta, ao dispor que as referidas iniciativas desenvolveram-se tanto dentro como fora dos Tribunais: constituem-se em frutos demarcados pela Conferência das Nações Unidas sobre o Meio Ambiente, realizada em Estocolmo, na Suécia, em 1972. Felgueras, já referenciado por nós, apresenta, nessa linha, idéias de Agarwal,[117] sustentando que "Sí hay algo que pueda decirse con absoluta certeza en relación con los problemas del medio ambiente y del desarrollo es que durante el decenio de los '70 se agravaron considerablemente en todo el tercer mundo".

Nesse período, tanto a estrutura produtiva quanto os modelos teórico-metodológicos tomavam os recursos naturais como inesgotáveis e "dotados de plasticidade absoluta, capazes de regeneração, autocorreção e reversibilidade plena" , no dizer do ilustre colega Paula.[118]

À semelhança de Pigretti, Passos de Freitas e Milaré, dentre outros companheiros, destacamos que os problemas ambientais têm incidência global, transcendendo fronteiras; contudo, mesmo que os problemas sejam gerais, existem implicações locais distintas, exigindo

---

[117] S. Felgueras, *Derechos Humanos y Medio Ambiente*, p. 13.

[118] J. A. de Paula (coord.), *Biodiversidade, população e economia*, p. 15.

respostas particulares. Nesse sentido, Felgueras[119] salienta que, nas últimas décadas e, especialmente, nos últimos anos, os problemas ambientais têm cobrado uma atenção e uma importância sem precedentes.

Aos problemas típicos da urbanização intensa e do processo de industrialização acrescentaram-se no Brasil, dentre outros, a miséria, a precariedade de infra-estrutura básica, de saneamento, de educação e de saúde. Conforme o autor, "o Brasil é, nesse sentido, um caso particularmente complexo por várias razões: enorme território, estrutura ecológica complexa, desigualdade de padrões regionais de desenvolvimento, diversidade de padrões culturais, profundidade e extensão da crise econômica e social, enormes desigualdades de renda, riqueza, poder e informação. (...). Desse modo, para o Brasil está posto um grande desafio: conferir cidadania plena a milhões de excluídos mediante a retomada do desenvolvimento com distribuição de renda e riqueza, à luz dos critérios de sustentabilidade, garantia de biodiversidade e melhoria da qualidade de vida".[120]

A ação do homem frente à reação da natureza produz inúmeras conseqüências como dezenas de acontecimentos que, oriundos da ação humana, originam seqüelas desastrosas para outros homens. Exemplos de ação predatória[121] ou, ainda, de destruição da camada de ozônio, de poluição do ar, de alterações climáticas, dentre outros, permitem-nos afirmar a natureza supranacional do direito à proteção ambiental.[122] Em nossa perspectiva, Passos de Freitas[123] alega, com propriedade, que "a natureza não conhece fronteiras e o interesse já não é deste ou daquele país, mas de todos".

---

[119] S. Felgueras, *Derechos Humanos y Medio Ambiente*, p. 13. Mas, destaca que "Aunque los problemas ambientales globales amenazan a toda la humanidad, los países subdesarrollados sufren más agudamente la crisis ambiental."

[120] J. A. de Paula, Op. Cit., p. 17.

[121] Um exemplo clássico e palpável à nossa realidade, que podemos, facilmente, trazer à colação é o episódio referente à chuva ácida que destrói as plantações e o solo no Uruguai e é provocada pela Usina de Candiota no Estado do Rio Grande do Sul, que produz energia elétrica a partir de carvão mineral retirado do subsolo.

[122] A. A. C. Trindade, Op. Cit., p. 76, traz outros exemplos das ameaças de degradação ambiental: "pelos efeitos do aquecimento global sobre a saúde humana: câncer de pele, lesão na retina ocular, catarata e eventual cegueira, lesão neurológica, menor resistência a infecções, alteração do sistema imunológico; em suma, a destruição da camada de ozônio pode resultar em danos substanciais à saúde humana assim como ao meio-ambiente (danos a plantas terrestres, destruição do plâncton, um elemento chave na cadeia alimentar), revelando assim a necessária convergência da proteção da saúde humana e da proteção ambiental."

[123] Passos de Freitas, Op. Cit., p. 42.

Meio Ambiente
DIREITO E DEVER FUNDAMENTAL

2.4.1. A proteção ambiental na esfera infraconstitucional

Tomando a experiência brasileira, verifica-se, desde logo, que a normatização da proteção ambiental não teve sua origem nas normas constitucionais. A evolução jurídica das normas de proteção ao meio ambiente, como já anunciamos no começo deste tópico, principia pela legislação infraconstitucional, culminando na sua constitucionalização.

Quanto aos primórdios, que consoante bem notou nosso denodado estudioso Magalhães,[124] que "(...) desde as Ordenações Filipinas, podemos observar que a legislação ambiental teve grande progresso em terras brasileiras. (...). A partir daí, esse novo ramo jurídico não parou de crescer, chegando aos nossos dias como um direito especializado, de forte tendência publicista, destacando-se como um dos mais importantes da era contemporânea".

No Brasil, as primeiras leis que disciplinavam a proteção ambiental foram importadas de Portugal. Diversos juristas, como Magalhães,[125] consideram o período colonial brasileiro como a manjedoura de nosso direito à proteção ambiental.

Tanto as Ordenações Manoelinas, datadas de 1495, quanto as Ordenações Filipinas, do ano de 1650, no que se refere à proteção ambiental, possuíam penas extremamente severas no concernente à conservação dos recursos naturais.[126]

Cabe, primeiramente, ressaltar que, apesar da ação e da omissão do homem na exploração dos recursos naturais e a proteção ambiental ser algo tão antigo quanto a própria história da humanidade, apenas nesse último século iniciou-se uma cruzada pelo regramento da proteção ambiental. Pigretti[127] argumenta que, se estamos em condições de sustentar que os esforços da ciência e da tecnologia têm como escopo desenvolver condições para que a vida se mantenha nas melhores condições possíveis, no âmbito da ciência jurídica, a preocupação com a qualidade de vida e com a proteção do meio em que vivemos não é muito antiga, o que nos demanda ações imediatistas.

---

[124] J. P. Magalhães, Idem, p. 3.

[125] Idem, p. 5.

[126] Dados recolhidos dos polígrafos da *disciplina de Direito Ambiental* da profª. Sílvia Cappelli, do *Curso de Especialização em Gestão Ambiental*, do *Instituto do Meio Ambiente*, da Pontifícia Universidade Católica do Rio Grande do Sul, turma de 1999.

[127] E. Pigretti, Op. Cit., p. 45.

Essa evolução normativa pela busca da proteção jurídica ambiental é decorrente do avanço do homem na ciência e na tecnologia, e as suas formas de utilização, oriundas "(...) das pressões demográficas; dos acentuados processos de urbanização, em condições precárias (...); das crescentes procuras e explorações de recursos naturais e hídricos, com graves efeitos nos ecossistemas; do significativo crescimento da industrialização, com detritos tóxicos e produtos não-biodegradáveis; da ênfase ao enfoque econômico no sentido de que as necessidades e demandas humanas são ilimitadas e os recursos naturais são limitados; do domínio e da expansão da energia nuclear; (...); é que foi estabelecida, como prioridade, a análise ambiental, buscando-se a melhoria da qualidade geral de vida do ser humano e o enfrentamento de tais questões, em face de relevância e a emergência que invocam".[128]

Entre as décadas de 30 e 60, a promulgação de leis voltadas para a defesa do meio ambiente foi realizadas, de forma setorizada, sem apresentar qualquer tipo de unidade sistemática.[129] Nesse contexto, podemos destacar o Código de Águas, de 1934; o Código Florestal, de 1965, e, o Código de Pesca, de 1967.

O que se tem percebido é que a legislação ambiental brasileira emergiu do ordenamento jurídico nacional como conseqüência das normas internacionais. Antunes[130] considera como grande marco deste florescer o movimento contestatório realizado em maio de 1968, em Paris, provocador de repercussões suficientes para gerar conseqüências, rupturas e reestruturações do modelo desenvolvimentista do mundo inteiro.

As regulamentações infraconstitucionais continuaram a se desenvolver. De fato, a partir da década de 70, com a nítida influência da Conferência das Nações Unidas sobre o Meio Ambiente, realizada em Estocolmo, na Suécia, no ano de 1972, foram promulgadas, no Brasil, pelo menos duas leis de extrema importância para a proteção ambiental, conforme manifesta Cappelli. Em 1973, foi promulgado o Decreto nº 73.030 criando a SEMA, órgão de fiscalização ambiental. Este órgão, em 1989, foi substituído pelo IBAMA, conforme determinação

---

[128] S. V. Gomes, *Direito Ambiental Brasileiro*, p. 23.

[129] S. Cappelli, disciplina de Direito Ambiental do *Curso de Especialização em Gestão Ambiental* do Instituto do Meio Ambiente da Pontifícia Universidade Católica do Rio Grande do Sul, turma de 1999 (mimeo).

[130] P. Antunes, *Curso de Direito Ambiental*, p. 75.

da Lei n° 7.735, e, em 1977, foi promulgada a Lei n° 6.453, para disciplinar a exploração da Energia Nuclear no país.

A partir da década de 80, as disposições legais referentes à proteção ambiental apresentaram maior fôlego, culminando na Constituição Federal de 1988, que dedicou um capítulo inteiro ao tema. A Lei n° 6.803, de 1980, veio normatizar o zoneamento industrial nas áreas críticas de poluição. Em 1981, podemos destacar a Lei n° 6.902, que cria as áreas de proteção ambiental e as estações ecológicas, além do advento da Lei n° 6.938, que disciplinou e instituiu a Política Nacional do Meio Ambiente, adotando princípios e regras[131] estabelecidas pela Carta resultante da Conferência das Nações Unidas de Estocolmo, em 1972.

Em 1989, a Lei n° 7.802 foi promulgada com o escopo de regular o uso de agrotóxicos, seus componentes e afins; ainda no ano de 1989, a Lei n° 7.754 adveio para regulamentar a proteção das florestas existentes nas nascentes dos rios. Em 1995, a Lei n° 8.974, conhecida como a Lei da Biodiversidade, surgiu para disciplinar a permanência da vida em suas diferentes manifestações, inclusive no que diz respeito à engenharia genética. Em 1997, a preocupação com a proteção ambiental atingiu as redes hospitalares que, a partir da Lei n° 9.431, passaram a ser responsáveis por manter controladas as infecções hospitalares; em 1998, adveio a Lei n° 9.605, que imputa sanções penais e administrativas às condutas e ações lesivas ao ambiente; em 2000, foram promulgadas as Leis n° 10.165, que estabelece alterações à lei de Políticas Ambientais, e n° 9.984, que reza a respeito da criação da Agência Nacional de Águas, para citar apenas parte de nossa legislação.

No que se refere à tutela jurisdicional e aos seus respectivos instrumentos em matéria de proteção ambiental, passamos a dispor da Lei n° 7.347, 1985, que instituiu a Ação Civil Pública e o Inquérito Civil, estabelecendo um novo mecanismo de defesa judicial do meio

---

[131] Baseamo-nos, neste trecho, no entendimento de Robert Alexy, na obra *Teoria de Los Derechos Fundamentales*, p. 81-83, no qual ele propõe o conceito de norma de direito fundamental e a posição e o significado de regras e princípios quando dispõe que: "A menudo, no se contraponen regla y principio sino norma y principio o norma y maxima. Aquí las reglas y los principios serán resumidos bajo el concepto de norma. Tanto las reglas como los principios son normas porque ambos dicen lo que debe ser. Ambos pueden ser formulados con la ayuda de las expresiones deónticas básicas del mandato, la permisión y la prohibición. Los principios, al igual que las reglas, son razones para juicios concretos de deber ser, aun cuando sean razones de um tipo muy diferente. La distinción entre reglas y principios es puedes uma distinción entre dos tipos de normas".

ambiente. E, a partir da promulgação da Carta Constitucional de 1988 temos, também, o Mandado de Segurança Coletivo, disciplinado no artigo 5°, inciso LXX, da Constituição Federal; do Mandado de Injunção, disposto no inciso LXXI do mesmo artigo e diploma legal. Finalmente, possuímos a Ação de Inconstitucionalidade prevista no artigo 103 de nossa Norma Fundamental.

Assim, segundo o entendimento de Mukai[132] sob o aspecto jurídico, o instrumento legal básico do planejamento ambiental no Brasil é a lei formal, que, nos três níveis de governo, pode e deve ser o veículo oficial para traduzir as diretrizes da proteção ambiental. Entendendo o Poder Público como responsável, consideramos que tanto a União, como os Estados-membros e os Municípios, podem e devem elaborar suas diretrizes de proteção ambiental.

2.4.2. A constitucionalização da proteção ambiental no Brasil

Quanto à evolução da proteção ambiental no constitucionalismo brasileiro, Sá e Carreira[133] asseveram que, após uma rápida análise da referência ao tema na história do constitucionalismo brasileiro, é fácil constatar que o tratamento dispensado à matéria nas nossas Constituições tem evoluído sobremaneira. Partimos de um modelo constitucional que nada disciplinava acerca da proteção ambiental até alcançarmos nível de amparo e de conscientização de proteção ao ambiente, regrado pela Constituição vigente.

Dessa feita, merece registro que a nossa primeira Carta, a Constituição do Império, datada de 1824, não fazia nenhuma menção à proteção ambiental. Esse fato não surpreende, haja vista que, à época, além de não ser preocupação corrente de todos os povos, o Brasil ainda carecia de uma identidade como povo e nação independente, inexistindo qualquer alusão à busca da preservação de nosso meio. Com o advento da 1ª República brasileira, representada pela Constituição de 1891, iniciou-se uma preocupação com a normatização constitucional no concernente aos assim denominados elementos da natureza.

Contudo, essa preocupação traduziu-se apenas em uma proteção às terras e às minas, indicando uma atitude que buscou proteger os interesses da burguesia e institucionalizar a exploração do solo com o

---

[132] T. Mukai, Op. cit., p. 119.
[133] E. Sá e F. Carreira, *Planeta Terra: uma abordagem de direito ambiental*, p. 37.

aval estatal, a ele cabendo uma fatia da exploração. Assim, em seus artigos 34 e 29, a Constituição de 1891 somente atribuiu à União competência acerca de assuntos referentes às minas e às terras.

Essa proteção e busca de atribuição de competências indicava uma visão ainda não clara. Mesmo naquela época havia uma preocupação com o que hoje, internacional e nacionalmente, se denomina como Direito Ambiental e para nós, no âmbito do presente trabalho e em função da natureza do mesmo, como Direito à Proteção Ambiental –, pois trata do humano, do homem com o ambiente, do humano consigo mesmo, do humano com a sociedade, dos seres vivos em relação a esses interfaciamentos legais, morais e éticos; tudo isso atravessado pelas relações com o necessário ordenamento jurídico.

Sá e Carrera[134] nos afiança que, as Consituições sucessoras da Carta de 1891, ou seja, as Constituições de 1934, 1937, 1946 e 1967 estabeleceram o mesmo padrão de normatização. A busca do disciplinamento de normas que regessem os elementos da natureza tinham por escopo a racionalização econômica das atividades de exploração dos recursos naturais, de forma alguma pretendiam promover a defesa ambiental, tal como hoje a entendemos. De qualquer sorte, apesar de não possuírem uma visão holística do ambiente e nem uma conscientização de preservacionismo, por intermédio de um desenvolvimento técnico-industrial sustentável, essas Cartas tiveram o mérito de ampliar, de forma significativa, as regulamentações referentes ao subsolo, à mineração, à flora, à fauna, às águas, dentre outros itens de igual relevância.

Por sua vez, em decorrência das marcantes modificações políticas que estavam ocorrendo no Brasil a partir do início da década de 80, observamos que as preocupações com a proteção ambiental deixaram de ser meramente "extrativistas", passando a seguir a tendência internacional, inovando na matéria e tornando-se "protecionistas".

Essa modificação culminou com a promulgação da Carta de 1988 que, coerente com seu caráter participativo e democrático e em consonância com os ordenamentos internacionais, dedicou um capítulo específico ao tema e "atribuiu a responsabilidade da preservação ambiental não só ao Poder Público como também à coletividade".[135] A Constituição brasileira de 1988 foi, portanto, a primeira a tratar deli-

---

[134] E. Sá e F. Carrera, Op. cit.
[135] Idem, p. 38.

beradamente da questão ambiental, conforme Silva,[136] pode-se dizer que ela é uma *Constituição "eminentemente ambientalista".*

Referindo-nos, especificamente, à proteção ambiental em matéria constitucional, destacamos artigos de nossa Carta Magna que estão relacionados ao tema, conforme ressalta Antunes,[137] quais sejam: os artigos 43, §§ 2°, inc. IV, e 3°; 40, incs. XIV e XVI; 91, § 1°, inc. III; 129, inc. III; 170, incs. II, III e VI; 174, §§ 3° e 4°. Silva[138] salienta, contudo, que existem referências constitucionais com valores ambientais ao longo de toda a Carta, seja de forma explícita, seja implícita.

Como exemplo de referência constitucional explícita podemos ressaltar o artigo 5°, inc. LXXIII, que confere legitimação a qualquer cidadão para propor ação popular que vise a anular ato lesivo ao meio ambiente e ao patrimônio histórico e cultural; o artigo 91, § 1°, inc. III, que inclui entre as atribuições do Conselho de Defesa Nacional opinar sobre o efetivo uso das áreas indispensáveis à segurança do território nacional, especialmente na faixa de fronteiras e nas áreas relacionadas com a preservação e a exploração dos recursos naturais de qualquer tipo, dentre outros dispositivos constitucionais.

Dentre os de referência constitucional implícita, podemos destacar o artigo 20, inc. III, que define entre os bens da União, lagos, rios e quaisquer correntes de água em terrenos de seu domínio, ou que banhem mais de um Estado, sirvam de limites com outros países, ou se estendam a território estrangeiro ou dele provenham, bem como os terrenos marginais e as praias fluviais; o inciso V do mesmo artigo dispõe como bens da União os recursos naturais da plataforma continental e da zona econômica exclusiva. Silva,[139] apropriadamente, vislumbra valores ambientais, também, no conjunto de normas sobre a saúde (arts. 196 a 200), dado que a proteção do meio ambiente constitui um dos instrumentos de proteção da saúde, do bem-estar e da qualidade de vida da população.

Porém, apesar da vasta abordagem constitucional, a proteção ambiental encontra seu núcleo normativo no Capítulo VI do Título VIII

---

[136] J. A. da Silva, *Direito Ambiental Constitucional*, p. 26.

[137] P. Antunes, *Direito Ambiental*, p. 38.

[138] J. A. da Silva, Op. Cit., p. 27.

[139] Idem, p. 29.

da Constituição, representado pelo específico e fundamental artigo 225.[140] Neste segmento, estamos fazendo apenas um primeiro contato, uma primeira aproximação com o capítulo que rege a proteção ambiental em nosso ordenamento jurídico-constitucional.

O conteúdo do artigo 225, parágrafos e incisos, permite algumas observações preliminares quanto à gerência da proteção ambiental no Brasil. Silva[141] ressalta, dentre outras determinações que depresamos, conforme o dispositivo constitucional supracitado, que o direito ao meio ambiente ecologicamente equilibrado pertence a todos, incluindo nesse rol as gerações presentes e futuras, brasileiros ou estrangeiros; que o dever de defender esse meio ambiente ecologicamente equilibrado é do Poder Público e da coletividade; que o meio ambiente como bem público e essencial à sadia qualidade de vida, portanto um bem que não se encontra disponível; que se deve preservar a diversidade e a integridade do patrimônio genético de todas as espécies, ou seja, devem-se preservar todas as espécies e que se deve promover a educação ambiental em todos os níveis de ensino, concomitante com a conscientização pública para a preservação do meio ambiente, assim como a preservação da fauna e da flora em todo o território nacional.

---

[140] Tratamos, especificamente, acerca do artigo 225 (e de seus parágrafos e incisos) da Constituição Federal de 1988 no capítulo 5º desta obra ao abordamos o direito à proteção do meio ambiente como um direito e um dever fundamental do homem.

[141] J. A. da Silva, Op. Cit., p. 31-32.

3. Dos Direitos Fundamentais

> "É muitas vezes através da garantia no tempo dos seus próprios direitos que o indivíduo representa em concreto o significado da segurança jurídica, da continuidade das instituições e da paz social".[142]

3.1. Conceitos de Direito Fundamental

Gomes Canotilho,[143] respeitado jurista português, frisa em sua obra que a positivação dos direitos fundamentais significa a incorporação desses direitos à ordem jurídica do país, assinalando que o *"lugar cimeiro"* dos direitos fundamentais é a norma constitucional, salientando, ainda, que, sem a positivação constitucional, os direitos fundamentais do homem seriam apenas mera retórica.[144]

A "ampliação e transformação dos direitos fundamentais do homem no evolver histórico dificulta definir-lhes um conceito sintético e preciso." e, assim, várias expressões são utilizadas para designá-los, tais como: "direitos naturais, direitos humanos,(...) liberdades funda-

---

[142] F. Ost, *O Tempo do Direito*, p. 118.

[143] J. J. Gomes Canotilho, *Direito Constitucional e Teoria da Constituição*, p. 347.

[144] Cruz Villalon, *Formación y Evolución*, p. 41 *apud* J. J. Gomes Canotilho, idem, ibidem. No mesmo sentido, temos as palavras de Cruz Villalon, para quem "(...) onde não existir constituição não haverá direitos fundamentais. Existirão outras coisas, seguramente mais importantes, direitos humanos, dignidade da pessoa; existirão coisas parecidas, igualmente importantes, como as liberdades públicas francesas, os direitos subjectivos públicos dos alemães; haverá, enfim, coisas distintas como foros ou privilégios. (...) *os direitos fundamentais são-no*, enquanto tais, *na medida em que encontram reconhecimento nas constituições e deste reconhecimento se derivem as conseqüências jurídicas*". (grifo nosso).

mentais (...) e direitos fundamentais do homem", entre outros. Canotilho[145] alerta, no plano constitucional, para as "crises de representação, da envolvência dos direitos constitucionais nacionais pelo emergente direito constitucional global ou internacional e pelo já vigente direito constitucional comunitário, e da erupção de novos direitos e deveres (Direito do Ambiente e outros) intimamente relacionados com a liberdade e dignidade da pessoa humana e com os outros seres da comunidade biótica (direito fundamental dos seres vivos). Acrescentem-se ainda os problemas da reinvenção do território conducentes à releitura das obras sobre federalismo e antifederalismo e à sugestão de novos fenótipos organizatórios de comunidades supranacionais".

Englobando dimensões de dignidade, fraternidade, solidariedade, propõe como direitos fundamentais do homem "a expressão mais adequada (...), porque, além de referir-se a princípios que resumem a concepção de mundo e informam a ideologia política de cada ordenamento jurídico, (...) reservada para designar no *direito positivo*, àquelas prerrogativas e instituições que ele concretiza em garantias de uma convivência digna, livre e igual de todas as pessoas. No qualificativo *fundamentais* acha-se a indicação de que se trata de situações jurídicas sem as quais a pessoa humana não se realiza, não convive e, às vezes, nem mesmo sobrevive; fundamentais *do homem* no sentido de que a todos, por igual, devem ser, não apenas formalmente reconhecidos, mas concreta e materialmente efetivados".[146]

Alexy define os direitos fundamentais como aquelas posições jurídicas que, do ponto de vista do direito constitucional, são tão relevantes que seu reconhecimento ou não-reconhecimento não pode ser deixado à disposição do legislador ordinário.[147]

Diferenciam-se, portanto, dos *"direitos humanos"*, já que esses se referem "(...) àquelas posições jurídicas que se reconhecem ao ser humano como tal, independentemente de sua vinculação com determinada ordem constitucional, e que, portanto, aspiram à validade universal, para todos os povos e tempos, de tal sorte que revelam um inequívoco caráter supranacional (internacional)".[148]

---

[145] J. J. Gomes Canotilho, Op. Cit., p. 22.

[146] J. A da Silva. Op. Cit., p. 182.

[147] R. Alexy, *Teoria de los Derechos Fundamentales*, p. 407, apud I. W. Sarlet, Op. Cit., p. 80.

[148] I. W. Sarlet, idem, p. 30.

O professor Gomes Canotilho,[149] conforme nosso entendimento, conceitua os direitos fundamentais como sendo aqueles direitos intrinsecamente pertencentes ao homem e que se encontram jurídica e institucionalmente garantidos, limitados por um espaço e um tempo determinados, destacando, ainda, que os direitos fundamentais são, portanto, direitos objetivamente vigentes numa ordem jurídica concreta. Vieira de Andrade[150] salienta que os direitos fundamentais podem ser referidos como os direitos dos homens (dos cidadãos), num determinado tempo e lugar, isto é, num Estado concreto, numa perspectiva constitucional.

Para ampliar nossas referências de fundo, convém trazer a opinião de Bonavides[151] ao asseverar que criar e manter os pressupostos elementares de uma vida baseada na liberdade e na dignidade da pessoa humana são os objetivos primordiais dos direitos fundamentais, acrescentando, alicerçado na teoria de Carl Schmitt, que, com relação aos direitos fundamentais, existem dois critérios formais para a sua caracterização. De acordo com o primeiro, os direitos fundamentais podem ser designados por todos os direitos ou garantias nomeados e especificados na Constituição. Pelo segundo critério, estabelece que direitos fundamentais são aqueles que receberam da Constituição um grau hierarquicamente mais elevado, seja de garantia, seja de segurança.

Do ponto de vista material, Schmitt,[152] os direitos fundamentais variam conforme a espécie de valores e princípios que a Constituição consagra; logo, conforme este raciocínio, cada Estado Constitucional possui seus direitos fundamentais específicos.

Com efeito, a expressão "direitos fundamentais" aplica-se àqueles direitos do ser humano reconhecidos e positivados na esfera constitucional de cada Estado de Direito. Portanto, em que pese a existência de inúmeros conceitos, de diversos autores caracterizando e individualizando o significado da expressão "direitos fundamentais", optamos por nos filiar ao conceito de Sarlet. Assim, os direitos fundamentais são "(...) todas aquelas posições jurídicas concernentes às pessoas, que, do ponto de vista do direito constitucional positivo, foram, por seu conteúdo e importância (fundamentalidade em sentido material), inte-

---

[149] J. J. Gomes Canotilho, Op. Cit., p. 359.

[150] J. C. Vieira de Andrade, *Os Direitos Fundamentais na Constituição Portuguesa de 1976*, p. 12.

[151] P. Bonavides, Op. Cit., p. 472.

[152] Idem, p. 473.

gradas ao texto da Constituição e, portanto, retiradas da esfera de disponibilidade dos poderes constituídos (fundamentalidade formal), bem como as que, por seu conteúdo e significado, possam lhes ser equiparados, agregando-se à Constituição material, tendo, ou não, assento na Constituição formal (...)".[153]

3.2. As dimensões dos Direitos Fundamentais

Nesse trecho, trabalhamos a idéia das dimensões dos direitos fundamentais como alicerce de uma evolução necessária para podermos alcançar o direito fundamental à proteção ambiental. Há inúmeras posições doutrinárias acerca do entendimento e da nomenclatura do desenvolvimento dos direitos fundamentais. Alguns autores[154] entendem que devemos denominar os diversos períodos de desenvolvimento desses direitos como *dimensões* de direitos fundamentais; de outra feita, outros entendem que devemos denominar de *gerações*.

Optamos por aderir à primeira corrente, haja vista que a palavra *gerações* passa-nos uma sensação – até mesmo pela sua semântica –, de fatos e situações que, cronologicamente, se sobrepuseram, enquanto a palavra *dimensões* revela-nos a possibilidade de desenvolvimento e expansão dos direitos fundamentais, sem a necessidade de exclusão ou substituição.

Nosso contemporâneo, Miranda,[155] a respeito dessa discussão doutrinária, salienta que distingue "(como fazem a nossa Constituição e outras Constituições, bem como os grandes textos internacionais) os direitos fundamentais em diversas classes, designadamente, direitos, liberdades e garantias e não nego a sua inserção histórica. (...) Mas recuso-me a integrar estes novos direitos numa única, vasta e heterogênea categoria, e sobretudo creio ser de afastar a idéia de uma sucessão de gerações, com implícita obnubilação das anteriores em face das ulteriores".

No entender de Sarlet,[156] tese a qual nos filiamos, os direitos fundamentais passaram por diversas alterações desde que foram reco-

---

[153] I. W. Sarlet, Op. Cit., p. 80.

[154] Dentre eles Pereira da Silva, Op. Cit., p. 17.

[155] J. Miranda, *A Constituição e o Direito do Ambiente*, p. 356.

[156] I. W. Sarlet, Op. Cit., p. 46.

nhecidos como direitos constitucionais. Essas transformações ocorreram tanto no que concerne ao seu conteúdo quanto no que se refere à sua titularidade, eficácia e efetividade, podendo, então, ser dispostos conforme três diferentes dimensões.[157] Dessa feita, podemos afirmar que a problemática das "dimensões" dos direitos fundamentais somente assume relevância após a positivação dos mesmos nas primeiras constituições.

O agrupamento dos direitos fundamentais se assenta com base no critério de conteúdo, referindo-se à natureza do bem protegido e do objeto de tutela.[158] Sarlet,[159] no entanto, para nosso gáudio, esclarece afirmando que as dimensões dos direitos fundamentais estão vinculadas às transformações geradas pelo reconhecimento de novas necessidades básicas da sociedade na qual estão inseridos.

Essas novas necessidades básicas podem ser traduzidas, ainda com o apoio de Sarlet, como as mutações decorrentes do processo de industrialização e do impacto tecnológico-científico, dentre outras alterações provocadas pela evolução do Estado Liberal para o Estado Democrático de Direito. A Revolução Francesa de 1779 garantiu ao mundo um lema que norteou todo o século XVIII até os nossos dias, ao exprimir em três princípios básicos todo o conteúdo possível dos direitos fundamentais. Bonavides afirma que a Revolução teve o mérito de "profetizar até mesmo a seqüência histórica de sua gradativa institucionalização: *liberdade, igualdade e fraternidade*"[160] (grifo nosso). O autor[161] a que nos referimos acrescenta que a "(...) descoberta a fórmula de generalização e universalidade, restava doravante seguir os caminhos que consentissem inserir na ordem jurídica positiva de cada ordenamento político os direitos e conteúdos materiais referentes àqueles postulados. Os direitos fundamentais passaram na ordem institucional a manifestar-se em três gerações sucessivas, que traduzem sem dúvida um processo cumulativo e qualitativo, o qual, segundo tudo

---

[157] I. W. Sarlet, Op. cit., p. 47-48. "Assim sendo, a teoria dimensional dos direitos fundamentais não aponta, tão-somente, para o caráter cumulativo do processo evolutivo e para a natureza complementar de todos os direitos fundamentais, mas afirma, para além disso, sua unidade e indivisibilidade no contexto do direito constitucional interno e, de modo especial, na esfera do moderno *Direito Internacional dos Direitos Humanos*".

[158] J. A. da Silva, Op. Cit., p. 186.

[159] I. W. Sarlet, idem, p. 37.

[160] P. Bonavides, Op. Cit., p. 474.

[161] Idem, p. 475.

faz prever, tem por bússola uma nova universalidade: a universalidade material e concreta, em substituição da universalidade abstrata e, de certo modo, metafísica daqueles direitos, contida no jusnaturalismo do século XVIII".

Ante o exposto, ao analisarmos os direitos fundamentais vemo-nos impelidos a realizar o presente estudo de forma setorizada, haja vista termos nos deparado com direitos fundamentais de primeira, segunda e terceira dimensões, isto sem considerar a possibilidade de uma quarta dimensão dos direitos fundamentais.

Os direitos fundamentais de primeira dimensão podem ser considerados como aqueles que marcaram o seu reconhecimento perante as Constituições,[162] recebendo *status* constitucional formal e material.[163] Dessa forma, trazemos Sarlet[164] para afirmar serem os direitos fundamentais de 1ª dimensão produtos do pensamento liberal-burguês do século XVIII, com caráter eminentemente de cunho individualista, manifestando-se como o direito que detinha a função de proteger o indivíduo do poder do Estado, podendo, então, ser denominados direitos de resistência perante o Poder constituído.[165]

Os direitos fundamentais de primeira dimensão são considerados, portanto, direitos de defesa delimitando um território de não-intervenção estatal e uma zona de autonomia individual do cidadão em face do poder do Estado, qualificados como direitos de liberdade. São considerados, ainda, direitos de cunho negativo, pois representam uma abstenção, e não uma conduta positiva por parte do Poder Público; Bonavides[166] define-os como direitos de resistência ou de oposição perante o Estado, tendo por titular o indivíduo.

---

[162] A. E. Perez Luño, *Derechos Humanos*, p. 109. Conforme o autor, "não se deve perder de vista a circunstância de que a positivação dos direitos fundamentais é o produto de uma dialética constante entre o progressivo desenvolvimento das técnicas de seu reconhecimento na esfera do direito positivo e a paulatina afirmação, no terreno ideológico, das idéias da liberdade e dignidade humana".

[163] I. W. Sarlet, Op. Cit., p. 37.

[164] Idem, p. 48.

[165] Ibidem. Sarlet acrescenta que "Os direitos fundamentais da primeira dimensão encontram suas raízes especialmente na doutrina iluminista e jusnaturalista dos séculos XVII e XVIII (nomes como Hobbes, Locke, Rousseau e Kant), segundo a qual, a finalidade precípua do Estado consiste na realização da liberdade do indivíduo, bem como nas revoluções políticas do final do século XVIII, que marcaram o início da positivação das reivindicações burguesas nas primeiras Constituições escritas do mundo ocidental".

[166] P. Bonavides, Op. Cit., p. 517.

Aparecem com maior destaque, nessa dimensão, os direitos à vida, à liberdade, à propriedade e à igualdade perante a lei. Posteriormente, esses direitos foram complementados por uma rede mais ampla de liberdades. Dentre esses, podemos citar as denominadas liberdades de expressão coletiva, tais como as liberdades de expressão, imprensa, manifestação, reunião e associação e os direitos de participação política, como o direito de voto e a capacidade eleitoral passiva, demonstrando a íntima relação existente entre os direitos fundamentais de primeira dimensão e a democracia.

Bonavides[167] realiza um apanhado, sucinto e claro, acerca dos direitos fundamentais de primeira dimensão, asseverando que se cuida dos assim chamados direitos civis e políticos, que, em sua maioria, correspondem à fase inicial do constitucionalismo ocidental, mas que continuam a integrar os catálogos das Constituições atuais, ainda que com algum conteúdo ou significado diferenciado.[168]

Nessa esteira, por direitos fundamentais de segunda dimensão entende-se aqueles que atribuem ao Estado um comportamento ativo na realização da justiça, recebendo a denominação de *direitos positivos*. Sarlet[169] alerta que o impacto da industrialização e os graves problemas sociais e econômicos agregados, de que a consagração formal de liberdade e igualdade não gerava a garantia das mesmas, foram o impulso necessário a reivindicações e o reconhecimento de que o Estado deveria ter um comportamento ativo na realização da justiça social.

Os direitos fundamentais de segunda dimensão dominam o século XX, da mesma forma que os direitos de primeira dimensão dominaram o século XIX, conforme afirmação clara de Bonavides,[170] acrescentando que esses direitos "(...) são os direitos sociais, culturais e econômicos bem como os direitos coletivos ou de coletividades, introduzidos no constitucionalismo das distintas formas de Estado social, depois que

---

[167] P. Bonavides, Op. Cit., p. 517.

[168] Idem. Segundo o autor podemos afirmar que "os direitos de primeira geração ou direitos de liberdade têm por titular o indivíduo, são oponíveis ao Estado, traduzem-se como faculdades ou atributos da pessoa e ostentam uma subjetividade que é o seu traço mais característico; enfim, são direitos de resistência ou de oposição perante o Estado. Entram na categoria de *status negativus* da classificação de Jellinek e fazem também ressaltar na ordem dos valores políticos a nítida separação entre a Sociedade e o Estado".

[169] I. W. Sarlet, Op. Cit., p. 49.

[170] P. Bonavides, Op. Cit., p. 476.

germinaram por obra da ideologia e da reflexão antiliberal deste século. Nasceram abraçados ao princípio da igualdade, do qual não se podem separar, pois fazê-lo equivaleria a desmembrá-los da razão de ser que os ampara e estimula".

Dessa feita, essa dimensão de cunho positivo dos direitos fundamentais adveio da necessidade de propiciar um bem-estar social. O que se pretendia era não mais evitar a intervenção estatal na esfera privada e individual, mas sim fazer com que o Estado propiciasse ao cidadão o direito ao bem-estar social. A liberdade do indivíduo manifestar-se-á por intermédio do Estado, e não mais perante o Estado.

Os direitos fundamentais de segunda dimensão surgiram consagrados, no Direito Ocidental positivado, em especial por meio das Constituições do segundo pós-guerra, além de serem objeto de diversos pactos internacionais, conforme ressalta Sarlet.[171]

Esses direitos são, reconhecidamente, os que outorgam ao indivíduo, por exemplo, o direito a prestações sociais estatais, como a assistência social, a saúde, a educação e o trabalho. Não se pode deixar de atentar para a questão de que os direitos fundamentais de segunda dimensão não englobam apenas os direitos de cunho positivo. Tais direitos agregam, também, as denominadas *"liberdades sociais."* O aludido autor cita como tais direitos a liberdade de sindicalização, o direito de greve, o direito de férias, o repouso semanal remunerado e a garantia de um salário mínimo, dentre outros.[172]

Alicerçados nessas posições, podemos afirmar que os direitos fundamentais de segunda dimensão abrangem direitos muito além dos de cunho meramente prestacional, apesar de o cunho positivo ser o marco primordial dessa fase evolucionária dos direitos fundamentais. Contudo, não se pode deixar de observar que, a exemplo do que ocorre com os direitos de primeira dimensão, esses, os direitos de segunda dimensão, também se reportam à pessoa individual, não possuindo nenhum elo com os direitos coletivos ou difusos.[173]

---

[171] I. W. Sarlet, Op. Cit., p. 49.

[172] Idem, p. 50.

[173] Ibidem. Em suma, dispõe Sarlet, que "(...) os direitos de segunda dimensão podem ser considerados uma densificação do princípio da justiça social, além de corresponderem a reivindicações das classes menos favorecidas, de modo especial da classe operária, a título de compensação, em virtude da extrema desigualdade que caracterizava (e, de certa forma, ainda caracteriza) as relações com a classe empregadora, notadamente detentora de um maior ou menor grau de poder econômico".

Salientamos, em conformidade com os ensinamentos de Bonavides,[174] que os direitos fundamentais, a partir de sua segunda fase, ou seja, a partir de sua segunda dimensão, passaram a envolver que, além das garantias alicerçadas no princípio da liberdade, dos direitos de primeira dimensão, também hão de ser protegidos "os critérios objetivos de valores, bem como os princípios básicos que animam a lei maior, projetando-lhe a unidade e fazendo a congruência fundamental de suas regras".

Dessa feita, os direitos fundamentais, nessa fase, valendo-se de uma concepção mais objetiva e valorativa, fizeram com que o princípio da igualdade, assim como o princípio da liberdade, recebessem um novo significado: deixavam de ser meros direitos individuais para tornarem-se uma dimensão muito mais objetiva de garantia contra possíveis atos de arbítrio do Estado.

Entramos na seara dos direitos fundamentais de terceira dimensão, objeto primordial desse trabalho. A consciência de um mundo fragmentado em Nações desenvolvidas e subdesenvolvidas, ou ainda em precário desenvolvimento, segundo Bonavides,[175] abriu espaço para que se buscasse uma outra dimensão para os direitos fundamentais, até então desconhecida.

Os direitos de terceira dimensão são também denominados de direitos de solidariedade e direitos de fraternidade, em virtude do fato de caracterizarem-se, como possuindo, "a figura do homem-indivíduo como seu titular, destinando-se à proteção de grupos humanos (família, povo, nação), e caracterizando-se, conseqüentemente, como direitos de titularidade coletiva ou difusa".[176] Com efeito, os direitos fundamentais de terceira dimensão, dotados de um conteúdo altamente humano e universal, tendem a cristalizar-se como direitos que não objetivam proteger especificamente os interesses de um único indivíduo, de um grupo ou de um Estado. Os direitos fundamentais de terceira dimensão têm por destinação primordial a proteção do gênero humano.

A nota distintiva dos direitos fundamentais de terceira dimensão é, fundamentalmente, a questão de sua titularidade. Esses direitos caracterizam-se por possuir a titularidade coletiva, sendo essas, algumas vezes, até mesmo, indefinida ou indeterminável. Destarte, os direitos

---

[174] P. Bonavides, Op. Cit., p. 480.

[175] Ibidem.

[176] I. W. Sarlet, Op. Cit., p. 50.

de terceira dimensão destinam-se à proteção de grupos humanos, sendo que os mais citados direitos fundamentais de terceira dimensão são os direitos à paz, à autodeterminação dos povos, ao desenvolvimento, à qualidade de vida, o direito de propriedade sobre o patrimônio comum da humanidade, o direito de comunicação e, para nós, principalmente, o direito de proteção ao meio ambiente.[177]

Esse elenco se origina, tal como os direitos de segunda dimensão, do resultado de novos movimentos sociais de reivindicações fundamentais do ser humano, geradas, segundo Sarlet,[178] "(...) pelo impacto tecnológico, pelo estado crônico de beligerância, bem como pelo processo de descolonização do segundo pós-guerra e suas conseqüências".

Contudo, a questão de a titularidade ser atribuída ao Estado e à Nação, em decorrência dos direitos à autodeterminação dos povos, à paz e ao desenvolvimento, tem levantado inúmeras dúvidas no concernente à qualificação das reivindicações do ser humano, questionando-se serem esses verdadeiros reflexos das necessidades e autênticos direitos fundamentais do ser humano.[179]

Os direitos fundamentais de terceira dimensão são denominados comumente de direitos de solidariedade ou direitos de fraternidade devido à sua natureza de implicação universal. Alcançam, no mínimo, uma característica de transindividualismo e, em decorrência dessa es-

---

[177] I. W. Sarlet, Op. Cit., p. 46-52.

[178] Idem, p. 51.

[179] N. Bobbio, *A Era dos Direitos*, p. 9-10. Sobre este questionamento Bobbio sustenta que: "Apesar das inúmeras tentativas de análise definitória, a linguagem dos direitos permanece bastante ambígua, pouco rigorosa e freqüentemente usada de modo retórico. Nada impede que se use o mesmo termo para indicar direitos apenas proclamados numa declaração, até mesmo solene, e direitos efetivamente protegidos num ordenamento jurídico inspirado nos princípios do constitucionalismo, onde haja juizes imparciais e várias formas de poder executivo das decisões dos juizes. Mas entre uns e outros há uma bela diferença! *Já a maior parte dos direitos sociais, os chamados direitos de segunda geração, que são exibidos brilhantemente em todas as declarações nacionais e internacionais, permaneceu no papel. O que dizer dos direitos de terceira e quarta geração?* A única coisa que até agora se pode dizer é que são expressão de aspirações ideais, às quais o nome de 'direitos' serve unicamente para atribuir um título de nobreza. *Proclamar o direito dos indivíduos, não importa em que parte do mundo se encontrem (os direitos do homem são por si mesmos universais), de viver num mundo não poluído não significa mais do que expressar a aspiração a obter uma legislação que imponha limites ao uso de substâncias poluentes. Mas uma coisa é proclamar esse direito, outra é desfrutá-lo efetivamente.* A linguagem dos direitos tem indubitavelmente uma grande função prática, que é emprestar uma força particular às reivindicações dos movimentos que demandam para si e para os outros a satisfação de novos carecimentos materiais e morais; mas ela se torna enganadora se obscurecer ou ocultar a diferença entre o direito reivindicado e o direito reconhecido e protegido." (grifo nosso).

pecificidade, exigem esforços e responsabilidades em escala mundial, para que sejam verdadeiramente efetivados.

Os direitos fundamentais de terceira dimensão "podem ser considerados uma resposta ao fenômeno denominado de 'poluição de liberdades', que caracteriza o processo de erosão e degradação sofrido pelos direitos e liberdades fundamentais, principalmente em face do uso de novas tecnologias, assumindo especial relevância o direito ao meio ambiente e à qualidade de vida (...)".[180]

Parte da doutrina, segundo afirmação de Sarlet,[181] manifesta serem direitos de terceira dimensão as referências às garantias contra as manipulações genéticas e ao direito de morrer com dignidade; enquanto outros entendem que esses já compõem direitos de quarta dimensão.[182] Porém, o autor alerta que os direitos anteriormente citados, como resultado de novas reivindicações, na verdade novas versões, são respostas a novas agressões ao princípio da dignidade da pessoa humana, encontrando-se também atrelados à idéia de proteção da liberdade e da vida, entre outros bens tradicionalmente tutelados como jusfundamentais.

Bonavides[183] defende a idéia de uma quarta dimensão dos direitos fundamentais, dispondo ser essa oriunda da globalização dos direitos fundamentais. O renomado autor alerta que a nova universalidade dos direitos fundamentais, desenvolvida por meio das manifestações do direitos das dimensões anteriores, abre o caminho para uma dimensão de direitos fundamentais num grau mais alto de juricidade, concretude, positividade e eficácia.

Essa é uma universalidade que não exclui os direitos de liberdade; ao contrário, fortalece-os com as expectativas e os pressupostos de melhor concretizá-los mediante a efetiva adoção dos direitos da igualdade e da fraternidade. Essa quarta dimensão é composta pelos direitos à democracia, à informação e ao pluralismo.[184]

---

[180] Perez Luño apud I. W. Sarlet, Op. Cit., p. 51.

[181] I. W. Sarlet, Op. Cit., p. 52.

[182] Esta nova dimensão dos direitos fundamentais estaria atrelada às questões das novas tecnologias relacionadas ao princípio da dignidade da vida, tais como as pesquisas genéticas popularizadas pelo Projeto Genoma, as células-tronco, a reprodução assistida, a eutanásia, dentre outras.

[183] P. Bonavides, Op. Cit., p. 526.

[184] Idem, p. 483. Nos ensinamentos de Bonavides, temos que "A nova universalidade procura, enfim, subjetivar de forma concreta e positiva os direitos da tríplice geração na titularidade de um indivíduo que antes de ser o homem deste ou daquele País, de uma sociedade desenvolvida ou subdesenvolvida, é pela sua condição de pessoa um ente qualificado por sua pertinência ao

Sarlet[185] frisa acerca do reconhecimento dos direitos fundamentais de quarta dimensão, proposto, entre nós, por Bonavides, que esses estão longe de obter o devido reconhecimento no âmbito do direito positivo constitucional interno e do direito internacional. O autor salienta que essa é uma saudável esperança de um futuro melhor para a humanidade, representado por uma efetiva cidadania e a liberdade de todos os povos, o que faria surgir uma legítima globalização política.

3.3. A dupla fundamentalidade dos Direitos Fundamentais na Constituição de 1988

A evolução dos direitos fundamentais acompanha um processo histórico de lutas sociais, de controles políticos, bem como um progresso técnico-científico, e são designados pela doutrina e pelos textos constitucionais como a expressão adequada para nomear os direitos das pessoas frente ao Estado.[186] Segundo Alexy,[187] destaque que também atribuímos, a importância das normas jusfundamentais para o sistema jurídico resulta de duas coisas: de sua fundamentalidade formal e de sua fundamentalidade material.

A fundamentalidade formal das normas jusfundamentais resulta de sua posição no cume do ordenamento jurídico, tornando-se direito diretamente vinculante para a legislação, para o Poder Executivo e para o Poder Judiciário.[188] A fundamentalidade puramente material deve levar em conta o conhecimento do conteúdo das normas. Gomes Canotilho[189] afirma que a categoria de fundamentalidade das normas, proposta por Alexy, aponta para a especial dignidade de proteção dos direitos, tanto em um sentido formal como em um sentido material.

---

gênero humano, objeto daquela universalidade". Analisando as manifestações de Bonavides, Sarlet alerta que "(...) é de se ressaltar que, ao menos parcial e embrionariamente, alguns destes direitos, notadamente os direitos à democracia, ao pluralismo e à informação, se encontram consagrados em nossa Constituição, de modo especial no preâmbulo e no Título dos Princípios Fundamentais, salientando-se, todavia, que a democracia erigida à condição de princípio fundamental pelo Constituinte de 1988 é a representativa, com alguns ingredientes, ainda que tímidos, de participação direta".

[185] I. W. Sarlet, Op. Cit., p. 53.

[186] J. Miranda, Op. Cit., p. 48.

[187] R. Alexy, *La Teoria de los Derechos Fundamentales*, p. 503-6.

[188] Ibidem.

[189] J. J. Gomes Canotilho, *Direito Constitucional e Teoria da Constituição*, p. 348.

3.3.1. Direitos Fundamentais em sentido formal

Podemos determinar, conforme o entendimento de Miranda,[190] como "direito fundamental toda a posição jurídica subjectiva das pessoas enquanto consagrada na Lei Fundamental". Assim, por seu conceito formal, direito fundamental é todo aquele que esteja consagrado nas Constituições. Gomes Canotilho[191] corrobora essa posição sustentando que todos os direitos consagrados e reconhecidos pela Constituição caracterizam-se como direitos formalmente constitucionais, uma vez que eles são enunciados e protegidos por normas com valor constitucional formal.[192]

A partir de uma teoria dos direitos fundamentais, podemos analisar a concepção geral desses direitos. Conforme o entendimento de Alexy,[193] uma teoria geral dos direitos fundamentais da Lei Maior é uma teoria em que se consideram todos os problemas que se estabelecem sobre os direitos fundamentais de um determinado tipo. Em contrapartida, aceitar e propagar que direitos fundamentais seriam somente aqueles positivados nas Cartas fundamentais dos Estados de Direito seria, no mínimo, inconseqüente. Para demonstrar a verossimilhança dessa assertiva, basta que se faça uma análise da própria Constituição em seu conteúdo formal e em seu conteúdo material.[194]

Dessa feita, pode-se dizer, sem equívocos, parafraseando Miranda,[195] que todos os direitos fundamentais em sentido formal são-no também em sentido material. Contudo, nem todos os direitos funda-

---

[190] J. Miranda, Op. Cit., p. 8.

[191] J. J. Gomes Canotilho, Op. Cit., p. 369.

[192] Ao trabalharmos com a idéia de normas constitucionais, fazemo-lo alicerçados no entendimento de R. Alexy, *Teoria de los Derechos Fundamentales*, p. 82ss. Neste sentido, partimos da premissa de que uma norma é constituída de princípios e regras e delas retiramos os valores jurídicos sacramentados em nosso ordenamento. Alexy dispõe que "las reglas e y los principios serán resumidos bajo el concepto de norma. Tanto las reglas como los principios son normas porque ambos dicen lo deber ser. Ambos pueden ser formulados con la ayuda de las expresiones deónticas básicas del mandato, la permisión y la prohibición. Los principios, al igual que las reglas, son razones para juicios concretos de deber ser, aun cuando sean razones de um tipo muy diferente. La distinción entre reglas y principios es pues uma distinción entre dos tipos de normas".

[193] R. Alexy, Op. Cit., p. 35.

[194] J. J. Gomes Canotilho, Op. Cit., p. 369. Cumpre salientar uma afirmação de Gomes Canotilho que dispõe que "A Constituição admite, porém, outros direitos fundamentais constantes das leis e das regras aplicáveis de direito internacional. Em virtude de as normas que os reconhecem e protegem não terem a forma constitucional, estes direitos são chamados direitos materialmente fundamentais".

[195] J. Miranda, Op. Cit., p. 9.

mentais em sentido material o são em sentido formal. Daí por que à semelhança de Miranda[196] afirma-se que "(...) há direitos fundamentais em sentido material para além deles".

O ilustre professor Vieira de Andrade esclarece o argumento supracitado, dispondo que haverá direitos fundamentais em sentido material que não o são formalmente, e isso porque não estão incluídos no catálogo constitucional. O referido autor acrescenta, ainda, que "tal como, logicamente, a inversa se torna viável: poderá haver preceitos incluídos no catálogo que não incluam matéria de direitos fundamentais, ou seja, numa linguagem simplificada, direitos só formalmente fundamentais".[197]

Conforme o correto entendimento de Gomes Canotilho, a fundamentalidade formal dos direitos fundamentais está, geralmente, associada à constitucionalização e sinaliza com quatro dimensões relevantes: "(1) as normas consagradoras de direitos fundamentais, enquanto normas fundamentais, são normas colocadas no grau superior da ordem jurídica; (2) como normas constitucionais encontram-se submetidas aos procedimentos agravados de revisão; (3) como normas incorporadoras de direitos fundamentais passam, muitas vezes, a constituir limites materiais da própria revisão (...); (4) como normas dotadas de vinculatividade imediata dos poderes publicos constituem parâmetros materiais de escolhas, decisões, acções e controlo, dos órgãos legislativos, administrativos e jurisdicionais (...)".[198]

No entender de Vieira de Andrade,[199] os direitos fundamentais tornam-se direitos constitucionais, reunindo, por força dessa dignidade formal, as condições para que lhes seja reconhecida "relevância jurídica positiva com um valor superior ao da própria lei". O referido autor sustenta, ainda, que os direitos fundamentais, consagrados nos catálogos constitucionais, possuem uma juridicidade específica, por estarem dentro desse instrumento de direito interno escrito, salientando que "o seu valor jurídico, a sua força de conformação não foram sempre os mesmos, mas não há dúvida hoje que comandam todo o ordenamento jurídico, impondo-se à própria função legislativa por força do princípio da constitucionalidade. Na expressão de Krüger, se antes os direitos

---

[196] J. Miranda, Op. Cit., p. 9.
[197] J. C. Vieira de Andrade, Op. Cit., p. 78.
[198] J. J. Gomes Canotilho, Op. Cit., p. 349.
[199] J. C. Vieira de Andrade, Op. Cit., p. 27.

fundamentais só existiam no quadro das leis, hoje as leis só valem no quadro dos direitos fundamentais".[200]

Para finalizar, podemos ressaltar, entre nós, o pensamento de Sarlet, que, alicerçado na lição do jusfilósofo alemão Alexy, adequa a teoria da fundamentalidade dos direitos fundamentais ao nosso ordenamento jurídico-constitucional. Conforme o referido autor, a fundamentalidade encontra-se ligada ao direito constitucional positivo e resulta dos aspectos salientados por Gomes Canotilho e devidamente adaptados ao direito constitucional pátrio: "a) como parte integrante da Constituição escrita, os direitos fundamentais situam-se no ápice de todo o ordenamento jurídico; b) na qualidade de normas constitucionais, encontram-se submetidos aos limites formais (procedimento agravado) e materiais (cláusulas pétreas) da reforma constitucional (art. 60 da CF); c) por derradeiro, cuida-se de normas diretamente aplicáveis e que vinculam de forma imediata as entidades públicas e privadas (art. 5º § 1º, da CF)".[201]

Podemos afirmar, dessa forma, que os direitos fundamentais, em sentido formal, pela sua importância para a ordem jurídica-constitucional, possui supremacia normativa, aplicabilidade imediata e vinculativa, em virtude do § 1º do artigo 5º da Constituição Federal, e condição de cláusulas pétreas, no que tange às reformas constitucionais, por força do artigo 60 da Carta.

3.3.2. Direitos Fundamentais em sentido material

Para além de positivados na Constituição formal, os direitos fundamentais integram o núcleo material da ordem constitucional, em virtude da importância de seu conteúdo, apresentando uma fundamentalidade material. Além disso, o âmbito material dos direitos fundamentais não se reporta, pura e simplesmente, ao catálogo contido no artigo 5º da Constituição Federal de 1988. E esse parece ser o sentido expressado pelo § 2º do artigo 5º da Carta Constitucional quando disciplina que: "os direitos e garantias expressos nesta Constituição não excluem outros decorrentes do regime e dos princípios por ela adotados, ou dos tratados internacionais em que a República Federativa do Brasil seja parte".

---

[200] J. C. Vieira de Andrade, Op. Cit., p. 33.
[201] I. W. Sarlet, *A Eficácia dos Direitos Fundamentais*, p. 78-9.

Nesse sentido, a partir dessa norma constitucional, é possível a existência de outros direitos fundamentais, fora do Título II da Constituição Federal ou em normas internacionais;[202] e, ainda, que pode haver direitos previstos em outras partes da Constituição que devam ser considerados como fundamentais, em consonância com o entendimento de Vieira de Andrade.[203]

Partindo-se, então, do disposto no § 2º do artigo 5º, e do próprio espírito do Título II de nossa Carta Constitucional, temos a indicação de que essa ordem jurídico-constitucional prevê (não excluindo, conforme alerta Vieira de Andrade)[204] a existência de direitos fundamentais contidos em normas internacionais.

Gomes Canotilho,[205] nosso ilustre interlocutor, refere-se a essa possibilidade de encontrarmos direitos fundamentais de caráter material como oriundo do princípio da cláusula aberta, consagrado pela Constituição. Essa abertura permite abranger direitos para além das positivações concretas, procurando proteger todas as possibilidades de direitos que surjam no horizonte da ação humana. No entanto, a advertência feita pelo jurista português consiste na dificuldade de saber distinguir, dentre os direitos sem a proteção constitucional, aqueles que possuam "dignidade suficiente para serem considerados fundamentais", sugerindo, a título de orientação, para solucionar esse dilema, que é "de se considerar como direitos extraconstitucionais materialmente fundamentais os direitos equiparáveis pelo seu objeto e importância aos diversos tipos de direitos formalmente fundamentais".

A fundamentalidade material do conteúdo dos direitos fundamentais é, decisivamente, ponto constitutivo das estruturas básicas do Estado e da sociedade. O referido autor salienta, ainda, que somente a idéia de fundamentalidade material pode fornecer suporte para "(1) a

---

[202] A jurisprudência de nossos Tribunais superiores comprova e aplica o disposto no § 2º do art. 5º da CF/88 ao utilizar em seus julgamentos os tratados de direito internacional. Como exemplo, apresentamos jurisprudência proferida pelo TRT da 2ª Região: "A Convenção nº 158, de 1982, aprovada pelo Congresso Nacional em 1992 e ratificada pelo Brasil em 05.01.95, tem plena vigência no território nacional a partir de 05.01.96, de acordo com os princípios do direito internacional e com a Constituição de 1988 que incorpora à nossa ordem jurídica os tratados internacionais (Constituição de 1988, art. 5º, § 2º, e Decreto do Sr. Presidente da República de nº 1.855, de 10.04.96. (TRT 2ª R. – DCG 379/96-A – Ac. SDC 257/96-A – Rel. Floriano Correa Vaz da Silva – DOESP 19.06.1996)".

[203] J. C. Vieira de Andrade, Op. Cit., p. 77.

[204] Idem, p. 78.

[205] J. J. Gomes Canotilho, Op. Cit., p. 369.

abertura da Constituição a outros direitos, também fundamentais, mas não constitucionalizados, isto é, direitos materialmente mas não formalmente fundamentais (...); (2) a aplicação a estes direitos só materialmente constitucionais de alguns aspectos do regime jurídico inerente à fundamentalidade formal; (3) a abertura a novos direitos fundamentais".[206]

A tese de Miranda[207] pontua que para os direitos fundamentais serem reconhecidos como tais, a partir de sua consagração na Constituição, essa Lei Fundamental deve ser legítima, e em virtude dela haver a participação direta da sociedade como agente propulsionador desses direitos.

Buscando esclarecer as conceituações aqui discutidas, Canotilho[208] salienta, também, a distinção estabelecida entre direitos fundamentais formais e materiais. A supracitada distinção faz-se necessária, haja vista que, ao tratarmos de direitos fundamentais, devemos ressaltar que existem direitos consagrados na Constituição e que só pelo fato de possuírem esta posição privilegiada merecem a classificação de fundamentais, mesmo que seu conteúdo não possa ser considerado materialmente fundamental. De outra feita, existem aqueles direitos formalmente fundamentais que, obrigatoriamente, devem ser considerados materiais em virtude de sua natureza intrínseca.

Dentre os doutrinadores pátrios, Sarlet[209] é aquele que melhor traduz a categoria da fundamentalidade material proposta por Alexy ao nosso ordenamento, frisando que a fundamentalidade material decorre da circunstância de serem os direitos fundamentais elemento constitutivo da Constituição material.

---

[206] J. J. Gomes Canotilho, Op. Cit., p. 349.

[207] J. Miranda, Op. Cit., p. 8. Assim, conforme o entendimento do autor "Não há direitos fundamentais sem reconhecimento duma esfera própria das pessoas, mais ou menos ampla, frente ao poder político; não há verdadeiros direitos fundamentais em Estado totalitário ou, pelo menos, em totalitarismo integral. Em contrapartida, não há verdadeiros direitos fundamentais sem que as pessoas estejam em relação imediata com o poder, beneficiando de um estatuto comum (...); *não há direitos fundamentais sem comunidade política integrada*" (grifo nosso).

[208] J. J. Gomes Canotilho, Op. Cit., p. 372.

[209] I. W. Sarlet, Op. Cit., p. 78-79. Sarlet acrescenta que "inobstante não necessariamente ligada à fundamentalidade formal, é por intermédio do direito constitucional positivo (art. 5º, § 2º, da CF) que a noção da fundamentalidade material permite a abertura da Constituição a outros direitos fundamentais não constantes de seu texto e, portanto, apenas materialmente fundamentais, assim como a direitos fundamentais situados fora do catálogo, mas integrantes da Constituição formal (...)".

3.3.3. O sistema materialmente aberto dos Direitos Fundamentais na Constituição Federal de 1988

Uma unidade de sentido jurídico-constitucional alicerça os domínios dos direitos fundamentais; assim, há a possibilidade de fazer-se uma construção normativa coerente aos preceitos constitucionais. Vieira de Andrade[210] entende que os preceitos relativos aos direitos fundamentais exprimem o "reconhecimento e a garantia de um conjunto de bens ou valores que são caros à comunidade e que legitimam e dão sentido aos preceitos constitucionais". A descoberta dessa unidade, de sentido cultural e valorativa dos direitos fundamentais, não implica adesão imediata "à teoria dos valores ou da ordem dos valores, muito menos ao reconhecimento de uma ordem de valores hierárquica, abstracta e fechada". A ordem constitucional dos direitos fundamentais é, desde logo, no entender de Vieira de Andrade,[211] "uma ordem pluralista e aberta e, por isso, não-hierárquica".

Miranda,[212] por sua vez, em nossa perspectiva, salienta a existência de direitos fundamentais em outras partes da Constituição e nas próprias leis infraconstitucionais. Denomina como direitos fundamentais de natureza análoga aos previstos no catálogo constitucional, afirmando que os direitos fundamentais não estão adstritos a ele.

No mesmo sentido posiciona-se Vieira de Andrade,[213] defendendo o entendimento de que os direitos fundamentais legais e os direitos fundamentais são recebidos pela Constituição com a mesma perspectiva de dignidade, e exigindo a aplicação do mesmo regime utilizado para os direitos fundamentais constitucionais. Há uma analogia entre os direitos, uma correspondência de identidade de regime, aplicada entre os direitos fundamentais expressamente enumerados e outros previstos em leis e normas internacionais, determinando uma não-rigidez no sistema, uma abertura à aplicação e um reconhecimento de direitos fundamentais fora do catálogo constitucional. Podemos afirmar que, por intermédio do conceito de direitos fundamentais, não estamos tratando, tão-somente, de direitos declarados e estabelecidos.

---

[210] J. C. Vieira de Andrade, Op. Cit., p. 108.
[211] Idem, p. 108.
[212] J. Miranda, Op. Cit., p. 145.
[213] J. C. Vieira de Andrade, Op. Cit., p. 79.

Estamos diante de direitos resultantes de um sistema aberto de Constituição.[214]

Em plena concordância com o professor português,[215] cremos que "os direitos consagrados na Constituição não excluem quaisquer outros constantes das leis e das regras de direito internacional".[216] Uma breve abordagem do § 2º do artigo 5º da Constituição Federal e da abertura material é vital para a fundamentação da proteção do meio ambiente como direito fundamental, já que se encontra fora do Título II da Constituição. A Constituição Federal, portanto, disciplinou, no § 2º do artigo 5º, uma possibilidade de os direitos fundamentais possuírem maior alcance. Segundo o entendimento de Sarlet, a regra prevista na norma supracitada segue uma tradição antiga no Direito positivo brasileiro, desde a Constituição de 1891.[217]

A norma constitucional prevista no § 2º do artigo 5º da Constituição Federal traduz a idéia de que existem direitos fundamentais para além dos expressamente positivados na Carta. Existem direitos fundamentais que o são devido à sua substância, ou seja, em virtude de seu conteúdo. Em outras palavras, são direitos fundamentais mesmo não constando do catálogo. Conforme Sarlet, "importa salientar que o rol do art. 5º, apesar de exaustivo, não tem cunho taxativo".

Concluindo, apresentamos a compreensão de Freitas, com a qual concordamos, no concernente a uma conceituação de sistema,[218] quan-

---

[214] J. Miranda, Op. Cit., p. 10. Miranda conclui que "O que significa que, ao cabo e ao resto, poderá encontrar-se, na generalidade dos casos, com maior ou menos autenticidade, a proclamação de direitos postulados pelo Direito natural – para quem o acolha – e de vocação comum a todos os povos".

[215] Idem, p. 11.

[216] J. J. Gomes Canotilho, Op. cit., p. 370, ilustra, demonstrando a influência do constitucionalismo brasileiro, que: "O reconhecimento de direitos materialmente fundamentais remonta, na nossa história constitucional, à Constituição de 1911. Aqui se considerava, na senda da Constituição brasileira de 1891, que a especificação das garantias e direitos expressos na Constituição não excluía outras garantias e direitos não enumerados mas que «constam de outras leis»".

[217] I. W. Sarlet, Op. Cit., p. 81-82. Sarlet afirma que "A doutrina pátria vem dedicando-se ao tema, restringindo-se, contudo (e no mais das vezes), a citar a regra, mencionando sua função hermenêutica (...). (...) o que, em outras palavras, significa que na Constituição também está incluído o que não foi expressamente previsto, mas que implícita e indiretamente pode ser deduzido, doutrina esta que se encontra perfeitamente sedimentada em toda a história do constitucionalismo republicano, mas que, nem por isso (e talvez por isto mesmo), dispensa outros desenvolvimentos".

[218] Cf. o entendimento de J. Freitas, *A Interpretação Sistemática do Direito*, p. 46 podemos conceituar sistema como "uma rede axiológica e hierarquizada de princípios gerais e tópicos, de normas e de valores jurídicos cuja função é a de, evitando ou superando antinomias, dar cumprimento aos princípios e objetivos fundamentais do Estado Democrático de Direito, assim como se encontram consubstanciados, expressa ou implicitamente, na Constituição".

do afirma que esse é a um só tempo rigoroso e aberto e acrescenta que "diversamente do que sustentava a escola da exegese, o sistema jurídico não é fechado".[219] Alicerçados na idéia de que o sistema é aberto e "não é dotado de estreitos e definitivos contornos" podemos compreender a aplicar a amplitude proporcionada pelo § 2º do artigo 5º da Constituição Federal, para justificar a abertura alcançada pelos direitos fundamentais.[220]

Alicerçados na percepção de Gomes Canotilho, cremos que o catálogo dos direitos fundamentais na Constituição brasileira, e aqui considerados tais como os direitos previstos no Título II, de forma alguma esgota os direitos fundamentais de que dispomos. A nossa Carta, por meio do § 2º do artigo 5º, estabelece uma cláusula, que permite abertura para o reconhecimento de outros direitos fundamentais, ainda que não expressos na Constituição, assim como para aqueles direitos fundamentais expressos na Constituição, mas estranhos ao elencado no Título II. A amplitude fornecida ao catálogo permitiu que o direito à proteção ambiental fosse tido como fundamental, o que será objeto de análise posterior.

Com o intuito de disciplinar a conduta humana, as normas jurídicas fazem uso de palavras e signos lingüísticos que devem expressar o sentido daquilo que deve ser. Trazemos a contribuição de Ferraz[221] ao esclarecer que o uso dos signos oscila entre o aspecto onomasiológico da palavra, ou seja, o uso corrente para a designação de um fato, e o aspecto semasiológico, isto é, a sua significação normativa. Cabe dizer que os dois aspectos supracitados podem coincidir, mas nem sempre isto ocorre.[222]

---

[219] J. Freitas, Op. Cit., p. 34-33.

[220] J. J. Gomes Canotilho, Op. Cit., p. 370. De acordo com o entendimento de Gomes Canotilho, fazendo uma analogia perfeitamente aplicável ao nosso ordenamento, "O amplo catálogo de direitos fundamentais (...) não esgota o campo constitucional dos direitos fundamentais. Dispersos ao longo da Constituição existem outros direitos fundamentais, vulgarmente chamados direitos fundamentais formalmente constitucionais mas fora do catálogo".

[221] T. S. Ferraz, *Introdução ao Estudo do Direito*, p. 255.

[222] A. Pasqualini, *Hermenêutica e Sistema Jurídico*, p. 74. Pasqualini afirma, neste sentido, que "Tanto quanto a qualidade de um texto não se mede tão-só pelas formas lingüísticas, também a riqueza e a identidade de um ordenamento não se avaliam apenas pela letra normativa, mas, principalmente, pelo seu aberto e geral significado axiológico. É nessa arejada unidade com o conteúdo material do sistema – ou seja, com a totalidade de sentido princípios –, que os preceitos legais experimentam toda a sua força hermenêutica, de tal sorte que, ao precedê-las e superá-las, os valores, em todas as circunstâncias, vigoram aquém e além das normas".

É inquestionável que a abertura material do catálogo abrange tanto os direitos individuais, considerados como de cunho negativo, quanto os direitos sociais, reconhecidamente como detentor da exigência de prestações positivas do Estado. Buscamos a contribuição de Sarlet[223] para sustentar que a expressão literal do artigo 5º, § 2º, da Constituição Federal não impõe qualquer limitação quanto à posição dos direitos fundamentais na Carta Constitucional, ou seja, não existe nenhuma disposição específica que delimite a localização dos direitos fundamentais, unicamente dentro do catálogo. Dessa forma, pode-se admitir a existência de direitos fundamentais dentro da Constituição, mas fora do Título II, em Tratados Internacionais, além de direitos não-escritos, no sentido de não expressamente positivados, sem que esses venham a perder sua condição de materialmente fundamentais.

3.4. A dupla função dos Direitos Fundamentais como direitos de defesa e a prestações

Adentrando no problema das funções que o direito à proteção ambiental exerce no ordenamento constitucional, partimos da premissa de uma multifuncionalidade, tal como profere Sarlet,[224] dos direitos fundamentais, como ponto de partida para examinarmos tanto suas funções quanto a sua eficácia e efetividade.

Partimos da premissa[225] de que existe uma dupla perspectiva quanto ao conteúdo dos direitos fundamentais, os quais podem ser considerados tanto direitos subjetivos individuais como elementos objetivos fundamentais da comunidade.

Como bem defende Sarlet,[226] ao posicionar-se acerca dos direitos fundamentais em sua *"perspectiva objetiva e subjetiva"*, evocando "paradigmática decisão proferida em 1958 pela Corte Federal Constitucional da Alemanha no caso Lüth", "os direitos fundamentais não se limitam à função precípua de serem direitos subjetivos de defesa do

---

[223] I. W. Sarlet, Op. Cit., p. 85.

[224] Idem, p. 153 e ss.

[225] A dupla perspectiva dos direitos fundamentais – subjetiva e objetiva – já foi abordada neste Capítulo 3. Neste momento estará sendo utilizada apenas como embasamento para a dupla funcionalidade do direito fundamental a defesa do meio ambiente, tal como é defendida por nós.

[226] I. W. Sarlet. Op. cit. p. 139ss.

indivíduo contra atos do poder público, mas que, além disso, constituem decisões valorativas de natureza jurídico-objetiva da Constituição, com eficácia em todo o ordenamento jurídico e que fornecem diretrizes para os órgãos legislativos, judiciários e executivos".

O mesmo autor[227] sustenta, comungando do pensamento de diversos autores, como Vieira de Andrade, entre outros, que: "como uma das implicações diretamente associadas à dimensão axiológica da função objetiva dos direitos fundamentais, uma vez que decorrente da idéia de que estes se incorporam e expressam determinados valores objetivos fundamentais da comunidade, está a constatação de que os direitos fundamentais (mesmo os clássicos direitos de defesa) devem ter sua eficácia valorada *não só sob um ângulo individualista, isto é, com base no ponto de vista individual e sua posição perante o Estado, mas também sob o ponto de vista da sociedade, da comunidade na sua totalidade*(grifo nosso), já que se cuida de valores e fins que esta deve respeitar e concretizar".

Da mesma forma, Vieira de Andrade[228] defende a posição que "dentro das fronteiras do direito subjetivo fundamental revela-se um mundo extenso e rico de diferenças, que devem ser assinaladas e, sobretudo, organizadas numa perspectiva dogmática e prática." Vieira de Andrade apresenta algumas "linhas de fratura, como denomina" na classificação desse direito, destacando o caráter multifacetado da maior parte dos direitos subjetivos fundamentais."

Acompanhando a tendência da doutrina[229] constitucional moderna, adotamos um critério funcional como forma de classificação dos direitos fundamentais. Assim, na esteira de Alexy,[230] partindo de suas funções, podemos dividir os direitos fundamentais em dois grandes grupos:[231] o primeiro grupo, abordando os direitos fundamentais como

---

[227] I. W. Sarlet. Op. cit. p. 143.

[228] J. C. Vieira de Andrade, Op. Cit. p. 187, 188.

[229] Tal como dispõem, dentre outros, J. C. Vieira de Andrade, Op. Cit., p. 192 e ss. ; J. J. Gomes Canotilho, Op. Cit., p. 373 e ss. e I. W. Sarlet, Op. Cit., p. 161 e ss.

[230] R. Alexy, *La Teoria de Los Derechos Fundamentales*, p. 419.

[231] J. C. Vieira de Andrade, Op. Cit., p. 192 e ss., alerta para existência de um outro grupo de direitos fundamentais classificados quanto a sua função e separados conforme o seu conteúdo. Vieira de Andrade chama a atenção para os direitos fundamentais como direitos de participação, compondo uma função mista entre os direitos de defesa e os direitos a prestações, tema que abordamos mais adiante em nosso estudo.

direito de defesa; e, o segundo, tratando dos direitos fundamentais como direitos à prestação.[232]

3.4.1. Os Direitos Fundamentais como direitos de defesa

Se tomarmos por base a interpretação liberal clássica dos direitos fundamentais, conforme dispõe Alexy,[233] estaremos perante a conceituação de que esses direitos estão destinados a assegurar a esfera da liberdade do indivíduo frente às intervenções do Poder Público. São, portanto, direitos de defesa do cidadão frente ao Estado, constituindo-se em verdadeiros direitos a ações negativas do Estado, pertencendo ao *status negativus* em sentido amplo.

Os direitos de defesa também podem ser denominados direitos de impedir, na concepção de Vieira de Andrade, e caracterizam-se, ainda na opinião do mesmo autor, por implicarem um dever de abstenção por parte do Estado.[234] Esse dever de abstenção se consolida na idéia de que o Estado possui o dever de não interferir, não agir e/ou de não intervir no tocante às liberdades propriamente ditas. É, na realidade, uma abstenção do Estado de prejudicar o indivíduo. Na esteira de Vieira de Andrade,[235] pode ser descrito como um dever de respeito relativo aos bens pessoais como a vida, a honra, o bom nome, a intimidade, ou seja, dever de respeitar os atributos concernentes à dignidade da pessoa humana. Trata-se, portanto, de direitos fundamentais que representam as posições do indivíduo perante o Estado, destinados a salvaguardar uma esfera de autonomia que correspondia à autonomia liberal da própria sociedade em face do Estado.

Os direitos fundamentais como direitos de defesa podem, ainda, ser traduzidos como sendo aqueles direitos de defesa do indivíduo contra ingerências do Estado em sua liberdade pessoal e de proprieda-

---

[232] Esta divisão é inspirada na teoria do jurista alemão George Jellinek, que referia uma classificação dos direitos inspirada na existência de um *status* primordial do indivíduo, ou seja, uma situação na qual o indivíduo se encontra que qualificaria a sua relação face ao Estado. A partir deste *status* inicial Jellinek desenvolveu uma tríade dividida entre *status negativus, status activae civitatis* e *status positivus*. Desta célebre tríade surgiram outras classificações derivadas destas, como o *status positivus socialis* (consagração dos direitos sociais, econômicos e culturais). Referente ao tema abordado, vide I. W. Sarlet, Op. Cit., p. 153 e ss. e J. C. Vieira de Andrade, Op. Cit., p. 193.

[233] R. Alexy, *La teoria de los derechos fundamentales*, p. 419.

[234] J. C. Vieira de Andrade, Op. Cit., p. 192 e ss.

[235] Ibidem.

de. Sarlet, segundo nosso entendimento, defende que os direitos fundamentais, na condição de direitos de defesa, têm por objetivo a limitação do Poder Estatal assegurando ao indivíduo uma esfera de liberdade e outorgando-lhe um "direito subjetivo que lhe permita evitar interferências indevidas no âmbito de proteção do direito fundamental ou mesmo a eliminação de agressões que esteja sofrendo em sua esfera de autonomia pessoal".[236]

Nessa ordem, Canotilho[237] assevera que os direitos fundamentais cumprem a função de direitos de defesa sob uma dupla perspectiva: quando constituem normas de competência negativa para os poderes públicos em um plano jurídico-objetivo; e, quando exercem positivamente os direitos (o que ele denomina de liberdade positiva) ou exigem omissões para evitar agressões lesivas (denominado por ele como liberdade negativa), exercendo positivamente os direitos fundamentais, em plano jurídico-subjetivo.

3.4.2. Os Direitos Fundamentais como direitos a prestações

Já no tangente aos direitos fundamentais a prestações (direitos a prestações sociais), esses podem ser definidos como o direito de o particular obter algo por intermédio do Estado, tais como saúde, educação e segurança social. Vinculados à concepção de que ao Estado incumbe, além das garantias disponibilizadas aos indivíduos pelos direitos de defesa, está a tarefa de colocar à disposição os meios materiais e implementar as condições fáticas que possibilitem o efetivo exercício das liberdades fundamentais.

Em contrapartida aos direitos de defesa, Alexy[238] ressalta que os direitos dos cidadãos frente a ações positivas do Estado devem ser incluídos no *status* positivo no sentido estrito. Os direitos a ações positivas do Estado podem dividir-se em dois grupos: o daqueles cujo objeto é uma ação fática; e o daqueles cujo objeto é uma ação normativa.

Nesse sentido, Sarlet complementa dizendo que, enquanto os direitos de defesa se dirigem a uma posição de respeito e abstenção por parte dos poderes públicos, os direitos a prestações implicam uma

---

[236] I. W. Sarlet, Op. Cit., p. 167.

[237] J. J. Gomes Canotilho, Op. Cit., p. 373.

[238] R. Alexy, Op. Cit., p. 419.

postura ativa do Estado, "no sentido de que este se encontra obrigado a colocar à disposição dos indivíduos prestações de natureza jurídica e material (fática)".[239]

Podemos afirmar que a classificação entre direito a prestações jurídicas (normativas) e materiais (fáticas) distingue-as conforme o seu objeto. Sarlet[240] afirma que há de se atentar para o fato de que, para além dos direitos a prestações materiais (direitos sociais prestacionais) e dos direitos a prestações jurídicas – impondo ao Estado posições jurídicas fundamentais –, existem os direitos à participação na organização e procedimento e os direitos à proteção. Dessa forma, na esteira de Alexy, os direitos a prestações distinguem-se entre os direitos a prestações em sentido amplo (direitos de proteção e participação na organização e procedimento e direitos à proteção), que "podem ser reportados primordialmente ao Estado de Direito na condição de garante da liberdade e igualdade do *status negativus*",[241] e os direitos a prestações em sentido estrito (direitos a prestações materiais sociais).

Alexy equipara o direito a prestações a uma ação positiva fática. Essa é aquela na qual o Estado ajuda o proprietário de uma escola na criação de locais de estudo. Os direitos a ações positivas normativas, por sua vez, são direitos a atos estatais de imposição de norma. O referido autor expõe, a título de exemplo, que ao considerar o nascituro como titular de direitos fundamentais, este direito à proteção por meio de normas de direito penal é um direito a ações positivas normativas. Assim, alicerçados no entendimento de Alexy, podemos afirmar que quando se fala de direitos a prestações sociais faz-se referência, em geral, às ações positivas fáticas.[242]

Em consonância com o entendimento de Sarlet,[243] em última análise, os direitos fundamentais como direitos a prestações objetivam a garantia não apenas da liberdade por parte do Estado, "mas também da liberdade por intermédio do Estado, partindo da premissa de que o

---

[239] I. W. Sarlet, *A Eficácia dos Direitos Fundamentais*, p. 185-6.

[240] Idem, p. 188.

[241] Ibidem.

[242] R. Alexy, Op. Cit., p. 195-6. O autor acrescenta que "Este tipo de derechos que están referidos a aportes fácticos que, en principio, también podría proporcionar un sujeto particular, serán llamados 'derechos a prestaciones en sentido estricto'. Se puede hablar no sólo de prestaciones fácticas sino también normativas. Cuando tal es el caso, los derechos a acciones positivas normativas adquieren también el carácter de derechos a prestaciones. Serán llamados "derechos a prestaciones em sentido amplio".

[243] I. W. Sarlet, Op. Cit., p. 185.

indivíduo, no que concerne à conquista e manutenção de sua liberdade, depende em muito de uma postura ativa dos poderes públicos". Destarte, de um modo geral, podemos dizer, fundados no referido autor, que os direitos a prestações encontram-se a serviço de uma concepção que parte do pressuposto, no que se refere à relação ser humano e Estado, de que a "(...) proteção da igualdade e liberdade apenas faz sentido quando não limitada a uma dimensão meramente jurídico-formal, mas, sim, enquanto concebida como igualdade de oportunidades e liberdade real de exercício da autonomia individual e de efetiva possibilidade de participação na formação da vontade estatal e nos recursos colocados à disposição da comunidade".[244]

Nesse sentido, Alexy[245] ressalta que todo o direito a um ato positivo, ou seja, a uma ação do Estado, é direito à prestação. E, dessa forma, o direito à prestação é a contrapartida exata do conceito de direito de defesa, pois esse é o direito a uma ação negativa do Estado, ou seja, a uma omissão por parte do Poder Público. Contudo, o referido autor exalta, ainda, que essa seria uma concepção que não alcançaria todos os direitos fundamentais face à complexidade de seus conteúdos.

Na concepção de Vieira de Andrade,[246] os direitos a prestações, ao contrário dos direitos de defesa, impõem ao Estado um dever de agir, quer seja para proteção dos bens jurídicos protegidos pelos direitos fundamentais contra a atividade de terceiros, quer seja para promover ou garantir as condições materiais ou jurídicas, para tornar possível o uso efetivo desses bens jurídicos fundamentais.

Os direitos a prestações estão submetidos a um postulado básico, conforme Alexy,[247] de que é obrigação de todo o poder público proteger a dignidade da pessoa humana e o Estado Social. Os direitos à prestação, de acordo com o entendimento do jurista alemão, são obrigações positivas do Estado, analisadas sob a ótica de direitos subjetivos do cidadão a ações positivas do Estado.

Muitos direitos, segundo a concepção de Canotilho,[248] impõem um dever ao Estado, representado pelos poderes públicos, no sentido de esse proteger os titulares dos direitos fundamentais perante terceiros.

---

[244] I. W. Sarlet, Op. Cit., p. 190.

[245] R. Alexy, Op. Cit., p. 427.

[246] J. C. Vieira de Andrade, Op. Cit., p. 192.

[247] R. Alexy, Op. Cit., p. 421-2.

[248] J. J. Gomes Canotilho, Op. Cit., p. 374.

Essa função, então, seria a de o Estado proteger o direito à vida, por exemplo, perante eventuais agressões de outros indivíduos e de ações do próprio Estado.[249]

São exemplos de direitos fundamentais a prestações do Estado todos os direitos fundamentais sociais, como a assistência social, o trabalho, a saúde, a habitação e a educação. Contudo, Alexy[250] alerta que, apesar de se consubstanciarem em um setor importante dos chamados direitos a prestações, não esgotam seu âmbito, demonstrado no Capítulo 5. Para finalizar, com o intuito de facilitar o exposto, elaboramos um quadro acerca das funções dos direitos fundamentais como direitos de defesa e direitos a prestações, conforme o entendimento de Sarlet:[251]

DIREITOS DE DEFESA	DIREITOS A PRESTAÇÕES	
	SENTIDO AMPLO (JURÍDICAS)	SENTIDO ESTRITO (MATERIAIS)
posição de respeito e abstenção por parte dos Poderes Públicos e	direito a proteção	direito a prestações materiais sociais
dos particulares, se for o caso, assegurando ao indivíduo uma esfera de liberdade.	direito à participação na organização e procedimento	atividade de criação, fornecimento e distribuição das prestações materiais já existentes.

Quadro: funções dos Direitos de Defesa e Direitos a Prestações

---

[249] R. Alexy, Op. Cit., p. 422. Em decisão do Tribunal Constitucional alemão podemos retirar exemplos de caracterização dos direitos a prestações, como o que segue: "Ciertamente, la asistencia social a los necesitados de ayuda es una de los deberes obvios del Estado Social. Necesariamente, esta incluy e la asistencia social a los conciudadanos que, a raiz de dolencias físicas o materiales, están impedidos de desarrollarse personal y socialmente y no puedem asumir por sí mismos su subsistencia. En todo caso, la comunidad estatal tiene asegurales las condiciones mínimas para uma existencia humana digna (...)".

[250] Idem, p. 420.

[251] I. W. Sarlet, *A Eficácia dos Direitos Fundamentais*, p. 166-7.

Meio Ambiente
DIREITO E DEVER FUNDAMENTAL

4. Dos deveres fundamentais

> "Antes de nos interrogarmos sobre os direitos eventuais das futuras gerações – ou, noutra linguagem, sobre o princípio de uma responsabilidade a seu respeito –, coloca-se, evidentemente, a questão de saber se há qualquer coisa como um dever de assegurar a existência das gerações futuras".[252]

Ao tratarmos o meio ambiente também como um dever fundamental, importa lançarmos um olhar sobre os fundamentos de uma teoria dos deveres fundamentais. Como acentua Nabais,[253] "o tema dos deveres fundamentais é reconhecidamente considerado dos mais esquecidos da doutrina constitucional contemporânea". Segundo o mesmo autor, esse fato nada mais indica do que um "escasso desenvolvimento teórico e dogmático das chamadas 'situações jurídicas passivas' no direito público atual."

Compreende-se, em razão de nossa própria história jurídico-político-social, que abordar questões como a existência e a necessidade de um regime de deveres fundamentais não se afirma como uma posição muito simpática. Não é considerado como politicamente correto, em nossa sociedade, refletir acerca de deveres em vez de restringir a fala na liberdade e nos seus direitos correlatos e caracterizadores. Nabais[254] manifesta-se a respeito e frisa que é perceptível "a outra face, a face oculta da liberdade e dos direitos, que o mesmo é dizer da responsabilidade e dos deveres e custos que a materializam, não seja bem-vinda

---

[252] F. Ost, *A Natureza à Margem da Lei*, p. 318.

[253] J. C. Nabais, Op. Cit., p. 15-16.

[254] Idem, *A face oculta dos direitos fundamentais: os deveres e os custos dos direitos*, palestra proferida na Faculdade de Direito de Coimbra, Portugal.

ao discurso social e político nem à retórica jurídica", ressalta, ainda, que se propõe a falar "dos deveres e dos custos dos direitos, da face oculta do estatuto constitucional do indivíduo. Face oculta que, como a face oculta da lua, não obstante não se ver, é absolutamente necessária para a compreensão correta do lugar do indivíduo e, por conseguinte, da pessoa humana em sede dos direitos fundamentais ou dos direitos do homem".

É esse autor, associado a outros estudiosos como Gusy, que afirma ver dissolvidos os deveres fundamentais na soberania do estado, como um espaço de soberania. Entretanto, esse mesmo espaço de soberania do estado não pode obliterar a dignidade humana, ou seja, a "idéia da pessoa humana como princípio e fim de sociedade e do estado," como instrumento de realização da eminente dignidade humana, como reafirma Nabais.[255] Valemo-nos desse mesmo autor para trazer o questionamento se "cada dever fundamental tem de ter um específico suporte constitucional ou se pode reconduzir-se a uma cláusula geral capaz de suportar tanto os deveres constitucionais como os deveres extraconstitucionais, tema a que retornaremos no presente trabalho. Essa idéia traz como processo, a proposta de uma "lista aberta de deveres fundamentais", correspondendo a uma liberdade acompanhada da devida responsabilidade social do indivíduo, como citado em Vieira de Andrade.[256] É, ainda, Nabais, quem defende a desnecessária consagração constitucional expressa, bastando uma consagração implícita.

O dever *stricto sensu* surge como uma situação derivada da submissão geral ao ordenamento jurídico vigente. Macera[257] afirma que esse dever se constitui em uma situação objetiva, que nada mais é do que uma posição jurídica com uma realidade estável, permanente e geral.

4.1. Conceitos e características dos deveres fundamentais

Como análise primordial, cabe fazer uma referência quanto ao histórico dos deveres fundamentais e ao seu conceito perante o orde-

---

[255] J. C. Nabais, *O Dever Fundamental de Pagar Impostos*, p. 60-61.

[256] J. C. Vieira de Andrade, Op. Cit., p. 149 e ss.

[257] B. F. Macera. *El deber industrial de repectar el ambiente: análisis de una situación pasivo de Derecho Público*, p. 36.

namento jurídico vigente, entendidos não como limites dos direitos individuais, mas como obrigações positivas perante a comunidade, bem como a parcela inerente às ações sociais e individuais dessa mesma sociedade.

Implícito ao próprio conceito de deveres fundamentais, Nabais[258] destaca que "todos os deveres fundamentais são, em certo sentido, deveres para com a comunidade (e, portanto, deveres dos membros desta ou dos cidadãos), isto é, estão directamente ao serviço da realização de valores assumidos pela colectividade organizada em estado como valores seus. O que significa que os deveres fundamentais são expressão da estadualidade ao seu mais alto nível."

Hodiernamente, encontramos na literatura especializada o entendimento de dever fundamental o suposto por Vieira de Andrade,[259] mesmo que em uma visão mais restritiva, como sendo "posições jurídicas subjetivas individuais ou, quando muito, direitos individuais coletivizados." Nabais[260] caracteriza os deveres fundamentais "como uma categoria jurídico-constitucional própria colocada ao lado e correlativa dos direitos fundamentais, uma categoria que, como corretivo da liberdade, traduz a mobilização do homem e do cidadão para a realização dos objetivos do bem comum." Em suma, "os deveres fundamentais em sentido próprio, por via de regra, remetem a concretização do seu conteúdo para o legislador ordinário, o qual dispõe nesse domínio duma larga margem de liberdade".[261] Nabais complementa, com relação aos deveres fundamentais, o entendimento de *constituírem* "*posições jurídicas passivas, autônomas, subjetivas, individuais, universais e permanentes e essenciais*".[262]

Em um esforço de explicitação, cabe ressaltar, como (a) *posições jurídicas passivas* por expressarem a situação de dependência dos indivíduos ao estado e à comunidade;[263] (b) *posições jurídicas autôno-*

---

[258] J. C. Nabais. Op. Cit., p. 101.

[259] À semelhança de Miranda, Vieira de Andrade, também apresenta o que denomina como uma extensa bibliografia relativa aos deveres fundamentais, especialmente referenciada nas línguas italiana e alemã.

[260] J. C. Nabais. Op. Cit., p. 64.

[261] Idem, p. 76.

[262] Idem, p. 65-73.

[263] Tais posições, de passividade, são opostas, conforme Nabais, "às dos direitos fundamentais, uma vez que estes, (...) consubstanciam posições jurídicas ativas dos indivíduos face ao estado ou comunidade.", embora nem todas as posições jurídicas passivas constituam-se em verdadeiros deveres fundamentais, p. 65.

Meio Ambiente
DIREITO E DEVER FUNDAMENTAL

mas, incluindo-se aí como categorias próprias, como os deveres corre-lativos, relacionais, reversos ou simétricos dos direitos fundamentais, não sendo expressão da situação passiva (do *status passivus*), mas ao elemento ou estado passivo dos *status activi* do indivíduo; (c) *posições jurídicas subjetivas* imputadas ao indivíduo pela constituição, e não como posições objetivas, "condições que desencadeiam, por via de regra, indireta ou reflexamente efeitos subjetivos na esfera dos indiví-duos", como os denominados deveres de tolerância; (c) *posições jurí-dicas individuais*, não excluindo, entretanto, pessoas coletivas ou organizações em sua titularidade ou como destinatários de deveres fundamentais; (d) *posições universais e permanentes*, pautando-se por princípios de generalidade; (e) *posições jurídicas duradouras ou per-manentes*, "relacionadas à irrenunciabilidade tanto para o legislador ordinário como para o legislador da revisão constitucional"; (f) *posi-ções essenciais*, constituindo segundo Nabais, "a nota conceitual mais difícil de delimitar", sendo os vinculados à "existência, subsistência e funcionamento da comunidade organizada num determinado tipo cons-titucional de estado ou para a realização de outros valores da comuni-dade", quota exigida ao conjunto dos cidadãos para o bem comum.

Urge destacar nesse ordenamento, no concernente aos direitos sociais, que, de acordo com Nabais, temos apenas deveres do estado, cujo titular é o legislador. Esses são: (a) *os deveres (negativos)* de não pôr em causa a consagração e o conteúdo constitucional dos direitos; e (b) *os deveres (positivos)* de concretização jurídico-política e, ainda (c) *os deveres (negativos)* de não revogar pura e simplesmente a res-pectiva lei concretizadora.[264]

No concernente ao entendimento de deveres fundamentais, Vieira de Andrade acentua que *existem dois tipos de deveres fundamentais: os autônomos* e os *associados a direitos fundamentais*. O referido autor assevera que se deve entender por deveres fundamentais autônomos aqueles que são impostos pela Constituição, ou ainda, "por normas que sejam consideradas materialmente constitucionais",[265] independente-mente da existência de qualquer direito. Vieira de Andrade destaca ainda, que não há divergência na doutrina acerca dos deveres funda-mentais autônomos, pelo menos no que diz respeito àqueles previstos na Constituição. Pode-se dizer, assim, que se reconhece a relevância

---

[264] J. C. Nabais. Op. Cit., p. 80.
[265] J. C. Vieira de Andrade, Op. Cit., p. 151.

jurídica em matéria de direitos fundamentais, como forma de o legislador restringir os direitos das pessoas na medida do necessário para a sua salvaguarda, desde que sejam ressalvados os preceitos constitucionais.[266]

A outra categoria dos direitos fundamentais, sustentada por Vieira de Andrade,[267] consiste nos deveres fundamentais associados àqueles. O autor afirma que o reconhecimento desses deveres fundamentais associados a direitos, por si só, já pode alterar não só a estrutura, mas também o significado daqueles direitos fundamentais a que estão associados. Essa alteração decorreria de uma maior intervenção dos Poderes Públicos para que os direitos fundamentais fossem verdadeiramente postos a serviço de forças ou de finalidades coletivas.[268] Reconhece-se, portanto, que se em alguns casos os deveres associados a direitos são afirmações de valores ou de interesses comunitários feitas a propósito dos direitos, mas sem a interferência no seu conteúdo, em outros casos, os deveres fundamentais associados a direitos alteram o seu conteúdo estrutural.[269]

Ainda como inerente ao conceito de deveres fundamentais, relativo à noção de limitação "aos previstos na constituição ou se abarcam também deveres extraconstitucionais ou deveres sem assento constitucional, como acontece relativamente aos direitos fundamentais".[270]

Do ponto de vista dos seus titulares "ou sujeitos activos, os deveres fundamentais podem ser: (1) deveres que vinculam os cidadãos nas suas relações directas com o estado, como são os deveres de carácter cívico-político ou os deveres clássicos; (2) deveres que abrigam os indivíduos principalmente nas suas relações com a colectividade em geral (...); (3) deveres que se impõem às pessoas nas suas relações com outras pessoas (...) e (4) deveres para consigo próprio, como é o dever de defender e promover a saúde própria".[271]

---

[266] J. C. Vieira de Andrade, Op. Cit., p. 151, exemplifica alguns deveres fundamentais autônomos na Constituição portuguesa, tais como: o dever de obediência aos atos legítimos do Poder Público, o dever de não-uso da força privada e o dever de pagar impostos.

[267] Idem, p. 152.

[268] Idem, p. 157, destaca que apesar de toda a polêmica em torno dos deveres fundamentais associados aos direitos fundamentais, "o que é certo é que encontramos no texto constitucional a previsão de deveres fundamentais a propósito ou em conexão com direitos fundamentais". O referido autor salienta que a Constituição refere os deveres dos pais de manutenção e educação dos filhos, deveres de defesa e promoção da saúde e o dever de trabalhar, dentre outros.

[269] Idem, p. 157.

[270] J. C. Nabais. Op. Cit., p. 87.

[271] Idem, p. 115.

4.2. Pressupostos sócio-histórico-jurídicos dos deveres fundamentais

A partir do século XVI, a concepção antropocêntrica passa a ser dominante, e o pensamento estóico constitui, então, uma das chaves da recepção do conceito de dever no Direito Moderno.[272] O estoicismo defende a razão universal, como o vetor que produz a harmonia do mundo, e que o homem é quem revela, de forma mais eloqüente, a sua participação na razão universal. O elo de ligação entre o termo dos deveres no direito, começando o conteúdo do justo a coincidir com o cumprimento dos deveres por parte do indivíduo e a influência estóica, é, sobretudo, por obra do humanismo jurídico e do jusnaturalismo racionalista.[273]

O conceito dos deveres fundamentais, como vários outros conceitos do edifício jurídico, surgiu historicamente, nos campos da religião e da ética. Plenamente compreensível quando se conjectura à necessidade de obedecer à divindade e, principalmente, o dever de obedecer aos representantes dessas divindades. O conceito de dever somente transitou para o campo do direito no início da Idade Moderna.[274]

Nabais[275] salienta que o imperativo estóico, aplicado ao individualismo, rompe com a Lei Divina e transforma o indivíduo de beneficiário a sujeito desta nova ordem. Torna-o titular não só dos direitos fundamentais, inerentes à dignidade da pessoa humana, mas também dos deveres fundamentais necessários ao bom funcionamento da comunidade e do Estado.

O tema referente aos deveres fundamentais é de difícil acesso na doutrina constitucional moderna. A grande maioria das constituições ocidentais eclodiu após períodos de Estados Totalitários, em que a vontade do governante imperava, e a população praticamente não tinha direitos. Fazem parte de processos referentes à dimensão de soberania, como bem aponta Habermas,[276] processos esses em permanente confli-

---

[272] J. C. Nabais, Op. cit., p. 43. Assim, de acordo com Nabais, o pensamento estóico deriva da corrente filosófica do Estoicismo, contrária a Platão, conferindo à ética uma posição preponderante, dispondo que a felicidade depende da submissão do desejo à razão divina e insurge a questão do destino ser ou não compatível com a liberdade humana.

[273] Idem, p. 43.

[274] Idem, p. 41.

[275] Ibidem.

[276] J. Habermas. *Direito e democracia: entre facticidade e validade*. E soberania popular como procedimento.

to, hoje, nas sociedades e Estados que têm como *telos* a construção de uma democracia radical.

Durante um longo espaço de tempo no mundo ocidental, após a reimplantação da democracia em grande parte dos Estados ocidentais, os ordenamentos jurídicos buscaram proteger os cidadãos de toda e qualquer nova investida totalitarista. Dessa feita, o direito constitucional fora extremamente generoso com os direitos fundamentais, fornecendo ao cidadão tudo aquilo que lhe fora usurpado pelas ditaduras político-jurídicas recém-findas.

Tratando-se da temática de meio ambiente a existência do "Estado Social (temática surgida no final dos anos 60 e cujos sintomas mais agudos foram sentidos nos anos 70) desconhecera em absoluto o problema da ecologia (...), gerada pelo êxito da 'receita Keynesiana' na resolução das crises deflacionistas do início do século".[277]

Associando-se a idéias defendidas por Bobbio, Habermas, a propósito da ineficiência da administração pública em função do domínio por parte da lógica do mundo do sistema, Silva[278] vem lutar pela posição que demarca os défices de legitimação do aparato do Estado, assim como da sua inoperância jurídica e política, de dar conta das novas questões impostas pelas relações entre progresso científico e tecnológico e os problemas sociais. Ou, ainda, no que Habermas[279] apóia-se, isto é, nos problemas gerados pela técnica e ciência em seu uso ideológico, que demarcam interesses e correspondentes usos do conhecimento.

Não podemos ignorar que esses esgotamentos de possibilidades de resposta, nos enfrentamentos técnico-científicos, estão aliados às formas de entendimento desse próprio Estado. De acordo com Nabais,[280] com efeito "a idéia de estado de direito, como forma histórica de solução da relação de tensão entre o poder, que tem por essência a dominação sem fronteira nem obstáculos, e o direito, cujo papel é justamente o de manter o exercício daquele dentro de determinados limites, de modo a assegurar aos cidadãos um âmbito de liberdade e autonomia, sendo os deveres decorrentes diretamente do reconhecimento dos próprios poderes públicos". Havendo a "convicção de que

---

[277] V. P. da Silva. Op. Cit., p. 10-11.

[278] Idem, p. 10.

[279] J. Habermas. Op. Cit., p. 314, 332.

[280] J. C. Nabais. Op. Cit., p. 15.

o seu conceito [de dever fundamental] estaria destinado a dissolver-se no âmbito residual do conceito de supremacia do Estado. (...) tratou-se tão só de dar prioridade à liberdade (individual) sobre a responsabilidade (comunitária)".[281]

A titularidade do dever jurídico *stricto sensu* advém de uma das principais características dos deveres fundamentais.[282] O artigo 225 da Constituição Federal reza que *todos têm direito a um meio ambiente saudável e equilibrado e todos têm o dever de protegê-lo e conservá-lo.*

Esse ordenamento imerso nas propostas de dever do Estado e do indivíduo remete, como propõe Alexy,[283] à "teoria ampla do suposto de fato".[284] Embora o autor,[285] em sua *Teoria dos Direitos Fundamentais*, não defenda a proposta de uma teoria de deveres fundamentais, nela faz incursões acerca do dever do Estado, e, no caso da "teoria ampla do suposto de fato",[286] abre perspectivas para a criação ou ampliação de argumentos em favor de uma figura de dever fundamental. Nessa linha, mesmo que Alexy se posiciona, segundo nosso entendimento, como contrário à aceitação de deveres – trazendo a posição de Schwabe –,[287] abre perspectivas de argumentação ao contemplá-lo como inerente à dimensão do direito fundamental, especificamente quando vem tratar dos direitos fundamentais sociais.[288]

Podemos afirmar que ante a indeterminação dos titulares desse dever, o texto dirige-se a toda a coletividade. São deveres do Estado e de todos os participantes da sociedade. Corroborando o que foi dito por Santi Romano,[289] quando afirma que os sujeitos a quem se impõem

---

[281] J. C. Nabais. Op. Cit., p. 16.

[282] B. F. Macera, Op. Cit., p. 37.

[283] R. Alexy *Teoria de los derechos fundamentales*, p 318.

[284] Idem, p. 317.

[285] Idem, p. 318.

[286] Com relação a este fato, Alexy defende ser inquestionável, destarte não negativo, que uma das objeções a esta teoria, em contraposição à teoria estreita, reside no "aumento de colisões e competências entre Direitos Fundamentais, pois todos os processos de solução conduzem a problemas de valorações" O autor destaca, ainda, o excessivo peso que pode assumir a dimensão ou âmbito das competências na determinação dogmático-jusfundamental, por parte de Comissão de Juízes em ações também unilaterais, funcionando como filtros impeditivos. Segundo ele, temos "que assumir o perigo de que nem sequer seja considerada a proteção material jusfundamental, tampouco onde ela é possível". R. Alexy, Op. Cit., p. 319ss.

[287] J. Schwabe. *Probleme der Grundrechtsdogmatik*, p. 213ss *apud* R. Alexy. Op. Cit., p. 442ss, ao trabalhar os deveres de tolerância.

[288] R. Alexy. Op. Cit., p. 440ss.

[289] Santi Romano *apud* B. F. Macera, Op. Cit., p. 38.

este tipo de situações passivas estão previamente determinados por uma "qualidade" e "individualizados" de maneira genérica como sendo a sociedade. Pastor e Arias Bustamante propõem uma primeira aproximação à figura do dever. Nela, "o homem, por sua natureza social, não pode alcançar seus fins a não ser no seio da vida social; mas esta não é possível sem sujeitar-se a (...) um ordenamento jurídico. Cada comunidade social – capaz de Direito – cria seu próprio ordenamento na busca do bem comum. Deriva-se daí a necessidade de realizar e cumprir este ordenamento positivo, por todos e cada um dos membros da comunidade, o que se traduz como um *dever jurídico* condicionante de todo ao viver e conviver. A noção de *dever jurídico* deriva-se, pois, de uma ordem geral pré-estabelecida no seio de uma comunidade social de natureza jurídica".[290]

Macera[291] frisa que a doutrina jurídica majoritária considera que os deveres em sentido estrito não têm somente um objeto determinado singularmente. Com efeito, o dever não consiste em um comportamento delimitado de modo concreto, senão tão-somente de modo genérico, ou seja, consiste em um tipo de conduta ativa ou passiva que impõe o ordenamento, sem fazer referência a nenhuma determinada ação ou omissão.

Além disso, do ponto de vista constitucional, segundo Miranda, apoiando-se em Canotilho,[292] os deveres instituem-se segundo *dois grandes parâmetros*: *o vinculado aos deveres nas ações do Estado em situações jurídicas passivas;* e, as *impostas constitucionalmente às pessoas e à comunidade:*[293] Miranda assevera que "relacionados (I) com os direitos fundamentais apresentam-se os deveres fundamentais e outras situações jurídicas passivas, pois o indivíduo tem deveres para com a comunidade (...) (II) *Lato sensu* os deveres, são, por conseguinte, as situações jurídicas de necessidade ou de adstrição de comportamentos impostos constitucionalmente às pessoas, aos membros da comunidade política. Não são deveres do homem em geral; são apenas

---

[290] P. Pastor y R. Arias Bustamante. *Teoria del deber jurídico y del derecho subjetivo*. In B. F. Macera. Op. Cit., p. 32.

[291] B. F. Macera, Op. Cit., p. 37.

[292] J. Miranda. Op. Cit. e Canotilho. Op. Cit. alertando que a Constituição portuguesa trata de deveres fundamentais, *"embora não lhe dedique uma consideração abrangente"*.

[293] Embora exponha a condição de deveres, Miranda afirma que "o constitucionalismo de matriz liberal é a história da aquisição de direitos frente ao poder, não a história da sujeição a deveres. Já não assim, porém, noutros tipos constitucionais como o soviético e o fascista". J. Miranda, Op. Cit., p. 72.

Meio Ambiente
DIREITO E DEVER FUNDAMENTAL

aqueles que o homem tem perante o Estado (...) e que deriva, de seu estatuto básico, a Constituição, em conformidade com os princípios que a informam."

Carnelutti sustenta, em sua obra, que "não há poder sem dever, nem dever sem poder, pelo qual o poder de um é o dever de outro e vice-versa".[294] Enquanto uns detêm o dever de preservar, outros detêm poder de fiscalizar essa obrigação, ou ainda, para que se possa ter o poder de usufruir de um meio ambiente saudável e equilibrado, tem-se o dever de ser sujeito ativo em sua preservação. Assim, no que concerne à proteção ambiental, a coletividade e o Estado possuem o poder e, sobretudo, o dever de preservar e, nele, o de proteger o meio ambiente.

Com ações de ordem preservacionistas, há a busca pelos direitos subjetivos dos cidadãos, dando-lhes liberdade e autonomia, sendo predominante a luta pelos direitos humanos. Preocuparam-se, então, quase que exclusivamente com os Direitos Fundamentais ou com os limites dos poderes em que esses se traduzem, deixando na sombra os Deveres Fundamentais, obliterando a responsabilidade comunitária que faz dos indivíduos seres simultaneamente livres e responsáveis, configurados como cidadãos, sujeitos de direitos e deveres.[295]

É plenamente compreensível que tenha havido uma preocupação de coibir o Poder Público de qualquer nova investida totalitarista, cercando os indivíduos de todos os direitos fundamentais que lhes haviam sido tolhidos. Ocorre que, para uma sociedade estabelecer-se como político-jurídica e socialmente desenvolvida sob a ótica de uma democracia radical,[296] deve impor ao cidadão uma dose de responsabilidades, uma posição de sujeito ativo em ações intersubjetivas e um permanente jogo de trocas instrumentais, estratégicas ou emancipatórias.[297]

---

[294] F. Carnelutti, *Teoria Geral do Direito*, p. 172.

[295] J. C. Nabais, *O Dever Fundamental de Pagar Impostos*, p. 17-18.

[296] Segundo Habermas, eminente filósofo e sociológo alemão, estudioso e propositor de uma Teoria de Estado, a democracia radical se instaura, concreta e fáticamente, a partir de alguns pressupostos presentes ou a construir em cada sociedade, tais como: o trabalho e o desmanche do conceito tradicional de soberania, a assunção de uma soberania popular erigida com base em espaços de esfera pública, para usos ampliados de fóruns argumentativos que possam permitir constituir historicizadamente a construção da vontade coletiva. Em Soberania popular como procedimento e Direito e democracia: facticidade e validade.

[297] J. Habermas. *O discurso filosófico da modernidade*.

Apenas com o passar dos anos, dada a estabilidade dos governos e a presente organização da sociedade civil, passou-se a observar a necessidade de acrescentar às cartas constitucionais os deveres do homem, para que se pudesse estabelecer uma sociedade solidária, responsável, consciente, participativa e emancipada criticamente, na perspectiva de Habermas.[298] Nesse sentido, Vieira de Andrade[299] salienta que tanto os direitos quanto os deveres fundamentais não podem ser pensados apenas do ponto de vista dos indivíduos, enquanto faculdades ou poderes de que esses são titulares; deve valer juridicamente, também, o ponto de vista da comunidade, como "valores ou fins que esta se propõe seguir"[300] ou o que poderia ser denominado, aproveitando as idéias de Alexy,[301] como direito à liberdade.

A atribuição dos direitos e dos deveres fundamentais pressupõe também o valor de solidariedade, ou seja, da necessidade de reputar responsabilidade comunitária aos indivíduos. Essa responsabilidade comunitária está alicerçada em uma dimensão participativa com acentuada dimensão social. Vieira de Andrade destaca a ligação da "garantia do gozo dos direitos por todos à necessidade de uma intervenção colectiva reguladora e prestadora que crie as condições gerais de seu exercício efectivo"[302] e é, neste sentido que também se encaixam os deveres fundamentais, como meio para que sejam efetivados os direitos fundamentais constitucionais.

A tese de que os deveres são apenas o reverso dos direitos fundamentais é equivocada, pois seria uma falha afirmar que a determinado titular de um direito fundamental corresponderia um dever por parte de um outro titular, podendo-se dizer que o particular está vinculado aos direitos fundamentais como destinatários de um dever fundamental.[303] Assim, Gomes Canotilho compreende que os deveres fundamentais são unidades autônomas e independentes, constituindo uma categoria própria na proposta e na concreticidade do ordenamento jurídico.

---

[298] J. Habermas. Op. Cit.

[299] J. C. Vieira de Andrade, *Os Direitos Fundamentais na Constituição Portuguesa de 1976*, p. 144.

[300] Idem, p. 145.

[301] R. Alexy. Op. Cit.

[302] J. C. Vieira de Andrade, Op. Cit., p. 146.

[303] J. J. Gomes Canotilho, *Direito Constitucional e Teoria da Constituição*, p. 479-480.

Miranda[304] entende que, relacionados aos direitos fundamentais e, postados ao lado deles, encontram-se os deveres fundamentais, uma vez que "o indivíduo tem deveres para com a comunidade, fora da qual não é possível o livre e pleno desenvolvimento da sua personalidade".[305]

Destarte, no que se refere ao dever de defender o que é ambiente, Miranda[306] abraça o mesmo entendimento defendido por Gomes Canotilho.[307] Canotilho não o considera um mero efeito externo da previsão de um direito, reservando à lei o direito de extrair conseqüências jurídicas adequadas, quer no âmbito da responsabilidade civil, quer no âmbito do ilícito criminal. São os deveres fundamentais, portanto, uma categoria jurídica autônoma, podendo até ser conexos, encontrados lado a lado e de forma correlata, mas nunca do lado oposto aos direitos fundamentais

Vieira de Andrade[308] apresenta um entendimento um pouco diferenciado quanto à categoria jurídica dos deveres fundamentais. O referido autor argumenta que, no caso de se pretender determinar o alcance jurídico concreto desses deveres, dever-se-á fazer, necessariamente, *uma distinção entre os deveres fundamentais autônomos e os deveres fundamentais associados a direitos*, o que resulta na seguinte conclusão: *os deveres fundamentais não são tão-somente autônomos*.

Podemos apontar, como parte da responsabilidade dos Operadores do Direito, conforme Séguin,[309] que esses tradicionalmente se centram no que "vigora como responsabilidade objetiva, diversamente de outras áreas em que prevalecem e se perquirem aspectos subjetivos do agir do autor". Segundo a autora citada anteriormente, "a responsabilidade civil tradicionalmente centrou-se num conceito de culpabilidade, ou na teoria da culpa subjetiva, agasalhada nos arts. 159 e 1.545 do Código Civil Brasileiro.(...) Na teoria objetiva não se pesquisa a vontade do agente, apenas a causalidade entre a atividade exercida e o dano causado, dentro de uma concepção de que aquele tem o bônus

---

[304] J. Miranda, Op. Cit., p. 71.

[305] Artigo 29, nº 1, da Declaração Universal dos Direitos do Homem e do Cidadão.

[306] J. Miranda, Op. Cit., p. 476.

[307] J. J. Gomes Canotilho, Op. Cit., p. 479.

[308] J. C. Vieira de Andrade, Op. Cit., p. 151.

[309] E. Séguin. Op. Cit., p. 293.

deve arcar com ônus,(...) comumente definida como a responsabilidade sem culpa."

Alicerçamos, ainda, nossa posição pertinente a uma idéia de dever fundamental, por entender, conforme Vieira de Andrade,[310] que a "(...) causa em ambos os casos a moderação, a correção ou a superação das teses emancipatórias do liberalismo individualista, quer para defesa da democracia, promovendo a participação activa dos cidadãos na vida pública, quer a favor de um empenho solidário de todos na transformação das estruturas sociais".

Os deveres fundamentais, mesmo que não adstritos exclusivamente à condição de ação do Estado ou frente ao Estado, como bem adverte Jellinek[311] e Macera,[312] estão compromissados com uma perspectiva mais globalizante, uma vez que "o conceito de dever não é exclusivo do Direito, encontrando operatividade no âmbito da ética e da moral". Embora a referência se faça sob a ótica da acepção jurídica, não exclui, inclusive por uma dimensão antropológica, hermenêutica e filosófica, a condição ética, vez que esta estabelece os pressupostos para sua emergência, insurgência ou obliteramento.

Na Constituição do Estado de Direito, os deveres fundamentais têm assento necessário e possuem a estrutura e a natureza de *direitos diretamente aplicáveis*. Nabais,[313] nessa linha, reafirma que, embora os *deveres fundamentais* estejam referenciados nas Constituições de diferenciados países, seja na própria epígrafe, seja em capítulos específicos, e que façam previsões sobre deveres associados aos direitos fundamentais [alguns expressamente previstos, tais como: os deveres dos pais de assistência e educação aos filhos, o dever de fidelidade à constituição por parte de professores; o dever de prestação de serviço compensatório], *"estão longe de dedicarem aos deveres fundamentais um tratamento minimamente comparável ao dispensado aos direitos fundamentais, (...) muitas vezes só genericamente referidos."* Nessa linha, Gomes Canotilho[314] acentua a existência de ressalvas e de deveres, como é o caso dos deveres "diretamente exigíveis", que comportam, por exemplo, o dever de educação dos filhos. Nesse caso, "as

---

[310] J. C. Vieira de Andrade, Op. Cit., p. 150.

[311] G. JELLINEK, *Sistema dei diritti pubblici subbiettivi*, Milano, Societá Libreria, 1912, p. 215, *apud* MACERA.

[312] B-F. MACERA, *El deber industrial de respetar el ambiente*, p. 34.

[313] J. C. Nabais. Op. Cit., p. 20-23.

[314] J. J. Gomes Canotilho, Idem, p. 481-482.

normas consagradoras de deveres fundamentais reconduzem-se, pois, à categoria de normas desprovidas de determinabilidade jurídico-constitucional e, por isso, carecem de mediação legislativa." A grande maioria dos deveres fundamentais pressupõe uma interposição legislativa para a concretização dos sistemas organizatórios, procedimentais e processuais definidores e reguladores do cumprimento desses deveres.

A Constituição Federal brasileira vigente apresenta algumas variações em relação aos modelos demonstrados anteriormente. Conforme Ferreira Filho,[315] os direitos e garantias individuais no Título II antecipam-se à estruturação do Estado. O constituinte quis marcar a preeminência que lhes reconhece. Em seguida, no Capítulo I do supracitado Título, encontramos enunciados do que se chama de "direitos e deveres individuais e coletivos". Contudo, os direitos e deveres fundamentais são apontados em outros pontos da Constituição, como é o caso da seção relativa às limitações ao poder de tributar e o dever fundamental de pagar impostos. O autor anteriormente referido reafirma, ainda, que ninguém sabe qual o critério que ditou essa esparsa distribuição de assuntos, "questão de técnica, dir-se-á, ou de falta de técnica o que é mais provável". A inovação do constituinte de 1988 causou clamor, já que os conservadores ansiavam mais pela positivação dos deveres do que pela dos direitos, alegando que só se estava outorgando direitos, e não deveres.[316]

Não cabe a uma constituição fazer declaração dos deveres, paralela à declaração dos direitos. Nesses termos, afirmamos que os deveres decorrem dos direitos na medida em que: "cada titular de direitos individuais tem o dever de reconhecer e respeitar igual direito do outro, bem como o dever de comportar-se, nas relações inter-humanas, com postura democrática, compreendendo que a dignidade da pessoa humana do próximo deve ser exaltada como a sua própria."

Ainda Ferreira Filho, contrariando os ensinamentos de Gomes Canotilho ainda tecendo comentários acerca da Constituição Brasileira, afirma que, a "grosso modo, no capítulo sobre os direitos e deveres individuais e coletivos - *onde não se encontram deveres* – estão os direitos de primeira geração, mais as garantias, no seguinte, obviamente os direitos econômicos e sociais, a segunda geração. Quanto à ter-

---

[315] M. Ferreira Filho. *Direitos Humanos Fundamentais*, p. 97-102.
[316] Idem, p. 99.

ceira, esta se faz representar pelo solitário direito ao meio ambiente (art. 225)."

No que tange aos deveres fundamentais formais e materiais, como já foi referido, os deveres fundamentais possuem fundamento jurídico constitucional. Segundo entendimento do Prof. Gomes Canotilho, "a constituição não fornece qualquer abertura, ao contrário do que sucede em relação aos direitos, para a existência de deveres fundamentais extraconstitucionais".[317]

Note-se, nesse contexto, que o Estado não é o único responsável pela proteção do meio ambiente, sendo o meio ambiente analisado sob uma perspectiva complexa e multifuncional, na qual existe a influência de diferentes sujeitos ativos e passivos.

Porém, levando em consideração o âmbito limitado e o caráter excepcional dos direitos de solidariedade e dos direitos-deveres, podemos concluir, alicerçados no entendimento de Vieira de Andrade,[318] que a generalidade dos direitos fundamentais não tem uma dupla natureza e que os deveres fundamentais não formam uma unidade com os direitos, nem constituem um sistema que justifique a subordinação geral dos direitos fundamentais a valores comunitários.[319]

Concluindo esse tópico e anunciando, desde já, ponto a ser oportunamente desenvolvido, vamos estabelecer alguns elos de ligação que o próprio Gomes Canotilho[320] sugere e que partem da proposta de Habermas, notadamente, no que diz da dimensão participativa e da necessidade de uma ética discursiva.

---

[317] J. J. Gomes. Canotilho, Op. Cit., p. 480.

[318] J. C. Vieira de Andrade, Op. Cit., p. 158.

[319] J. J. Gomes Canotilho. Op. Cit., p. 481 e 1250-1251. Como já ressaltou Gomes Canotilho, "a idéia de deveres fundamentais é susceptível de ser entendida como o 'outro lado' dos direitos fundamentais (...) Nesse sentido, um direito fundamental, enquanto protegido, pressuporia um dever correspondente."

[320] Idem, p. 1250-1251.

5. Proteção do meio ambiente: direito e dever fundamental

> "(...) acender a sua lâmpada, fazer luz sobre a realidade de seu mundo, evitando que sobre ele caia a escuridão (...) sim, segurar a lâmpada (...) se não tivermos uma lâmpada elétrica, acendamos nosso toco de vela ou, em último caso, risquemos fósforos repetidamente, como um sinal de que não desertamos nosso posto".[321]

Tendo em conta a já demonstrada importância da proteção do meio ambiente para a própria sobrevivência da humanidade, verifica-se também, segundo Silva,[322] que o ordenamento jurídico – competente para tutelar o interesse público – há que dar resposta coerente e eficaz para essa nova necessidade social. Em decorrência, portanto, desse novo anseio comunitário e universal, acabou sendo reconhecido um novo direito fundamental, tendo como objeto justamente a proteção jurídica do meio ambiente, na condição de bem fundamental.

Pelo prisma constitucional, o ambiente constitui-se em bem jurídico tutelado pela nossa Constituição Federal. Tendo em conta a sua expressa presença no texto constitucional, mas fora do Título II (Dos Direitos e Garantias Fundamentais), passamos, nessa parte do trabalho, a buscar uma fundamentação jurídico-constitucional adequada para que possa, na esteira do que já vem entendendo boa parte da doutrina[323]

---

[321] E. Veríssimo, *O Solo de Clarineta*, v. 1, p. 45.

[322] J. A. da Silva, *Direito Ambiental Constitucional*, p. 36.

[323] Entre os doutrinadores nacionais podemos citar, dentre outros, P. Bonavides, I. W. Sarlet e J. A. da Silva. Na doutrina estrangeira salientamos, como exemplos, J. J. G. Canotilho, J. Miranda e J. C. Vieira de Andrade.

e da jurisprudência,[324] ser a proteção do meio ambiente reconhecida como direito (e também como dever) fundamental da pessoa humana na nossa ordem constitucional.

Superada essa parte, ocupar-nos-emos em analisar o significado e as funções desse direito fundamental, considerando, ainda, aspectos ligados a sua titularidade e a sua eficácia jurídico-normativas para, depois, adentrarmos na dimensão da proteção ambiental como um dever fundamental.

5.1. Direito Fundamental à proteção ambiental: fundamentação jurídico-constitucional

Podemos afirmar, na esteira do que observamos até aqui, que, ao longo de toda a nossa Constituição Federal, existem, de forma bem definida, direitos fundamentais disciplinados no âmbito do catálogo constitucional disposto em todo o Título II de nossa Lei Fundamental.

Partimos do pressuposto, de acordo com o que desenvolvemos no capítulo 3, que, em decorrência do sistema materialmente aberto dos direitos fundamentais na Constituição Federal, o direito à proteção ambiental é um direito fundamental. E, em virtude do mesmo motivo, é também fundamental o dever fundamental de defesa do ambiente, ambos previstos expressamente no artigo 225 da Constituição Federal.

De acordo com o que foi exposto anteriormente, a norma constitucional prevista no § 2º do artigo 5º revela a possibilidade da existência de direitos fundamentais, ou mesmo dos deveres fundamentais, tanto em sentido formal quanto material, mesmo para além dos previstos no Título II de nossa Constituição. Quando a norma constitucional dispõe que os direitos e garantias expressos na Constituição não excluem outros, permite a aceitação da existência de direitos fundamen-

---

[324] Os Tribunais brasileiros já têm respondido a demandas de caráter ambiental, por intermédio das quais a sociedade busca a proteção do meio ambiente, como exemplo, podemos citar uma decisão do Tribunal Regional Federal da 5ª Região: "As praias são bens públicos e devem ser preservados para uso comum do povo. Todo e qualquer ato causador de degradação ao meio ambiente essará sujeito à intervenção e controle do Poder Público tal como assegura a CF em vigor (art. 225). As construções de bares sem as mínimas condições higiênicas, em plena orla marítima não só prejudicam o bem essar da coletividade quando degradam o meio ambiente. Padecem de nulidade os atos praticados pela Prefeitura do Município, que permitiu a edificação dos referidos bares em terrenos de marinha, pertencentes à União Federal, sem autorização legal". (TRF 5ª R. – REO AC 26. 101 – PE – 3ª T. – Rel. Juiz José Maria Lucena – DJU 10. 03. 1995).

tais fora do catálogo, e até mesmo, fora do corpo da Constituição formal.

Da situação criada, advém a necessidade de integrar a preservação do ambiente no âmbito da proteção subjetiva. Ocorre que, entendemos conforme Pereira da Silva,[325] esse fato só se dará mediante o recurso aos direitos fundamentais. O referido autor considera que somente a consagração de um direito fundamental ao ambiente (expressa ou implicitamente) pode garantir a adequada defesa contra agressões ilegais, provenientes quer de entidades públicas, quer de privadas, na esfera individual protegida pelas normas constitucionais.

Na busca de uma base correta de um Direito Fundamental à proteção do Meio Ambiente, verificamos que a doutrina e a jurisprudência consideram, indubitavelmente, o meio ambiente ecologicamente equilibrado como um Direito Fundamental em nosso regime constitucional.[326]

A Carta Federal de 1988, em seu artigo 225,[327] por meio de mandamento expresso pela soberania popular, impôs ao legislador e, principalmente, ao aplicador do Direito, uma vez que o intérprete é o

---

[325] V. Pereira da Silva, Op. Cit., p. 17.

[326] Cfe, por exemplo, P. Antunes, *Dano Ambiental: uma abordagem conceitual*, p. 158.

[327] O *artigo 225* da CF/88 possui, ainda, em sua estrutura 6 parágrafos que disciplinam – constitucionalmente – o que reza o *caput* do referido artigo: *"§ 1º*. Para assegurar a efetividade desse direito, incumbe ao Poder Público: *I* – preservar e ressaurar os processos ecológicos essenciais e prover o manejo ecológico das espécies e ecossistemas; *II* – preservar a diversidade e a integridade do patrimônio genético do País e fiscalizar as entidades dedicadas à pesquisa e manipulação de material genético; *III* – definir, em todas as unidades da Federação, espaços territoriais e seus componentes a serem especialmente protegidos, sendo a alteração e a supressão permitidas somente através de lei, vedada qualquer utilização que comprometa a integridade dos atributos que justifiquem sua proteção; *IV* – exigir, na forma da lei, para instalação de obra ou atividade potencialmente causadora de significativa degradação do meio ambiente, estudo prévio de impacto ambiental, a que se dará publicidade; *V* – controlar a produção, a comercialização e o emprego de técnicas, métodos e substâncias que comportem risco para a vida, a qualidade de vida e o meio ambiente; *VI* – promover a educação ambiental em todos os níveis de ensino e a conscientização pública para a preservação do meio ambiente; *VII* – proteger a fauna e a flora, vedadas na forma da lei, as práticas que coloquem em risco sua função ecológica, provoquem a extinção de espécies ou submetam os animais à crueldade. *§ 2º*. Aquele que explorar recursos minerais fica obrigado a recuperar o meio ambiente degradado, de acordo com solução técnica exigida pelo órgão público competente, na forma da lei. *§ 3º*. As condutas e atividades consideradas lesivas ao meio ambiente sujeitarão os infratores, pessoas físicas ou jurídicas, a sanções penais e administrativas, independentemente da obrigação de reparar os danos causados. *§ 4º*. A Floressa Amazônica brasileira, a Mata Atlântica, a Serra do Mar, o Pantanal Mato-Grossense e a Zona Costeira são patrimônio nacional, e sua utilização far-se-á, na forma da lei, dentro de condições que assegurem a preservação do meio ambiente, inclusive quanto ao uso dos recursos naturais. *§ 5º*. São indisponíveis as terras devolutas ou arrecadadas pelos Estados, por ações discriminatórias, necessárias à proteção dos ecossistemas naturais. *§ 6º*. As usinas que operem com reator nuclear deverão ter sua localização definida em lei federal, sem o que não poderão ser instaladas".

último sujeito a positivar a norma, conforme o dizer de Freitas,[328] a dar concretude ao disciplinado pela norma disposta no *caput* do artigo 225 da Constituição. De fato: "Todos têm direito ao meio ambiente ecologicamente equilibrado, bem de uso comum do povo e essencial à sadia qualidade de vida, impondo-se ao poder público e à coletividade o dever de defendê-lo e preservá-lo para as presentes e futuras gerações."

O intérprete constitucional, ao realizar a exegese das normas fundamentais, deve levar em consideração o sentido atual e vigente do disposto na Constituição, uma vez que sua função, ao interpretar a norma, é assegurar a sua efetividade social. Nesse sentido, Freitas[329] afirma que interpretar as normas "(...) consiste em pretender atribuir a melhor significação, dentre várias possíveis, aos princípios, às normas e aos valores jurídicos, hierarquizando-os num todo aberto, fixando-lhes o alcance – e superando antinomias, a partir da conformação teleológica, tendo em vista solucionar os casos concretos, é reveladora do fato de que o objeto da interpretação não é mera coisa dessacada do intérprete, tampouco um resultado cego de forças e de processos. Ao interpretar o 'objetivamente' dado, o exegeta ordena a sua sistematização e, ao fazê-lo, transcende-o inevitavelmente, porquanto só na transcendência o imanente jurídico experimenta sentido, na órbita da valoração".

Nessa perspectiva, Freitas[330] ressalta que "(...) o intérprete jurídico deve fazer as vezes de catalisador dos melhores princípios e valores de uma sociedade num dado momento histórico. Orientado por uma adequada visão sistemática, há de prevenir as antinomias axiológicas, mantendo-se atento à emergência das funções específicas e contemporâneas, no escopo de oferecer, nos limites do sistema vigente, as soluções mais compatíveis, sem excluir ou usurpar o papel do legislador." Freitas[331] acrescenta, ainda, que o "bem interpretar é aperfeiçoar, certo de que essa tarefa de aperfeiçoamento contínuo resulta como implícita delegação dada pelo ordenamento, fazendo a todos co-responsáveis, sob determinados aspectos, pelo êxito da positivação e por sua eficácia social".

---

[328] J. Freitas, *A Interpretação Sistemática do Direito*, p. 151 no que diz "O sistema, em sua abertura (...) não prospera senão no intérprete em sua idêntica abertura e vocação para ser o positivador derradeiro do Direito".

[329] Idem, p. 63.

[330] Idem, p. 150.

[331] Idem, p. 158.

Gomes Canotilho[332] manifesta-se a esse respeito em que "os aplicadores da constituição não podem atribuir um significado (= sentido, conteúdo) arbitrário aos enunciados lingüísticos das disposições constitucionais, antes devem investigar (determinar, densificar) o conteúdo semântico, tendo em conta o dito pelo legislador constitucional (= legislador constituinte e legislador de revisão). Isso significa que a tarefa da interpretação, lingüisticamente considerada, é fundamentalmente a investigação do dito na lei constitucional (...)."

Ao incluir o meio ambiente como um bem jurídico passível de tutela, o constituinte delimitou a existência de uma nova dimensão do direito fundamental à vida e do próprio princípio da dignidade da pessoa humana, haja vista ser no meio ambiente o espaço em que se desenvolve a vida humana. Nesse contexto, os direitos e garantias fundamentais encontram seu fundamento na dignidade da pessoa humana, mesmo que de modo e intensidade variáveis.[333]

Na verdade, a proteção ao Ecossistema no qual estamos inseridos, e da qual fazemos parte,[334] foi concebida para respeitar o processo de desenvolvimento econômico e social, ou seja, com o escopo de conservação/alterações produzidas por decisão democrática socioindividualmente constituída para que o ser humano desfrute de uma vida digna. Somente assim deve ser interpretado. Freitas[335] disciplina de forma clara a questão, ao dispor que o intérprete do direito deve procurar aglutinar os melhores princípios e valores da sociedade no período temporal vigente. A esse respeito, Sarlet argumenta que "(...) sempre haverá como sustentar a dignidade da própria vida de um modo geral, ainda mais numa época em que o reconhecimento da proteção do meio ambiente como valor fundamental indicia que não mais está em causa apenas a vida humana, mas a preservação de todos os recursos naturais, incluindo todas as formas de vida existentes no planeta, ainda que se possa argumentar que tal proteção da vida em geral

---

[332] J. J. Gomes Canotilho, Op. cit., p. 221.

[333] I. W. Sarlet, *Dignidade da Pessoa Humana e Direitos Fundamentais na Constituição Federal de 1988, p. 81-2* e v. também J. Miranda, *Manual de Direito Constitucional*, v. IV, p. 181 e J. C. Vieira de Andrade, *Os Direitos Fundamentais na Constituição Portuguesa de 1976*, p. 102, quando diz que o princípio da dignidade da pessoa humana radica na base de todos os direitos fundamentais constitucionalmente consagrados.

[334] Quando afirmamos que além de estarmos inseridos no ambiente natural fazemos parte dele, significa dizer que o homem não está desvinculado ou apartado, o homem faz parte do meio tal como um igual, é parte da teia da vida.

[335] J. Freitas, Op. cit., p. 152.

Meio Ambiente
DIREITO E DEVER FUNDAMENTAL

113

constitua, em última análise, exigência da vida humana e vida humana com dignidade".[336]

Toda a matéria relacionada, direta ou indiretamente, com a proteção ao meio ambiente, projeta-se no domínio dos direitos fundamentais. Essa vinculação ocorre, não somente pela inserção sistemática do meio ambiente no âmbito dos direitos fundamentais, mas também, por ser o Estado Democrático de Direito a garantia, a promoção e a efetivação desses direitos.

Podemos qualificar o direito à proteção ambiental como um legítimo direito fundamental, uma vez que diz diretamente com a própria dignidade da vida. Sarlet[337] acrescenta que os direitos fundamentais integram um sistema no âmbito da Constituição, salientando que os direitos fundamentais são, na verdade, concretizações do princípio fundamental da dignidade da pessoa humana, consagrado expressamente em nossa Carta. Como legítimo protetor da dignidade da pessoa humana e, muito além, como legítimo protetor da dignidade da vida como um todo, o direito à proteção ambiental é, indubitavelmente, um direito fundamental em nosso Ordenamento Jurídico.

Esse entendimento é manifestado não apenas no Brasil, mas também em diversos outros ordenamentos jurídico-constitucionais e nos tratados e convenções de Direito Internacional, como já referido no capítulo 2.[338]

5.2. O Direito Fundamental à proteção ambiental e sua dupla função defensiva e prestacional

Mesmo cientes de que a classificação adotada (direitos fundamentais com direitos de defesa e direitos a prestações) não afasta outras modalidades possíveis, bem como temos em mente que existem situações em que também essa classificação não poderá resolver todos os problemas vinculados às funções dos Direitos Fundamentais. Ainda assim, acreditamos seja ela suficiente para demonstrar quais as principais funções desempenhadas por esses direitos na ordem jurídico-cons-

---

[336] I. W. Sarlet, *Dignidade da Pessoa Humana e Direitos Fundamentais na Constituição Federal de 1988*, p. 35.

[337] I. W. Sarlet, Op. Cit., p. 73.

[338] Vide p. 41 e seguintes.

titucional, além da evidência de que, no âmbito mesmo dessa ordenação, existem detalhamentos a serem considerados.

O direito fundamental à proteção ambiental constitui um direito que pode ser designado complexo, abrangendo as múltiplas funções dos direitos fundamentais do homem. Tomando por pressuposto a distinção entre texto (dispositivo), norma e direitos,[339] no artigo 225 da Constituição Federal, relativo à proteção do meio ambiente, cuida-se de uma série de disposições (textos) que encerram várias normas que, por sua vez, asseguram posições jurídicas subjetivas fundamentais, de natureza diversa, tanto com função defensiva quanto prestacional.[340]

No concernente a sua dimensão prestacional, conforme o entendimento de Alexy,[341] a escala de ações positivas do Estado que podem ser objeto de um direito a prestação se estende desde a proteção do cidadão frente a outros cidadãos através de normas de direito penal, passando por normas de organização e procedimento até as prestações de cunho fático (materiais), podemos classificar o direito/dever de proteção do meio ambiente como um direito fundamental a prestações em seu sentido amplo. Dessa feita, partindo do pressuposto de que o Estado deve prestar ações de proteção do meio ambiente como bem jurídico transindividual, estamos diante de uma dimensão funcional prestacional do direito fundamental de proteção ambiental.

Por direitos à proteção, acompanhando Alexy,[342] devemos entender como sendo aqueles direitos do titular do direito fundamental frente ao Estado para que esse os proteja de intervenções de terceiros. Conforme o entendimento de Sarlet, devemos estar alertas para a idéia

---

[339] L. L. Streck, *Hermenêutica Jurídica e(m) Crise*, p. 18. Conforme o autor, em confessada companhia a Eros Roberto Grau, existe diferença entre texto (jurídico) e norma (jurídica) ao afirmar que "o texto, preceito ou enunciado normativo é alográfico. Não se completa com o sentido que lhe imprime o legislador. Somente estará completo quando o sentido que ele expressa é produzido pelo intérprete, como nova forma de expressão. Assim, o sentido expressado pelo texto já é algo novo, diferente do texto. É a norma. A interpretação do Direito faz a conexão entre o aspecto geral do texto normativo e a sua aplicação particular: ou seja, opera sua inserção no mundo da vida. As normas resultam sempre da interpretação. É a ordem jurídica, em seu valor histórico concreto, é um conjunto de interpretações, ou seja, um conjunto de normas. O conjunto das disposições (textos, enunciados) é uma ordem jurídica apenas potencialmente, é um conjunto de possibilidades, um conjunto de normas potenciais. O significado (ou seja, a norma) é o resultado da tarefa interpretativa".

[340] Quanto à dupla função defensiva e prestacional das normas do direito de proteção do meio ambiente, podemos arrolar como exemplo o inciso IV do § 1º do artigo 225 e o § 5º do referido artigo como direitos de defesa e os incisos I e V do § 1º como direitos a prestações.

[341] R. Alexy, Op. Cit., p. 427.

[342] Idem, p. 435.

Meio Ambiente
DIREITO E DEVER FUNDAMENTAL

de que "(...) ao Estado, em decorrência do dever geral de efetivação dos direitos fundamentais, incumbe zelar – inclusive em caráter preventivo – pela proteção dos direitos fundamentais dos indivíduos, não só contra ingerências indevidas por parte dos poderes públicos, mas também contra agressões provindas de particulares e até mesmo de outros Estados, dever esse que, por sua vez, desemboca na obrigação de adotar medidas positivas com vista a garantir e proteger de forma efetiva a fruição dos direitos fundamentais".[343]

A dimensão protecional dos direitos à prestação está vinculada ao direito fundamental à proteção ambiental. O Estado tem o dever de prestar a proteção aos recursos naturais, conforme previsto na Constituição, contra intervenções de terceiros, do próprio Poder Público e de outros Estados. Esse direito fundamental devido pelo Estado e exigido pela sociedade atua como medida preventiva para que se efetive o direito fundamental de proteção do meio ambiente como reflexo da proteção do direito fundamental de proteção à vida.

Os direitos de defesa, no entender de Canotilho,[344] são aqueles que cumprem a função de direitos de defesa dos cidadãos sob uma dupla perspectiva: pelas normas de competência negativa para os poderes públicos, "proibindo fundamentalmente as ingerências desses na esfera individual" e, por meio do poder de exercer juridicamente os direitos fundamentais e de "exigir omissões dos poderes públicos, de forma a evitar agressões lesivas por parte dos mesmos".

Algumas das normas contidas no artigo 225 da Constituição Federal podem ser classificadas como direitos de defesa do cidadão em face das possíveis agressões ou ingerências do Poder Público e/ou de particulares, se for o caso.

Os direitos à proteção, como tipo de direito à prestação, e os direitos de defesa têm sido contrapostos reciprocamente porque os primeiros são direitos a ações positivas e os segundos a ações negativas. Contudo, ancorados na posição de Alexy,[345] colocamos em dúvida a justificação dessa contraposição, uma vez que à ação positiva de proteger o meio ambiente corresponde um dever de não-afetação do ambiente, na condição de bem jusfundamentalmente protegido. Con-

---

[343] I. W. Sarlet, Op. Cit., p. 192.

[344] J. J. Gomes Canotilho, *Direito Constitucional e Teoria da Constituição*, p. 562.

[345] R. Alexy, Op. Cit., p. 441.

116   *Fernanda Luiza Fontoura de Medeiros*

forme Alexy, é correto afirmar que o direito à proteção ambiental se trata também de um direito de defesa.

O referido jurista alemão[346] nos elucida, ainda, quanto às características desses dois direitos, dispondo que o direito de defesa é um direito frente ao Estado para que esse omita intervenções, enquanto o direito à proteção é um direito frente ao Estado para que esse se encarregue de que terceiros se omitam em intervir. No concernente ao direito fundamental de proteção ambiental podemos, claramente, observar a coexistência dessas duas funções, haja vista o Estado ser obrigado a prestar proteção ambiental, sendo simultaneamente obrigado a impedir que terceiros destruam e degradem o bem jusfundamental em questão.

Alexy[347] assinala que, justificadamente, os direitos a ações negativas (direitos de defesa) criam menos problemas que os direitos a prestações positivas (direitos à prestação). O autor ressalta que uma razão fundamental para que essa seja assim se deve a uma diferença simples: os direitos de defesa são para os destinatários proibições de destruir, de afetar negativamente algo ou alguma coisa, enquanto os direitos à prestação são para os destinatários mandados de proteção ou promoção de algo.

Assim, se o titular está proibido de destruir ou de afetar algo, então está proibida toda a ação que constitua ou provoque uma destruição ou afetação. Enquanto o titular está ordenado a proteger ou promover algo, não está ordenada toda a ação que constitua ou provoque uma proteção ou uma promoção.

Contudo, para uma concepção acertada da diferença existente entre os direitos à prestação e os direitos de defesa, não basta afirmar que o primeiro corresponde a ações positivas, enquanto as segundas a ações negativas. A diferença consiste em que a omissão de cada ação individual de destruição ou de afetação é uma condição necessária e somente a omissão de todas as ações de destruição e afetação é uma condição suficiente para o cumprimento da proibição de destruir e, com isso, alcançar a satisfação do direito de defesa.

Por outro lado, para o cumprimento dos mandados de proteção ou promoção, conforme Alexy,[348] é suficiente à realização de somente

---

[346] R. Alexy, Op. Cit., p. 441.

[347] Idem, p. 446.

[348] Idem, p. 450.

Meio Ambiente
DIREITO E DEVER FUNDAMENTAL

uma adequada ação de proteção ou promoção. Ainda no que diz aos direitos à prestações não podemos deixar de mencionar os direitos a participação na organização e procedimento que se centram na possibilidade de os cidadãos exigirem do Estado, em especial do Poder Legislativo, a emissão de atos e a criação de normas, através de um processo comunicativo entre os poderes públicos e a sociedade. Dessa forma, em conformidade com o que foi exposto no item 3.4 do capítulo 3 desse livro, os direitos fundamentais quanto às suas funções podem ser classificados como direitos de defesa e/ou direitos a prestações.

A função prestacional dos direitos fundamentais, como já referido anteriormente, pode ser dividida entre direito a prestações em sentido amplo e em sentido estrito, respectivamente, por meio de prestações jurídicas (normativas) ou prestações fáticas (materiais).

Os direitos de defesa são direitos do cidadão frente ao Estado que exprimem ações de cunho negativo, ou seja, é um direito frente ao Estado para que esse omita intervenções. Os direitos de defesa são, para os destinatários, proibições de usufruir, de afetar negativamente algo e, de acordo com Alexy,[349] significa que se está proibido de afetar algo, então está proibida toda a ação que constitua ou provoque uma destruição ou afetação. Conforme Alexy,[350] para o cumprimento satisfatório dos direitos de defesa é necessária a omissão de todas as ações (de caráter individual e/ou coletivo) de destruição.

Ao tratarmos do direito fundamental à proteção do meio ambiente, podemos classificá-lo como direito de defesa quando a norma expressamente proíbe que se afete, de qualquer forma, o meio ambiente, preservando a diversidade e a integridade do patrimônio genético ou preservando e restaurando os processos ecológicos essenciais para prover o manejo ecológico das espécies e ecossistemas, como dispõem os incisos I e II do § 1º do artigo 225 da Constituição Federal. Já no concernente aos direitos a prestações, salientamos que o direito fundamental à proteção ambiental se enquadra como direito a prestações no sentido de exigir do Estado e da coletividade ações de proteção. A título exemplificativo, referimos o inciso VII do § 1º do referido artigo, quando diz que se deve proteger a fauna e a flora das práticas que coloquem em risco sua função ecológica, que provoque a extinção de espécies ou submetam os animais a crueldade.

---

[349] R. Alexy, La Teoria de los Derechos Fundamentales, p. 446.
[350] Idem, p. 447.

Por sua vez, os direitos a prestações são direitos a ações positivas do Estado, conforme o entendimento de Alexy[351] e, no que se refere à proteção do meio ambiente, para além de um direito a prestação é, ainda, um direito de defesa. Ao contrário dos direitos de defesa, se está ordenado que se proteja algo, não está ordenada toda a ação que constitua ou provoque uma proteção. O que se exige é, pelo menos, um meio de proteção, e não todos os meios, pois, em geral, conforme Alexy,[352] para o cumprimento dos direitos a prestações é suficiente a realização de apenas uma ação adequada de proteção, no que se refere ao meio ambiente.

Salientamos o direito à participação na organização e procedimento como direito à prestação em sentido amplo ao lado dos denominados direitos à proteção. Sarlet[353] dispõe, refletindo acerca da participação na organização e no procedimento, que os direitos fundamentais são, de certa forma, dependentes da organização e do procedimento, mas sobre esses também exercem influência, haja vista os direitos fundamentais serem considerados como parâmetros para a "formatação das estruturas organizatórias e dos procedimentos, servindo, para além disso, como diretrizes para a aplicação e interpretação das normas procedimentais".[354]

A problemática central dos direitos à participação na organização e no procedimento, em que pese a existência de outras questões acerca do tema, reside na possibilidade de a sociedade exigir do Poder Público determinadas ações e posições, tanto legislativas, quanto administrativas. Alexy[355] salienta que, através do direito à participação na organização e no procedimento, por intermédio de um processo comunicativo entre a sociedade e o Poder Público, é que os cidadãos poderão influenciar nas decisões desse. O referido autor destaca, ainda, que é através desse processo de comunicação que se pode considerar todos os pontos

---

[351] R. Alexy, idem, p. 419.

[352] Idem, p. 447.

[353] I. W. Sarlet, Op. Cit., p. 193-4.

[354] R. Alexy, Op. Cit., p. 455, dispõe que oriundo dessa conexão entre os direitos fundamentais e a organização e o procedimento que Häberle, revisitando a teoria dos quatro status de Jellinek, propõe um *status activus processualis*, referindo-se a um aspecto jurídico processual da liberdade jusfundamental. Segundo Sarlet, Op. Cit., p. 194, trata-se de uma dimensão procedimental dos direitos fundamentais, "que também pode ser qualificada de um autêntico devido processo (*due process*) dos direitos fundamentais".

[355] R. Alexy, Op. Cit., p. 466.

de vista relevantes sobre determinado tema, no sentido de uma tendência há um procedimento de decisão democrática.[356]

Abordamos a questão do direito à participação na organização e procedimento quando tratamos da necessidade da construção de um espaço participativo no concernente ao direito de proteção do meio ambiente, no sexto capítulo desse livro.[357] Contudo, desde já, pontuamos o direito da sociedade de exigir do Estado que, por exemplo, se efetivem as políticas públicas de promoção da educação ambiental, como disciplina o inciso VI do § 1º do artigo 225 da Carta Maior, a criação de órgãos que controlem a produção e comercialização e o emprego de técnicas, métodos e substâncias que comportem riscos para a vida, para a qualidade de vida e para o meio ambiente, como reza o inciso V do § 1º do supracitado artigo.

Várias normas definidoras do direito fundamental, a proteção do meio ambiente, exercem simultaneamente duas ou mais funções (direitos de defesa e direitos a prestações). Nesse momento, cabe ressaltar, com o intuito de exemplificar a nossa linha argumentativa, onde e em que sentido podemos observar, à luz do artigo 225, a presença dessas diversas posições jurídicas fundamentais.

No que tange aos direitos e aos deveres de proteção do meio ambiente, no sentido amplo dos direitos a prestações, na acepção de que esse direito à proteção outorga ao indivíduo o direito de exigir do Estado que esse o proteja contra ingerências de terceiros em determinados bens,[358] podemos ressaltar o próprio *caput* do artigo 225, quando dispõe, claramente, o direito e o dever, tanto do Estado quanto da coletividade, de prestar proteção ambiental.

Quanto à existência, no artigo 225 da Constituição Federal, de normas que disciplinem direitos à participação na organização e no procedimento, no sentido de poder exigir do Estado (de modo especial, do legislador) a emissão de atos destinados a criar órgãos e estabelecer procedimentos. Alexy[359] propõe que esses direitos (de participação na organização e no procedimento) tanto podem representar direitos à emissão de determinadas normas procedimentais, quanto direitos a

---

[356] R. Alexy, Op. Cit.

[357] Vide p. 153 e seguintes.

[358] Cf. I. W. Sarlet, Op. Cit., p. 192.

[359] R. Alexy, Op. Cit., p. 430.

determinada interpretação e aplicação das normas sobre esse procedimento.

Manifestamos o entendimento de que as normas contidas no § 1º do artigo 225, que impõem ao Poder Público assegurar determinadas ações para a efetividade do direito de proteção do meio ambiente e, dessa feita, confere à sociedade o direito de exigir o cumprimento dessas diretivas. Podemos ressaltar, ainda, a presença de direitos a prestação fáticas no concernente à proteção do meio ambiente.

O referido § 1º e incisos do artigo 225, para além de apresentarem uma dimensão participativa e organizacional, impõe tarefas a serem cumpridas pelo Estado, tal como o que se encontra disposto no inciso III, quando dispõe que ao Poder Público incumbe "definir, em todas as unidades da Federação, espaços territoriais e seus componentes a serem especialmente protegidos (...)".

No que se refere ao direito fundamental de preservação ambiental, para efetiva aplicação da norma correspondente ao direito há a necessidade imprescindível da conjugação das duas funções dos direitos fundamentais, tanto na condição de direitos de defesa, quanto na perspectiva prestacional. Não basta que apenas haja a omissão de ações de destruição ou de afetação do meio, é necessário que haja, também, ações que ordenem a preservação e a promoção da saúde e do equilíbrio ambiental. Tais questões serão retomadas e desenvolvidas nos próximos segmentos.[360]

Por conseguinte, conforme a doutrina de Alexy,[361] uma intervenção na liberdade jurídica, que deve ser medida segundo os direitos de defesa, pode ser justificada não somente com uma indicação de sua necessidade para a proteção das posições individuais de terceiros, mas sobretudo levando em conta os interesses da coletividade, de modo a estabelecer um equilíbrio entre as posições jusfundamentais dos cidadãos e do Estado.[362]

---

[360] Podemos afirmar, ainda, que no sistema da Constituição e dos Direitos Fundamentais encontram-se outras normas diretamente relacionadas à proteção ambiental assim como são possíveis conflitos – tal como o direito do uso da propriedade de uma empresa e a proteção do meio ambiente. Inolvidável também é o papel da legislação infraconstitucional na concretização e desenvolvimento das diretrizes essabelecidas pela Carta Magna de 1988. As questões, que aqui vão referidas, serão em parte consideradas, mas não serão aprofundadas haja vista não serem o objeto desse trabalho.

[361] R. Alexy, idem, p. 451.

[362] A título de exemplo de possíveis conflitos de direitos fundamentais, podemos citar o direito de propriedade em conflito com o direito de proteção do meio ambiente.

Com as possíveis antinomias[363] entre as posições jusfundamentais, cuida-se de questões que apenas uma interpretação tópico-sistemática e necessariamente hierarquizada poderá resolver.[364]

5.3. A proteção ambiental como dever fundamental

A interpretação do artigo 225 de nossa Constituição permite-nos afirmar que a proteção ao meio ambiente, para além de um *direito fundamental* do cidadão, é um *dever fundamental*.

A afirmação do dever fundamental de proteção ao meio ambiente está alicerçada, conforme defesa acordada com a posição de Vieira de Andrade,[365] na pressuposição de que os deveres fundamentais, no caso específico, os voltados ao meio ambiente, remetem à condição de nele incluir princípios sócio-humanos de convivência que, por sua vez, instruem e são instruídos pelas questões presentes no direito fundamental ao contemplar o direito à igualdade, à liberdade, à solidariedade. Como tal, defende Alexy,[366] mesmo que em oposição à idéia de deveres fundamentais, a condição de mandato de igualdade, direito geral de liberdade, a necessidade, como direito fundamental, de ordenar as ações a atender esses direitos.

E, nessa linha, Alexy[367] propugna a fórmula de que *"hay que tratar igual ao igual y desigual a lo desigual"*. Formulando um raciocínio, extrapolamos essa condição, por similitude, aos deveres fundamentais. Essa mesma fórmula empregada para balizar e justificar parte dos direitos fundamentais funciona também como um argumento válido, um argumento de endosso da constituição de deveres fundamentais

---

[363] Cf. J. Freitas, *A Interpretação Sistemática do Direito, p. 78,* entende-se por antinomia "as incompatibilidades possíveis ou instauradas, entre normas, valores ou princípios jurídicos, pertencentes, validamente, ao mesmo sistema jurídico, tendo se ser vencidas para a preservação da unidade interna e coerência do sistema e para que se alcance a efetividade de sua teleologia constitucional".

[364] Aqui, valemo-nos da paradigmática orientação de J. Freitas, idem, p. 110, ao afirmar que "uma interpretação sistemática realiza sempre uma hierarquização axiológica, de sorte a fazer preponderar, inclusiva e exclusivamente, ora a norma superior, ora, em caso de antinomia pendente, o princípio superior, recorrendo-se, em todas as hipóteses, expressa ou ocultamente, ao princípio da hierarquização, inclusive ao lidar com princípios e regras de prioridade, tendo em vista as exigências do próprio sistema, que reclama sejam dirimidas as controvérsias, sempre na certeza de que bem interpretar é concretizar a máxima justiça sistemática possível".

[365] J. C. Vieira de Andrade. Op. Cit., p. 150.

[366] R. Alexy, Op. Cit., p. 331ss.

[367] Ibidem.

em relação à proteção ao meio ambiente. Tendo a proposta de uma vida digna e justa, do ponto de vista individual e coletivo, e assumindo o pressuposto de que o meio ambiente necessita ser tutelado por diversos ramos do Direito, emerge a necessidade de constituição de uma esfera de deveres associada ou não aos direitos fundamentais. Esses deveres fundamentais norteiam o *ethos* de obtenção de uma vida digna, solidária, com liberdade e igualdade.

Vale referir lição de Habermas,[368] que, destacando o papel dos deveres, e ao criticar a posição de Jeremy Bentham, adota o entendimento de Patzig. Esse autor destrói a simetria entre direitos e deveres, indicando um argumento válido ao tema em apreço nesse estudo. Sua proposta, no que Habermas concorda, uma vez que essa se baseia em "um reconhecimento recíproco de sujeitos, ao menos potencialmente livres e iguais constitui uma necessidade conceitual e determina o status dos deveres frente aos animais assimetricamente [instituídos]: os animais não têm direito frente aos homens, mas os homens têm deveres frente aos animais".[369]

Habermas continua, nesse processo de análise dos deveres, aproveitando-se das idéias de Patzig, a questionar que "os deveres hão de ser de tão maior peso quanto maior for a sensibilidade dos animais a dor. Com isso, modifica-se o conceito de dever: já não se trata de deveres em um sentido deontológico, mas sim a comparação de bens. A partir daí, só há um passo até a ética ecológica, equivalentes as questões éticas referentes ao tipo de vida que pessoalmente levamos, devem pôr-se de outro modo de ver as coisas, a saber, o teleológico, reservando ao planejamento deontológico unicamente aos problemas relativos à convivência bem ordenada entre as pessoas".[370]

Dentre as duas categorias dos deveres fundamentais propostas por Vieira de Andrade,[371] e já referenciadas nessa obra, podemos enquadrar o dever fundamental à proteção ambiental como um dever associado ao direito fundamental de usufruir de um meio ambiente saudável.

---

[368] G. Patzig *apud* J. Habermas. *Aclaraciones a la ética del discurso.*, p. 226ss.

[369] Idem, p. 229.

[370] Idem, p. 231.

[371] J. C. Vieira de Andrade, Op. Cit., p. 157. De acordo com o exposto, dispõe Vieira de Andrade que "Os direitos ao ambiente e à fruição do património cultural não se limitam ao direito à intervenção prEstadora do Estado, nem sequer 'a exigência do respeito por um bem próprio (individual). Implicando directamente com o tipo de comportamento de todos os indivíduos e sendo exercido num quadro de reciprocidade e de solidariedade (...), são direitos circulares, cujo conteúdo comum é definido necessariamente em função do interesse comum, pelo menos em tudo aquilo que ultrapassa a lesão directa de bens individuais".

Vieira de Andrade[372] pronuncia outra posição de grande relevância, uma vez que ao tratar dos deveres fundamentais afirma que ninguém duvida que exista, no mínimo, um interesse pedagógico e uma importância espiritual e ética que reveste a idéia dos deveres fundamentais dos cidadãos, significando que o homem não existe isoladamente, nem a sua própria liberdade é absoluta, e que todos os indivíduos são responsáveis pelo progresso da comunidade.

No âmbito do Direito Internacional, Cançado Trindade[373] pontua que podemos trazer à cena a Declaração de Haia sobre a atmosfera de 1989, afirmando que "o direito de viver é o direito do qual emanam todos os demais direitos", e acrescenta que "o direito de viver com dignidade em um meio-ambiente global viável" acarreta o *dever* das "comunidades das nações de preservar o ambiente saudável e equilibrado para as gerações presentes e futuras", o que o autor enfatiza é a dependência humana da qualidade ambiental.

Intrinsecamente vinculado ao direito de proteção ambiental existe um dever fundamental. Esse dever fundamental caracteriza-se pela obrigação incumbida ao Estado e a cada um dos indivíduos partícipes de nossa sociedade em manter um ambiente saudável, sadio e equilibrado, seja por intermédio de cuidados básicos para com o meio, seja através de grandes participações populares na luta pela não-destruição do *habitat* natural.

O direito à proteção ambiental é, dessa forma, um direito de expectativas a que correspondem obrigações, conforme também defende Borges.[374] Porém, por ser o direito de preservação ambiental um direito fundamental de terceira dimensão, e não um direito social, que coloca o indivíduo em uma posição passiva no ato de agir, as obrigações que lhe são decorrentes não são apenas deveres do Estado; são, essencialmente, deveres próprios de todos os cidadãos.

Ao dispor que as obrigações decorrentes do dever fundamental de proteção ao meio ambiente são de toda a sociedade, queremos dizer que não cabe apenas ao Estado zelar pelo ambiente no qual vivemos. O zelo e o dever de cuidado é de toda a sociedade, *todas as pessoas têm o dever de preservar o ambiente* de nosso planeta adequado para a sadia qualidade de vida das presentes e das futuras gerações, apli-

---

[372] J. C. Vieira de Andrade, Op. Cit., p. 151.
[373] A. A. Cançado Trindade, Op. Cit., p. 77.
[374] R. Borges, Op. Cit., p. 19.

cando, assim, o princípio da dignidade da pessoa humana em conexão com um princípio muito maior, qual seja, a dignidade da própria vida.

Essa situação estabelecida de um dever fundamental de proteção ambiental de terceira dimensão, ancorada em uma base de solidariedade para a sua execução, reflete que, definitivamente, esse é um direito que se funda na solidariedade por exigir a participação de todos, para que esse mesmo todo mantenha a vida. Na medida em que o direito à preservação ambiental se funda na solidariedade, não poderiam ser chamados de direitos propriamente ditos, ao passo que, segundo Borges,[375] a solidariedade fundamentaria deveres que, somente indiretamente, dariam lugar a direitos.

Nessa perspectiva de análise atesta Borges[376] que "Esse *direito-dever*, da categoria direito difuso, difere ainda dos direitos de gerações anteriores na medida em que não nascem de uma relação contratual nem de um status como o de ser cidadão de determinado Estado. Nasce da valorização da pessoa humana nesse final de século XX, através da evolução dos direitos de ampliação da proteção de âmbitos de vivência da pessoa humana, anteriormente não protegidos ou não privilegiados pelo direito. Não existe relação contratual prévia que estabeleça tais direitos-deveres. São direitos agora tidos como universais, fundamentais, que, no dizer de Ferrajoli, tratam-se de direitos invioláveis ou inderrogáveis, indisponíveis e inalienáveis" (grifo nosso).

Defendemos a idéia de que deva haver uma prioridade dos direitos fundamentais sobre os deveres fundamentais e de que os deveres não devem ser encarados, ou mesmo entendidos, como simples limites dos direitos. Para que haja equilíbrio entre as relações, e a coletividade passe a fazer parte, de forma atuante e verdadeira, da forma social a que pertence, os deveres fundamentais são estritamente imprescindíveis, pois valendo-se de sua efetividade e eficácia poder-se-á cobrar da população uma posição atuante e responsável, tão responsável quanto aquela que cobramos dos Poderes Públicos.

Nessa perspectiva, Passos de Freitas salienta que para haver uma efetiva proteção ao meio ambiente, seja ele cultural, natural ou do trabalho, por exemplo, é imprescindível uma ação conjunta com a comunidade "Quando se pensa em proteção ambiental, vêm a mente imposições, limitações, sanções aos transgressores. Contudo, é eviden-

---

[375] R. Borges, Op. Cit., p. 20.
[376] Ibidem.

Meio Ambiente
DIREITO E DEVER FUNDAMENTAL

te que a isso deve preceder o esclarecimento, a conscientização, a prevenção. *Os resultados serão sempre mais satisfatórios se houver o apoio das pessoas envolvidas.* Não é possível colocar um guarda ambiental a cada 200 metros em nosso país, vigiando permanentemente todos os brasileiros. *É necessário que todos participem da defesa do meio ambiente*, e por isso mesmo a Constituição Federal deixou expresso, no *caput* do art. 225, que a *proteção ambiental é um dever de todos*" (grifo nosso).[377]

Por meio de posições e entendimentos como os de Passos de Freitas, dentre outros tantos autores que pensam a proteção ambiental, é que avistamos uma possibilidade de tomada de consciência social para a preservação do meio em que vivemos.[378] O referido autor assevera, ainda, que esse sentimento preservacionista, essa consciência de que fazemos parte do todo e que a omissão não é a solução para a manutenção da vida saudável e equilibrada na Terra, já vem se desenvolvendo em nossa sociedade, meio tímida e com muito que fazer.

Quando falamos em direito e dever fundamental à proteção ambiental, referimo-nos à questão primordial de possuirmos o direito fundamental de vivermos em um meio ambiente saudável e equilibrado e do dever, também fundamental, de lutarmos com todos os meios legítimos disponíveis para que esse ambiente assim se mantenha por muitas gerações.

5.3.1. Conteúdo e significado do dever fundamental de proteção do meio ambiente

Os deveres fundamentais quanto à análise de seus conteúdos podem ser classificados como deveres positivos e negativos em virtude de imporem ao destinatário um comportamento positivo ou negativo. Os deveres fundamentais de cunho positivo podem ser divididos, ainda, em deveres de prestações de fato ou em deveres de prestações materiais.

Os deveres positivos de prestações de fazer podem ser considerados como sendo a generalidade dos deveres fundamentais, e pode-se trazer como exemplo, no direito brasileiro, o dever de prestar serviço militar e o dever de votar. Os deveres fundamentais positivos de pres-

---

[377] V. Passos de Freitas, *A Constituição e a Efetividade das Normas Constitucionais*, p. 145.
[378] Tais aspectos serão desenvolvidos no último segmento desse trabalho.

tações materiais de dar podem ser exemplificados por intermédio do dever fundamental de pagar impostos, no qual o cidadão, mediante o dever fundamental, é obrigado a pagar ao Estado. De outra feita, os deveres fundamentais de caráter negativo estão consubstanciados em não fazer alguma coisa, são deveres de abstenção, como é o caso do dever de isenção político-partidária das forças armadas.

Contudo, alguns deveres fundamentais em virtude da complexidade de seus conteúdos não podem ser enquadrados, exclusivamente, em alguma das duas categorias acima referidas. Existem deveres fundamentais que são simultaneamente positivos e negativos e deveres fundamentais que são, concomitantemente, deveres de prestação de fazer e de prestação de dar. Para exemplificar essa afirmação, Nabais[379] dispõe que no primeiro caso estamos diante dos deveres de defesa e da promoção da saúde e no segundo caso encontram-se os deveres fundamentais de defesa da pátria.

O dever fundamental de proteção ao meio ambiente em virtude da complexidade múltipla de seu conteúdo integra a categoria mais elaborada dos deveres fundamentais. Essa complexidade está vinculada ao fato de que o dever de defesa do ambiente caracteriza-se como um dever de cunho positivo e negativo, uma vez que impõe ao homem um comportamento positivo, seja através de uma prestação de fato (fazer) ou de uma prestação de coisa (dar), e também se caracteriza como um dever de cunho negativo, cujo comportamento exigido é o de se abster de fazer algo em prol da defesa ambiental.

Essa particular característica do dever fundamental de defesa do ambiente exprime a idéia de uma dupla função, de prestação e de abstenção, tal como existe no direito fundamental de viver e conviver em um ambiente saudável. Nabais salienta que os deveres que se encaixam nessa especial categoria "têm um vector de defesa – que tem um conteúdo predominantemente negativo, e um vector – o vector de promoção – que assume um conteúdo nitidamente positivo",[380] caso específico do dever objeto desse estudo.

Do ponto de vista constitucional, pode ser feita uma distinção entre os deveres fundamentais imediatamente aplicáveis ou exigíveis e os deveres fundamentais apenas mediatamente aplicáveis, ou seja, que necessitam de lei para a sua perfectibilização. Nabais,[381] contudo,

---

[379] J. C. Nabais, Op. cit.

[380] Ibidem.

[381] J. C. Nabais, Op. Cit., p. 113.

alerta que, de acordo com o seu entendimento, os deveres fundamentais, mesmo que estejam determinados na Constituição, não são diretamente aplicáveis, exigindo para o seu emprego a intervenção do Poder Legislativo.

No entanto, tratando-se do dever fundamental de proteção ambiental, discordamos do referido autor, no quesito de sua mediata aplicabilidade. O dever de defesa do ambiente é singular quanto à importância de seu conteúdo e da urgência de sua exigibilidade, quando a Constituição regulou a existência de uma norma disciplinando o dever do Estado e da Coletividade em preservar o ambiente sadio e equilibrado, imbuindo a norma de princípios e valores jurídicos e éticos que determinam a sua aplicabilidade imediata para que se preserve a vida na Terra.

Trabalhando o quesito conteúdo, destacamos a distinção entre os deveres fundamentais não-autônomos e os deveres fundamentais autônomos. Os primeiros correspondem àqueles que possuem um conteúdo constitucional que integra a exclusão da liberdade negativa, ou, como ressalta Nabais,[382] o não-exercício dos direitos, que se encontram associados e que coincide com parte do conteúdo dos específicos direitos fundamentais a que estão associados, configurando-se como autênticos direitos-deveres, em que existe a predominância dos deveres. Nessa classificação encontra-se a grande maioria dos deveres fundamentais, e seu conteúdo possui uma relação de integração com os direitos fundamentais.

Por outro lado, os deveres autônomos têm um conteúdo constitucional completamente excluído de outros específicos direitos fundamentais. Encontramos como exemplo dessa categoria, conforme Nabais,[383] todos os deveres que são coligados a direitos fundamentais por terem sido constitucionalmente constituídos com o objetivo de enfraquecer ou limitar certos direitos fundamentais, podendo traduzir uma situação de exclusão ou de delimitação. Esses representam a minoria dos deveres fundamentais.

Ainda pensando os deveres fundamentais na Constituição, apresentamos o entendimento de Vieira de Andrade[384] ao afirmar que os deveres fundamentais autônomos são os impostos pela Constituição

---

[382] Idem, p. 113.

[383] Idem, p. 114.

[384] J. C. Vieira de Andrade, Op. Cit., p. 151.

independentemente de qualquer direito, trazendo como exemplos o dever de obediência aos atos legítimos dos poderes públicos, os deveres de defesa da pátria e o dever de pagar impostos, dentre outros. No concernente aos deveres fundamentais não-autônomos, os quais Vieira de Andrade[385] denomina deveres associados com direitos fundamentais, ressalta-se o reconhecimento de que esses deveres fundamentais podem alterar não só a estrutura, mas também o significado dos direitos fundamentais.

O que é certo é que encontramos no corpo da Constituição a previsão de deveres fundamentais que estão conectados a direitos fundamentais. O dever fundamental de defesa do ambiente, por sua vez, enquadra-se na classificação dos deveres fundamentais não-autônomos, pois estão intimamente relacionados com o direito fundamental de usufruir um ambiente sadio e equilibrado. É um dever fundamental associado a valores ou interesses comunitários, no caso em tela, relacionado à categoria dos direitos fundamentais de solidariedade.[386]

Miranda[387] inclui o dever fundamental de defesa do ambiente no âmbito dos deveres fundamentais conexos com direitos fundamentais, ou seja, não-autônomos. Dessa feita, podemos classificar o dever fundamental de defesa do ambiente como um dever eminentemente aderido a um direito, haja vista a impossibilidade de um existir sem outro. Nesse dever de defesa aqui abordado, não há espaço para limitações ou exclusões do respectivo direito fundamental, o que ocorre é exigência do cumprimento de um dever para que se possa usufruir em sua plenitude o direito fundamental a um ambiente sadio e equilibrado.

Outra forma de classificação dos deveres fundamentais, no que diz respeito ao seu conteúdo, apresenta-se na distinção existente entre os deveres de conteúdo cívico-político e os deveres de conteúdo socioeconômico-cultural. Os deveres fundamentais de conteúdo cívico-político estabelecem o comprometimento e a responsabilização das pessoas para a existência e o funcionamento do próprio Estado. Quanto aos deveres fundamentais de cunho socioeconômico-cultural, pode-se dizer que andam associados e exprimem sobretudo a responsabilização dos indivíduos na conservação e na promoção de uma dada sociedade. O dever fundamental de defesa do ambiente se encaixa nesse segundo

---

[385] J. C. Vieira de Andrade, Op. Cit., p. 152.

[386] Idem, p. 156.

[387] J. Miranda, Op. Cit., p. 161 e ss.

modelo como agente que exige a prestação de um dever para a manutenção ou fomento de uma determinada sociedade e, pensando na importância do ambiente para toda a humanidade, cremos ser esse dever imprescindível para a conservação, preservação e promoção de todo o gênero humano.

O dever fundamental de defesa do meio ambiente pode ser classificado como um dever fundamental de cunho positivo e negativo, uma vez que impõe ao indivíduo um comportamento dual de defesa, ora através de uma ação, ora através de uma abstenção, caracterizando uma dupla função desse dever fundamental de defesa ambiental. Pode ser classificado, ainda, como um dever fundamental diretamente aplicável, devido à relevância de seu conteúdo para a manutenção da vida; é um dever fundamental não-autônomo, uma vez que está associado a um direito fundamental; é um dever fundamental de caráter socioeconômico-cultural, em virtude de vincular o homem principalmente nas suas relações com a coletividade, exprimindo uma concepção jurídico-ética de atuação.

Os deveres fundamentais pertencem e integram a matéria dos direitos fundamentais, ora como deveres coligados a direitos, ora como deveres limitadores de direitos, mesmo que alguns deles não estejam disciplinados no capítulo destinado aos direitos e deveres fundamentais, na Constituição. Essa idéia de integração dos deveres fundamentais com o tema dos direitos fundamentais em nada é prejudicada em virtude de alguns deveres fundamentais encontrarem-se esparsos no texto constitucional, sejam nas partes relativas à organização política do Estado, sejam na parte dedicada à organização econômica, no bem dizer de Nabais,[388] ainda traduzem a correta compreensão das relações entre direitos e deveres em um Estado Democrático de Direito, uma vez que estão a serviço da realização da dignidade da pessoa humana como membro da comunidade estatal.

Assim, das intensas relações entre os direitos e os deveres fundamentais, vai a idéia de que não há direitos sem deveres nem deveres sem direitos. Essa assertiva se consolida na imagem de Nabais ao pronunciar que "(...) não há direitos sem deveres, porque não há garantia jurídica ou fáctica dos direitos fundamentais sem o cumprimento dos deveres do homem e do cidadão indispensáveis à existência e funcionamento da comunidade estadual, sem a qual os direitos funda-

---

[388] J. C. Nabais, Op. Cit., p. 119.

mentais não podem ser assegurados nem exercidos. E não há deveres sem direitos, porque é de todo inconcebível um Estado de Direito Democrático assente num regime unilateral de deveres, já que contra ele se levantariam as mais elementares exigências de justiça e de respeito pelos direitos humanos (...)".[389]

Os direitos e os deveres fundamentais encontram-se, dessa forma, em uma relação de conexão funcional, que, de um lado, impede o exclusivismo dos direitos fundamentais e, de outro lado, não constitui obstáculo à garantia da primazia dos direitos fundamentais ou da liberdade em face dos deveres, uma vez que esses ainda servem, mesmo que indiretamente, ao objetivo constitucional da liberdade, acorde ao pensamento de Nabais.[390]

O dever fundamental de defesa do ambiente é um dever conexo ao direito fundamental de desfrutar um ambiente saudável, sem representar uma restrição ou uma limitação, em virtude de ser dever não-autônomo. Representa um dever que não pode existir sem um direito, haja vista não se poder ter o direito de usufruir ambiente equilibrado se não tivermos a obrigação jurídico-ética de colaborar para a sua preservação. É um dever perante a coletividade para a manutenção da vida com qualidade. Frisamos, para tanto, a necessidade de uma interpretação sistemática para outorgar aos direitos e deveres fundamentais ligados à proteção do meio ambiente, juntamente com as diversas normas constitucionais incidentes (e, eventualmente, conflitantes) na adequada eficácia e efetividade.

5.4. Direito e dever fundamental à proteção ambiental na perspectiva de sua titularidade ativa e passiva

O Direito à Proteção Ambiental, por tratar-se de direito que visa a proteger a coletividade, por meio da proteção de interesses difusos, enquadra-se na terceira dimensão dos direitos fundamentais[391] que, no

---

[389] J. C. Nabais, Op. Cit., p. 119.

[390] Idem, p. 121.

[391] O direito à defesa do meio ambiente é um direito fundamental de terceira dimensão mesmo encontrando-se fora do catálogo constitucional dos direitos fundamentais, como já foi abordado nos capítulos anteriores.

entendimento de Sarlet,[392] também podem ser denominados como "direitos de solidariedade e fraternidade".[393]

A partir do momento que entendemos o direito à proteção ambiental como um dos direitos fundamentais do homem, garantido pela nossa Constituição, necessitamos lançar um olhar atento sobre a função e a titularidade desse direito como um direito fundamental.

A principal característica dos direitos fundamentais do homem, que estão compreendidos na terceira dimensão, consubstancia-se no fato de se desprenderem, em um primeiro momento, da figura do "homem-indivíduo" como titular do direito e tomarem como destinação a proteção de "grupos humanos", assinalando-os como direitos de titularidade difusa e/ou coletiva, também podendo ser designada como uma dimensão transdividual, contemplando direitos difusos e coletivos.[394]

Os valores ético-jurídicos da defesa do ambiente não esgotam todos os princípios e valores do ordenamento jurídico, devendo-se conciliar os direitos fundamentais em matéria do ambiente com as demais posições jurídicas subjetivas constitucionalmente fundadas, quer se trate de direitos fundamentais de primeira dimensão, como a liberdade e a propriedade, quer se trate de direitos fundamentais de segunda dimensão, como direitos econômicos e sociais.[395]

Nesse ponto, sentimos a necessidade de esclarecer o que são interesses difusos, pois são eles o objeto primordial de proteção do Direito Ambiental.[396] Conceitua-se o interesse difuso como sendo "o

---

[392] I. W. Sarlet, Op. Cit., p. 50.

[393] Ver capítulo 3, acerca das dimensões dos direitos fundamentais.

[394] Cf. J. L. Bolzan de Morais, *Dos Direitos Sociais aos Interesses Individuais*, p. 124 e ss, podemos afirmar que a categoria dos interesses transindividuais permite uma aproximação qualificada às questões transpessoais. O autor esclarece, ainda, que "o prefixo trans permite, assim, que possamos apreender a idéia de que os interesses ora debatidos, apesar de comum(nitários), tocam imediata e individualmente – embora esse termo individual não tenha o mesmo conteúdo excludente de quando está empregado como direito individual, como salientado há pouco – cada componente dessa coletividade (...). parece-nos que essa passagem do singular para o coletivo não se faz aniquilando o indivíduo mas, inserindo-o numa dimensão comunitária." Ainda segundo Bolzan de Morais, dentro do gênero dos interesses transindividuais aparecem, em primeiro lugar, os interesses coletivos e, em seguida, os interesses difusos.

[395] I. W. Sarlet, Idem, p. 51. Nesse sentido, afirma Sarlet, que "Compreende-se, portanto, por que os direitos da terceira dimensão são denominados usualmente como direitos de solidariedade ou fraternidade, de modo especial em face de sua implicação universal ou, no mínimo, transindividual, e por exigirem esforços e responsabilidades em escala até mesmo mundial para sua efetivação."

[396] No capítulo destinado aos Direitos Fundamentais trataremos, especificamente, da titularidade do direito fundamental à proteção ambiental.

interesse juridicamente reconhecido, de uma pluralidade indeterminada ou indeterminável de sujeitos que, potencialmente, pode incluir todos os participantes da comunidade geral de referência, o ordenamento geral cuja normativa protege tal tipo de interesse".[397]

Aquilo a que se dá o nome de interesses difusos é uma manifestação da existência das necessidades coletivas com reflexos individuais, ou seja, traduz um dos entrosamentos específicos de Estado e Sociedade e implica formas complexas de relacionamento entre as pessoas e os grupos no âmbito da sociedade civil.[398]

Em suma, interesses juridicamente difusos são definidos como necessidades comuns a conjuntos indeterminados de indivíduos e que essas necessidades somente podem ser satisfeitas em uma perspectiva comunitária. Em decorrência disso, estabelece-se a denominação pluriindividual, uma vez que não são nem interesses meramente coletivos, nem puros interesses individuais, apesar de que possa se projetar de modo específico, direta ou indiretamente, nas esferas jurídicas de ambas as pessoas. O meio ambiente caracteriza-se por interesse difuso, pois se trata de interesses dispersos por toda a comunidade e apenas ela, enquanto tal, pode prosseguir, independentemente de determinação de sujeitos.

O direito a que nos remetemos é um direito difuso, um direito transindividual, muito difícil de delimitar.[399] Essa dificuldade se expressa quando observamos que, ao contrário dos direitos fundamentais de primeira dimensão, que visam a garantir, defender o indivíduo perante o poder do Estado, esse articula outros atores sociais, em uma escala transindividual ou, melhor, socioindividual. E, da mesma forma, supera os direitos sociais, pois, ao contrário também desses mesmos direitos, ou seja, dos direitos fundamentais de segunda dimensão, que consistem basicamente em direitos a prestações que o Estado deve ao indivíduo. O direito difuso a um ambiente saudável garantidor de uma boa qualidade de vida ao ser humano consiste em direito-dever, uma

---

[397] L. F. Colaço Antunes, *A Tutela dos Interesses Difusos em Direito Administrativo*, apud T. Mukai, op. cit., p. 6.

[398] J. Miranda, *Manual de Direito Constitucional*, tomo IV, p. 65.

[399] J. A. de Oliveira Jr. ao prefaciar a obra de J. L. Bolzan de Morais, *Do Direito Social aos Interesses Transindividuais*, dispõe que "(...) dos direitos individuais passou-se a considerar também os direitos sociais, isto é, do indivíduo enquanto membro de um grupo (...). Por outro lado, a titularidade de alguns direitos foi estendida dos sujeitos individuais aos grupos, como minorias étnicas, religiosas, a humanidade (...)" e é nesse novo titular de direito que se enquadra o caso do meio ambiente.

vez que o indivíduo é, ao mesmo tempo, titular de um direito a um ambiente ecologicamente equilibrado (desempenhando o papel de um sujeito passivo) e titular de um dever de defender e preservar esse mesmo ambiente (representando um sujeito ativo de direito/dever).

Pereira da Silva[400] frisa que a via mais adequada para a perfectibilização da proteção da natureza é aquela que decorre da lógica da proteção jurídica individual. Deve partir-se, portanto, dos direitos fundamentais considerando que "as normas reguladoras do ambiente se destinam também à proteção dos interesses particulares, que dessa forma são titulares de direitos subjetivos públicos". Tocqueville[401] afirma que a subjetivação da defesa do ambiente, criadora de uma "espécie de egoísmo" faz com que cada um se interesse "pelos assuntos do Estado" como se fossem seus, fato possibilitador da associação de distintos sujeitos privados e públicos na realização do Estado de Direito do Ambiente.

O meio ambiente é um bem jurídico que representa e reforça a idéia de um novo valor que se reveste de maior importância para a comunidade jurídico-politicamente organizada, valor esse que deve ser compreendido na sua dimensão pública ou coletiva. Canotilho[402] ressalta, analisando o meio ambiente, ser importante mostrar que essa sua natureza não prejudica, ao contrário, reforça a circunstância de o ambiente dever ser assumido como um direito subjetivo de todo e qualquer cidadão individual ou coletivamente considerado. O referido autor ainda deixa claro que o meio ambiente, apesar de ser um bem social unitário, é dotado de uma indiscutível dimensão pessoal.[403]

Falamos junto a Fidalgo[404] de um direito subjetivo do meio ambiente como forma de garantir a continuidade da vida e da integridade

---

[400] V. Pereira da Silva, *Verdes são também os Direitos do Homem*, p. 16.

[401] A. de Tocqueville, *A Democracia na América*, p. 75 *apud* V. Pereira da Silva, Op. Cit., p. 17.

[402] J. J. Gomes Canotilho, *Introdução ao Direito do Ambiente*, p. 26.

[403] Cf. I. W. Sarlet, *Dignidade da Pessoa Humana e Direitos Fundamentais na Constituição Federal de 1988*, p. 95. Nessa perspectiva, apropriamo-nos da fala de Sarlet a respeito do princípio da dignidade da pessoa humana, para afirmarmos que todos os homens, sem exceção, e não só o cidadão brasileiro, são titulares do direito fundamental de proteção do meio ambiente. Fundamentamos essa assertiva no que diz que "(...) a titularidade dos direitos fundamentais, reclama, todavia, uma exegese de cunho extensivo, justamente em homenagem ao princípio da dignidade da pessoa humana, no sentido de que pelo menos os direitos e garantias fundamentais diretamente fundados na dignidade da pessoa humana podem e devem ser reconhecidos a todos, independentemente de sua nacionalidade (...)".

[404] G. de la H. Fidalgo, *Tutela do meio ambiente, especialmente em matéria de costas*, p. 43 e ss.

física de todas e de cada uma das pessoas. Sem deixar de defender e preservar os interesses do indivíduo, o direito fundamental à proteção ambiental está atrelado à eficácia na conservação do bem comum. Por essas aspirações coletivas, que se constituem, sem dúvida, em matéria de relevo e importância, utiliza-se a expressão "interesses difusos", referindo-se a situações compartilhadas pela coletividade.[405]

A consideração do ambiente como um direito subjetivo de cada pessoa e de todas lhe confere uma feição específica de reconhecido direito fundamental, ocupando lugar de destaque em nossa Constituição. Conclui Canotilho[406] que o ambiente deve ser encarado sob o ponto de vista de sua relevância jurídica, não só sob a sua faceta personalíssima, mas também por meio de sua relevância sistêmico-social.[407] De acordo com o entendimento de Pereira da Silva,[408] é valendo-se dos direitos fundamentais que se pode integrar a preservação do ambiente no âmbito da proteção jurídica subjetiva. As agressões ilegais, provenientes tanto de entidades públicas como privadas, só poderão ser defendidas mediante a consagração do direito fundamental ao ambiente, tal qual é expresso em nossa Carta Constitucional.

---

[405] Em jurisprudência de nosso Supremo Tribunal Federal, o Ministro Celso de Mello dispõe o que segue relativo à titularidade do direito fundamental de proteção do meio ambiente "(. . .) A questão do direito ao meio ambiente ecologicamente equilibrado – direito de terceira geração – princípio da solidariedade. O direito da integridade do meio ambiente – típico direito de terceira geração – constitui prerrogativa jurídica de titularidade coletiva, refletindo, dentro do processo de afirmação dos direitos humanos, a expressão significativa de um poder atribuído, não ao indivíduo identificado em sua singularidade, mas , num sentido verdadeiramente mais abrangente, a própria coletividade social. (MS-22164/SP, DJ 17/11/1995)". É, ainda, parte do acórdão a defesa do Ministro em relação ao que denominamos como direito de terceira dimensão ao afirmar que "Enquanto os direitos de primeira geração (direitos civis e políticos) – que compreendem as liberdades clássicas, negativas ou formais – realçam o princípio da liberdade e os direitos de segunda geração (direitos econômicos, sociais e culturais) – que se identifica com as liberdades positivas, reais ou concretas – acentuam o princípio da igualdade, os direitos de terceira geração, que materializam poderes de titularidade coletiva atribuídos genericamente a todas as formações sociais, consagram o princípio da solidariedade e constituem um momento importante no processo de desenvolvimento, expansão e reconhecimento dos direitos humanos, caracterizados, enquanto valores fundamentais indisponíveis, pela nota de uma essencial enexauribilidade". Trecho retirado do Acórdão do Julgamento do Tribunal Pleno do Supremo Tribunal Federal brasileiro do MS-22164 / SP em 30/10/1995.

[406] J. J. Gomes Canotilho, idem, p. 28.

[407] É o reconhecimento da existência de um direito subjetivo ao ambiente sem esquecer o seu caráter de bem jurídico unitário de toda a comunidade: por outras palavras, a titularidade individual de um direito subjetivo ao ambiente não traz consigo a subversão do ambiente como bem jurídico coletivo, ou seja, não perde a sua titularidade difusa, conforme o entendimento de J. J. Gomes Canotilho, Op. Cit., p. 29.

[408] V. Pereira da Silva, Op. Cit., p. 135.

Ao analisar a estrutura dos deveres fundamentais, a primeira idéia que devemos trabalhar, após a reflexão sobre do conceito, é a que diz respeito à sua titularidade. Em decorrência da compreensão de seu conceito, podemos afirmar, conforme entendimento de Nabais,[409] que todos os deveres fundamentais são, em certo sentido, deveres para a comunidade e estão diretamente a serviço da realização dos valores assumidos pela coletividade organizada em Estado, como valores seus, o que significa que os deveres fundamentais são expressão da estadualidade ao seu mais alto nível.[410]

A partir dessas primeiras afirmações, iniciamos uma reflexão concernente à titularidade dos deveres fundamentais e, especialmente, uma reflexão a respeito da titularidade do dever fundamental de proteção ambiental. Dessas reflexões restarão algumas questões que, obrigatoriamente, deverão ser respondidas, dentre elas: se o dever fundamental decorre da existência de um Estado Democrático de Direito, somente o Estado e o cidadão serão, dessa forma, titulares dos deveres fundamentais? Assim, com base em questionamentos como esse, avançaremos em nosso estudo.

No nosso entender, a titularidade ativa dos deveres fundamentais das relações intersubjetivas nas quais eles se consubstanciam vai muito mais além do que a "expressão da estadualidade". Partimos do entendimento de que não são deveres para com o Estado, mas sim para com a sociedade em geral, são deveres para a comunidade nacional e, em alguns casos, para a comunidade internacional.[411] Em decorrência de sua titularidade e função, podemos destacar três situações decorrentes dos deveres fundamentais: os deveres fundamentais clássicos, os de conteúdo econômico, social ou cultural e os deveres fundamentais cujo titular ativo são determinadas categorias ou grupos de pessoas enquanto titulares de direitos fundamentais.

Nabais[412] inicia as distinções salientando, primeiramente, os deveres fundamentais clássicos como sendo aqueles que constituem os

---

[409] J. C. Nabais, Op. Cit., p. 101.

[410] Aqui estamos nos referindo aos titulares/destinatários do direito/dever fundamental de defesa do meio ambiente (titularidade difusa, coletiva e individual), tendo como titulares o Estado e a comunidade (particulares), produzindo entre os particulares eficácia direta.

[411] Quando afirmamos que alguns deveres fundamentais correspondem a deveres para com a comunidade internacional, em alguns aspectos, queremos dizer que em alguns deveres fundamentais, dentre eles o dever fundamental de proteção ambiental, a sua titularidade extrapola um entendimento nacional, estamos diante de uma responsabilidade para com toda a humanidade.

[412] J. C. Nabais, Op. Cit., p. 102.

verdadeiros pressupostos da existência e do funcionamento da comunidade organizada politicamente em um Estado Democrático de Direito. Os deveres fundamentais clássicos são aqueles eminentemente associados ao funcionamento econômico e ao funcionamento democrático da comunidade, ou seja, são deveres fundamentais que possuem como titular ativo a comunidade, uma vez que são deveres que devem ser cumpridos para com o Estado. Constituem representantes dessa categoria de deveres fundamentais os deveres de defesa da pátria.[413]

O segundo grupo de deveres fundamentais encontra-se naqueles cujo titular ativo são determinadas categorias ou grupos de pessoas titulares de direitos fundamentais. Nabais entende ser esse o caso do dever dos pais de manutenção e educação dos filhos, "um dever para com os filhos que assume uma complexa configuração dado ser simultaneamente um direito-dever de liberdade dos pais e um desses correlativo do direito dos filhos a serem mantidos e educados de modo a desenvolverem livremente a sua personalidade".[414] Os deveres fundamentais desse segundo grupo exprimem uma exigência comunitária autônoma, uma necessidade social, que o Estado impõe para compensar a debilidade da realização daqueles direitos em razão da fragilidade de seus titulares.

Vieira de Andrade[415] sabiamente destaca que esse conjunto de deveres fundamentais possui uma natureza peculiar, tendo que ser configurados como direitos-deveres ou poderes-deveres com dupla natureza. O referido autor esclarece a definição, dispondo que esses deveres fundamentais são casos nítidos de deveres reversos dos direitos correspondentes. Lamprecht[416] menciona uma característica de ex-

---

[413] J. C. Nabais, Op. Cit., p. 102, define como deveres de defesa da pátria o "dever de defesa da pátria, o dever de serviço militar e os deveres sucedâneos desse, com o dever de pagar impostos e com os deveres políticos, em que se incluem o dever de voto, o dever de recenseamento eleitoral e o dever de colaboração com a administração eleitoral".

[414] Idem, p. 103-104. O autor ressalta, ainda, que partindo dessa idéia de que o direito dos filhos apenas vale em face do Estado, e não relativamente aos pais, baseia o referido dever de manutenção e educação dos filhos, assim como aqueles que se aproximem em seu conteúdo, por exemplo, o dever de prestar auxílio ao próximo em situações de necessidade, na intangibilidade ou inviolabilidade da dignidade da pessoa humana, afirmando que "o preceito esse que seria o fundamento dos deveres fundamentais para com os outros homens individualmente considerados".

[415] J. C. Vieira de Andrade, Op. Cit., p. 158.

[416] R. Lamprecht, *Menschenwürde des Kindes*, p. 887 apud J. C. Nabais, Op. Cit., p. 104. Conforme o autor, "(...) parece-nos que é um dever correlativo do direito fundamental à intangibilidade da dignidade da pessoa humana, direito esse que o art. 1º, I, (1), da Lei Fundamental consagraria como *um direito mínimo para valer no caso de outros se mostrarem inoperantes* (grifo nosso)".

trema importância no papel exercido pelos deveres fundamentais e um dos sustentáculos desse estudo, qual seja, as situações de prestar auxílio ao próximo em situação de necessidade, a de se considerar um dever fundamental e não apenas um dever meramente legal.

E, finalmente, o terceiro grupo de deveres fundamentais são os deveres fundamentais que se apresentam como deveres para com o próprio destinatário, são aqueles de conteúdo econômico, social ou cultural. Conforme o entendimento de Nabais,[417] tais como os deveres fundamentais cívico-políticos são oriundos do Estado Democrático de Direito, esses deveres fundamentais são, basicamente, fruto do Estado Social e se destinam a tutelar determinados valores sociais que, pela sua importância para a coletividade, a Constituição entendeu privilegiar. O terceiro grupo de deveres fundamentais não tem por titular ativo o Estado, e sim a coletividade. Nabais afirma que, "(...) deveres como o dever de trabalhar, o dever de cultivar a terra, o dever de defender e promover a saúde, *o dever de defender o ambiente*, o dever de escolaridade obrigatória, *o dever de preservar, defender e valorizar o patrimônio cultural*, são deveres cujo cumprimento tem sobretudo a ver com a existência de uma 'dada' sociedade e não com a existência do próprio Estado" (grifo nosso).

Os deveres fundamentais como os deveres relativos à saúde, ao ambiente e ao patrimônio cultural podem ser considerados deveres ecológicos.[418] Esses deveres extravasam sob o ponto de vista da titularidade uma órbita nacional; as conseqüências de seu não-cumprimento atingem fronteiras bem mais distantes, refletindo na comunidade internacional. Estamos diante, portanto, de deveres para com toda a humanidade.

Diferentemente dos direitos fundamentais de primeira e de segunda dimensões, o direito difuso (de terceira dimensão) a um ambiente ecologicamente equilibrado e saudável possui características bastante singulares.

De acordo com o entendimento de Ferrajoli,[419] "(...) a diferencia de los derechos de libertad, que son 'derechos de' (o 'facultades' de comportamiento propios) a los que corresponden 'prohibiciones' (o deberes públicos de no hacer), estos derechos, que podemos llamar

---

[417] J. C. Nabais, Op. Cit., p. 103.

[418] Ibidem.

[419] L. Ferrajoli, Derecho y razón, p. 861 *apud* R. Borges, Op. Cit., p. 19.

'sociales' o también 'materiales', son derechos a (o 'expectativas de comportamientos ajenos') a los que deberían corresponder 'obligaciones'(o deberes públicos de hacer".

Borges[420] sustenta que o direito ao meio ambiente é um direito *erga omnes* em duas direções; primeiro, porque todos têm direito a um ambiente ecologicamente equilibrado, dispondo que não existe um *status* que atribua a titularidade a esse direito;[421] e, segundo, porque as obrigações a que se referem são de toda a sociedade.

Já podemos concluir que o titular ativo do dever fundamental de proteger o meio ambiente, mais do que o Estado ou mesmo nem sequer o Estado, é a coletividade. Esse dever fundamental de preservar o ambiente é assumido como um valor jurídico-constitucional e como um suporte para a imposição de um padrão de comportamento aos indivíduos.

Nabais[422] ressalta que todos os deveres fundamentais estão a serviço de valores comunitários, de valores que são assumidos pela coletividade como valores seus, constituindo deveres para com toda a comunidade e, nessa medida, afirma ser o Estado o titular ativo número um de todos os deveres fundamentais. O autor refere, ainda, "que nesse sentido, todos os deveres fundamentais são deveres do cidadão, não havendo assim lugar para deveres do homem".

Com base na afirmação supracitada, cabe um minuto de reflexão acerca dos deveres do homem e do cidadão no concernente ao dever fundamental de proteção ambiental. De acordo com nossas manifestações anteriores, estamos diante de um dever fundamental que possui como titular muito mais do que somente o Estado, temos como titular a coletividade. Caracteriza-se como um dever que afeta mais do que uma comunidade nacional, afeta toda comunidade humana, ou seja, toda a humanidade.

Partindo da premissa de que o descuido com o meio ambiente levará, indubitavelmente, à extinção da vida na Terra, não seria temerário outorgar somente aos cidadãos, sob o ponto de vista jurídico, o dever de preservar? Não somos todos responsáveis pela manutenção

---

[420] R. Borges, Op. Cit., p. 20.

[421] Posição essa de que não compartilhamos, haja vista que entendemos ser a titularidade dos direitos fundamentais de terceira dimensão, especificamente, no que concerne ao direito à preservação ambiental, direitos de titularidade difusa, como já foi explorado anteriormente.

[422] J. C. Nabais, Op. Cit., p. 105.

do planeta, não importando a idade ou capacidade das pessoas? Quando tratarmos de ética ambiental, abordaremos a questão com maior propriedade; contudo, deixamos claro, desde já, que afastamos de pronto a concepção que entende imputar os deveres fundamentais exclusivamente aos cidadãos.

Nabais[423] alerta que a titularidade ativa dos deveres fundamentais não esgota toda a posição jurídica dos respectivos titulares, no caso do Estado e outros entes públicos. Esses titulares, além da posição ativa, no sentido de contrapartida da imposição de deveres, possuem, via de regra, uma posição passiva. A posição passiva, também denominada de obrigação expressa, consubstancia-se na organização e no funcionamento de serviços administrativos especializados, quer na realização de tarefas estaduais, quer no cumprimento de imposições constitucionais.

Seguindo a mesma linha de argumentação, Miranda afirma que a imposição de deveres não tem como única contrapartida uma situação ativa ou de vantagem por parte do Estado ou de outra entidade pública, tem ou pode ter uma face passiva ou de obrigação. O referido autor salienta, ainda, que "Mesmo deveres de estrutura constitucional tão *sui generis* como o dever de trabalhar e o *de defesa do ambiente compaginam-se com a obrigação, inerente às normas programáticas com que se relacionam*, de o Estado assegurar condições, de vária ordem, para o seu cabal cumprimento".[424]

Entendemos, alicerçados na teoria de Nabais, que os deveres fundamentais devem respeitar o princípio da universalidade, significando que todos os cidadãos estão sujeitos aos deveres fundamentais, salientando que "Esse princípio contende mesmo com o conceito material de deveres fundamentais, os quais ou são expressão de posições jurídicas universais, excluindo portanto toda e qualquer discriminação racionalmente não fundada na sua imposição, ou não são (verdadeiros) deveres fundamentais. Pois, traduzindo-se na participação dos membros da comunidade no suporte dessa mesma comunidade (...), *os deveres fundamentais outra coisa não são, ao fim e ao cabo, senão direitos a uma repartição universal ou geral dos encargos comunitários*, dos encargos que a existência e funcionamento da comunidade estadual implicam".[425]

---

[423] J. C. Nabais, Op. Cit., p. 105.

[424] J. Miranda, *Manual de Direito Constitucional*, tomo IV, p. 165.

[425] J. C. Nabais, Op. Cit., p. 139.

Assim, ao analisar a titularidade do dever fundamental de proteção ao meio ambiente, é de se reter na afirmação medular desse item, qual seja, a determinação de que a coletividade e o Estado, como Poder Público, são titulares ativos e passivos desse dever fundamental. E, quando nos referimos à coletividade, estamos incluindo todos os indivíduos de nossa sociedade, independentemente de sua capacidade política ou enquadramento político. A luta pela preservação do ambiente saudável e equilibrado entre homem e natureza, consubstanciado nesse dever fundamental, possui como titular a humanidade.

5.5. Eficácia e efetividade das normas de proteção do meio ambiente

As concepções doutrinárias[426] que envolvem os conceitos de eficácia e efetividade das normas constituem um campo fértil de investigação jurídica, considerando-se a complexidade do tema e as incertezas conceituais[427] que envolvem os termos. Enfocamos a questão da eficácia e da efetividade das normas constitucionais essencialmente no concernente à norma constitucional que prevê a proteção do meio ambiente, elencadas no artigo 225 da Constituição Federal de 88. Os conceitos de eficácia e efetividade formam um fenômeno conexo, porém diferenciado na abordagem dos objetivos e dos efeitos potencialmente produzidos pela norma constitucional.

A efetividade, conforme o entendimento de Silva,[428] significa saber se a norma produz "efetivamente" os efeitos dela esperados, representa a eficácia social. Quando se emprega no mundo dos fatos os objetivos jurídicos potencialmente incutidos na norma pelo legislador, diz-se que foi alcançada a efetividade. É a aplicação da norma ao caso concreto. A norma será considerada efetiva no momento em que a produção dos efeitos jurídicos esperados forem efetivamente cumpridos no plano social. A eficácia social significa a real efetivação da norma e, segundo Silva,[429] indica que a norma está efetivamente regendo a realidade social nela descrita.

---

[426] Dentre outros, I. W. Sarlet, Op. Cit., e J. A. da Silva, *Aplicabilidade das Normas Constitucionais*.

[427] J. A. da Silva, *Aplicabilidade das Normas Constitucionais*, p. 63.

[428] Idem, p. 13.

[429] Ibidem.

De acordo com Barroso,[430] a efetividade também pode ser entendida como sendo, "o desempenho concreto de sua função social. Ela representa a materialização, no mundo dos fatos, dos preceitos legais e simboliza a aproximação, tão íntima quanto possível, entre o dever-ser normativo e o ser da realidade social".

Já a eficácia da norma, ou eficácia jurídica, refere-se à sua potencialidade no cumprimento e aplicação dos objetivos delineados pelo legislador.[431] Uma norma só é aplicável na medida em que é eficaz, por conseguinte a eficácia e a aplicabilidade[432] das normas constitucionais representam diferentes faces do mesmo fenômeno: a primeira como potencialidade e a segunda como realizabilidade. O conceito de Meirelles Teixeira[433] demonstra com exatidão a idéia inserida no termo. Ao enfocar a eficácia jurídica, deve-se avaliar o plano abstrato da norma, uma vez que sua razão de ser "consiste justamente na possibilidade de aplicação da norma aos casos concretos, com a conseqüente geração dos efeitos jurídicos que lhe são inerentes".[434]

O instituto da eficácia na ciência jurídica consubstancia-se em dois sentidos. De um lado, observamos a existência da eficácia social da norma, quando essa designa uma efetiva conduta em concordância com a prevista na norma, referindo-se ao fato de que essa é realmente obedecida e aplicada. Conforme Kelsen,[435] refere-se ao "fato real de que ela é efetivamente aplicada e seguida da circunstância de uma conduta humana conforme à norma se verificar na ordem dos fatos". Em resumo, trata-se da efetividade da norma. De outra feita, a eficácia jurídica representa apenas a possibilidade de que isso possa acontecer. Eficácia é, portanto, o fato de que a norma é efetivamente aplicada e seguida; é, de acordo com Silva,[436] "a circunstância de que uma conduta humana conforme à norma se verifica na ordem dos fatos".

---

[430] L. R. Barroso, *O direito Constitucional e a efetividade de suas normas*, p. 83.

[431] Admitindo que também aqui se parte da referida distinção entre texto e norma e que em um texto pode haver mais de uma norma com eficácias diversas.

[432] O referido jurista brasileiro José Afonso da Silva entende por aplicabilidade a qualidade do que é aplicável, dispondo que no sentido jurídico diz-se da norma que tem capacidade de produzir efeitos jurídicos.

[433] J. H. Meirelles Teixeira. *Curso de Direito Constitucional*, p. 317 apud J. A. Silva, Op. Cit., p. 66. Conforme o autor, "eficácia jurídica da norma designa a qualidade de produzir, em maior ou menor grau, efeitos jurídicos, ao regular, desde logo, as situações, relações e comportamentos de que cogita".

[434] I. W. Sarlet, Op. Cit., p. 210.

[435] H. Kelsen, *A Teoria Pura do Direito*, p. 21.

[436] J. A. da Silva, Op. Cit., p. 64.

As normas jurídicas e, principalmente, as normas jurídicas constitucionais, são criadas para reger as condutas humanas, para ordenar as relações sociais, e as normas só podem alcançar seu objetivo se forem aplicadas. No entendimento de Maximiliano, a aplicabilidade consiste na atuação concreta da norma no de "(...) enquadrar um caso concreto à norma jurídica adequada. Submete às prescrições da lei uma relação da vida real; procura e indica o dispositivo adaptável a um fato determinado. Por outras palavras: tem por objeto descobrir o modo e os meios de amparar juridicamente um interesse humano".[437]

Partimos da premissa basilar de que não existe norma constitucional destituída de eficácia. Todas as normas constitucionais produzem efeitos jurídicos, uma vez que toda a Constituição nasce para ser aplicada e regular a vida estatal e em sociedade. Dessa forma, todas as normas constitucionais são dotadas de eficácia jurídica e imediatamente aplicáveis nos limites dessa eficácia.

Apesar de ser virtualmente pacífico o entendimento de que não há na Constituição normas destituídas de eficácia, o que se pode admitir é que, no concernente a ela, certas normas constitucionais não manifestam a plenitude dos efeitos jurídicos pretendidos pelo constituinte. De acordo com Canotilho, a garantia da força normativa da Constituição não é tarefa fácil, mas para assegurar o direito elabora a seguinte digressão: "se a Constituição vale como lei, então as regras e princípios constitucionais devem obter normatividade regulando jurídica e efetivamente as relações da vida, dirigindo as condutas e dando segurança e expectativas de comportamentos".[438]

Silva[439] divide em três grupos as normas constitucionais quanto à eficácia: a) normas constitucionais de eficácia plena; b) normas constitucionais de eficácia contida; e, c) normas constitucionais de eficácia limitada. Sendo que essa última categoria ainda pode ser dividida, de acordo como o referido autor, em normas de legislação e normas programáticas.[440]

Às normas constitucionais de eficácia plena estão incluídas todas as normas que desde a entrada em vigor da Constituição produzem

---

[437] C. Maximiliano, *Hermenêutica e aplicação do Direito*, p. 19.

[438] J. J. Gomes Canotilho, Op. Cit., p. 1050.

[439] J. A. Silva, Op. Cit., p. 82.

[440] Adotamos aqui a classificação de J. A. da Silva, mesmo havendo outras na esteira expressiva da doutrina e da jurisprudência, como é o caso da classificação de Meireles Teixeira.

todos os seus efeitos jurídicos essenciais ou, pelo menos, têm capacidade para produzi-los, alcançando todos os objetivos visados pelo legislador constituinte. Isso se dá porque o legislador criou para essas normas uma força normativa suficiente, incidindo direta e indiretamente sobre a matéria que lhes constitui objeto.

Quanto às normas de eficácia contida, podemos conceituá-las como sendo aquelas que incidem, ao lado das normas de eficácia plena, imediatamente e produzem, ou estão aptas a produzir todos os efeitos desejados, mas prevêem meios ou conceitos que permitem manter sua eficácia contida em certos limites, conforme o entendimento de Silva.[441]

Já as normas de eficácia limitada são, ainda de acordo com o referido autor, todas aquelas que não produzem, com a simples entrada em vigor, todos os seus efeitos essenciais, haja vista o legislador constituinte não ter estabelecido uma normatividade bastante para a aplicabilidade, deixando uma tarefa ao legislador ordinário ou a outro órgão do Estado.

Dessa forma, podemos dizer que as normas de eficácia plena têm aplicabilidade direta e imediata sobre os interesses objeto de sua regulamentação jurídica, as normas de eficácia limitada possuem aplicabilidade indireta e mediata, porque incidem totalmente sobre esses interesses após uma normatividade ulterior que lhes devolva a eficácia. As normas de eficácia contida se assemelham às de eficácia plena por também possuírem aplicabilidade direta e imediata, contudo essa aplicabilidade não é integral porque, segundo Silva,[442] estão sujeitas a restrições previstas ou dependentes de regulamentação que limite sua eficácia e aplicabilidade.

Ao tratarmos do tema relativo à efetividade e à eficácia das normas constitucionais ambientais, conferindo maior atenção ao artigo 225 da Carta Constitucional, devemos necessariamente abordar como essas normas são juridicamente classificadas e que espécies de eficácia e efetividade podem gerar.[443]

Sob o ponto de vista jurídico-constitucional da teoria clássica, a conformação jurídica dos direitos sociais, econômicos e culturais, den-

---

[441] J. A. Silva, Op. Cit., p. 82.

[442] Idem, p. 83.

[443] Podemos, por exemplo, classificar as normas de proteção do meio ambiente como normas impositivas de tarefas, fins e programas e também como normas de eficácia plena, assunto que será tratado no próximo segmento.

tre eles o direito do meio ambiente equilibrado, podem apresentar uma dimensão programática. Essas normas condensam os princípios definidores dos fins do Estado e a relevância delas, de acordo com a concepção exibida por Canotilho,[444] são essencialmente políticas, pois servem apenas para pressão política sobre os órgãos competentes, disciplinando programas/tarefas permanentes do Estado para com a sociedade.

Contudo, em virtude da força normativa da Constituição, representada por regras e princípios constitucionais como reguladores jurídicos e efetivos das relações vividas, Canotilho manifesta ruptura com a doutrina clássica e fala da morte das normas programáticas como essa doutrina a entendia. O jurista afirma existir, na doutrina constitucional moderna, normas-fim, normas-tarefa e normas-programa que impõem uma atividade e dirigem materialmente a concretização constitucional.

O sentido das normas programáticas não é mais o assinalado pela doutrina tradicional. Como já afirmamos, hoje é reconhecida como um valor jurídico idêntico ao dos restantes preceitos da Constituição, ou seja, são normas possuidoras de eficácia, mesmo que não sejam normas de eficácia plena. Canotilho sustenta que não se deve falar de simples eficácia programática, porque qualquer norma constitucional deve considerar-se obrigatória perante quaisquer órgãos do poder político. Em virtude da eficácia vinculativa reconhecida às normas programáticas, devemos considerá-las com força normativa independente do ato de transformação legislativa.

Todavia, Silva[445] manifesta posição levemente contrária ao dispor que existem diferentes tipos de normas programáticas: aquelas que a própria Constituição disciplina a necessidade de lei com expressões como a *lei indicará*, a *lei regulará*, a *lei disporá*; e aquelas que não impõem uma obrigação jurídica, mas traduzem um princípio que deve ser atendido. Podemos dizer então que, segundo o referido autor, existem normas programáticas que constituem verdadeiros programas de ação social e aquelas normas de legislação, que não apresentam conteúdo ético-social, mas se inserem na parte organizativa da Constituição.

Conceituando a norma programática, Silva[446] conclui dispondo que as normas sob essa classificação não sejam autêntico direito atual,

---

[444] J. J. Gomes Canotilho, Op. Cit., p. 432.

[445] J. A. da Silva, Op. Cit., p. 84.

[446] Idem, p. 138.

de imediata aplicabilidade, uma vez que são normas concebidas como linhas programáticas dirigidas ao legislador, e não como autênticas normas jurídicas imediatamente e diretamente aplicáveis pelos Tribunais ou quaisquer outras autoridades.

À luz do direito constitucional positivo, as normas programáticas caracterizam-se, portanto, pelo fato de exigirem, para que possam vir a gerar a plenitude de seus efeitos, uma interposição do legislador. Sarlet[447] diz, nesse sentido, que se cuida de normas que apresentam a característica comum de uma baixa densidade normativa que as impedem de alcançar plena eficácia, apesar de não estarem destituídas de eficácia. O supracitado autor ressalta, ainda, que se trata de normas que estabelecem programas, finalidades e tarefas a serem implementadas pelo Estado, ou que contêm determinadas imposições de maior ou menor concretude dirigidas ao legislador.

Tratando-se de norma fundamental de proteção do meio ambiente podemos afirmar, conforme os autores citados anteriormente, estarmos diante de um conjunto de preceitos (textos constitucionais) com várias normas e algumas delas, segundo Silva,[448] apresentam uma dimensão programática, de eficácia limitada, objetiva e que, por intermédio da função de direito à prestação, manifestam-se por meio de um programa obrigatório e permanente de preservação e promoção em busca de um meio ambiente saudável e equilibrado.

Ao afirmar que a Constituição Federal de 1988 estabelece a proteção do meio ambiente como tarefa/fim, em suma, programa permanente para Estado e comunidade, estamos reconhecendo uma dimensão programática, mas que não deixa de ter eficácia nem possibilidade de efetivação. Por outro lado, para além de sua dimensão programática (ou impositiva, como prefere Canotilho), o direito fundamental à proteção ambiental encerra normas jusfundamentais que outorgam posições jurídico-subjetivas plenas, por meio dos direitos a prestações e dos direitos de defesa.

Entendendo o direito de proteção do meio ambiente como direito fundamental de defesa e de prestação previsto em nossa Carta Constitucional, cremos que as normas contidas no artigo 225, para além de sua simultânea e possível dimensão programática, percebem todas as

---

[447] I. W. Sarlet, Op. Cit., p. 265, reconhecendo, contudo, que mesmo essas normas são eficazes.
[448] J. A. da Silva, Op. Cit., p. 141 ao dispor que a defesa do meio ambiente classifica-se como normas programáticas e fins da ordem econômica e social.

qualidades das demais normas de direito fundamental de nossa Constituição. Mesmo entendendo o artigo 225 como norma programática em virtude de conceder um princípio, uma meta, um programa ao Estado e ao cidadão, avaliamos que essa norma atua de forma bem mais concreta do que apenas exprimir princípios genéricos dependentes de normatividade futura.

Se partirmos do pressuposto de que "todas as normas consagradoras de direitos fundamentais são dotadas de eficácia e, em certa medida, diretamente aplicáveis já ao nível da Constituição e independentemente de intermediação legislativa",[449] não haveria por que ser diferente quando tratássemos do direito fundamental de preservação ambiental.

Aqui passaremos a sustentar que, em virtude de sua condição de direito fundamental, em princípio, também para o artigo 225 da CF e as normas nele contidas (em que pese a existência de uma faceta programática), é válido o postulado contido no artigo 5º, § 1º, o qual confere aos direitos fundamentais aplicabilidade imediata e eficácia plena quando dispõe que *as normas definidoras dos direitos e garantias fundamentais têm aplicação imediata*.[450]

O texto constitucional que concede direitos e deveres de proteção ambiental é caracteristicamente constituído de diferentes normas com diversos níveis de eficácia. Podemos observar a existência de normas de eficácia plena, com aplicabilidade imediata mesmo que inseridas em um texto caracteristicamente enquadrado como de conteúdo de cunho programático.[451]

---

[449] Cfe. I. W. Sarlet, Op. Cit., p. 267.

[450] Nesse sentido, acostamos jurisprudência do Tribunal de Justiça do Estado do Rio de Janeiro: "AÇÃO CIVIL PÚBLICA – PROTEÇÃO DO MEIO AMBIENTE – DEMARCAÇÃO – ART. 27 – INC. III – ATO DAS DISPOSIÇÕES CONSTITUCIONAIS TRANSITÓRIAS – CONSTITUIÇÃO ESTADUAL DE 1989 – ART. 225 – § 1º – INC. III – CONSTITUIÇÃO FEDERAL DE 1988 – Ação Civil Pública. Art. 27, inciso III, do Ato das Disposições Constitucionais Transitórias, da Constituição Estadual de 1989. Obrigação de demarcar a Lagoa de Araruama. Proteção ao meio ambiente, que goza do amparo da Constituição da República, impondo, inclusive, ao Poder Público e à coletividade o dever de defendê-lo e preservá-lo para as presentes e futuras gerações (art. 225 e seu § 1º, inc. III). *Norma de eficácia plena, que confere ao Estado a obrigação de demarcar a orla e a faixa marginal de proteção dos lagos, lagoas e lagunas em prazo certo, até hoje não cumprido.* Extensão, apenas, do prazo de dois (02) anos, a contar do trânsito em julgado da sentença recorrida, para proceder a demarcação. Apelo alternativo acolhido em parte. Provimento parcial do recurso. (TJRJ – AC 4241/95 – Reg. 230496 – Cód. 95. 001. 04241 – 6ª C. Cív. – Rel. Des. Clarindo de Brito Nicolau – J. 06. 02. 1996)"

[451] I. W. Sarlet, Op. Cit., p. 265.

Conforme Meirelles Teixeira,[452] as normas de eficácia plena "são aquelas que, desde a entrada em vigor da constituição, produzem, ou têm *possibilidade de produzir, todos os efeitos essenciais, relativamente aos interesses*, comportamentos ou situações, que o legislador constituinte, direta ou normativamente, quis regular". E é o que ocorre com a norma contida no artigo 225 da Constituição Federal de 1988, uma vez que, apenas com base no referido dispositivo legal, capacita qualquer do povo a propor em juízo requerendo a aplicação imediata desse direito fundamental.[453]

O professor alemão Von Münch[454] esclarece que normas constitucionais indiretas são aquelas disposições que não têm conteúdo jurídico-material de execução imediata, necessitando de normas complementares para se tornarem eficazes. O referido jurista enfatiza, ainda, que a proteção do meio ambiente passa a aparecer à frente das Constituições nacionais a partir do final dos anos sessenta e dispõe que "com o termo directo pretende-se significar que, agora, o regime de protecção do meio ambiente se faz através de disposições a ela especificamente consagradas".[455]

Partindo dessa análise constitucional, salientamos o entendimento de Von Münch, dispondo que, para além do texto do artigo 225, existem nele inclusas, diversas normas constitucionais. Podemos enquadrar essas normas que prevêem a proteção ambiental como decorrente dos direitos fundamentais clássicos da inviolabilidade da vida humana e da integridade física, direitos esses que fazem parte do núcleo duro de qualquer Constituição que contenha um capítulo de direitos fundamentais.[456]

Mesmo que o direito fundamental de defesa do meio ambiente possua, por força da Constituição, eficácia plena e aplicabilidade imediata, existem certas situações carecedoras de uma *interpositio legis-*

---

[452] J. H. Meirelles Teixeira. *Curso de Direito Constitucional*, p. 289 apud J. A. Silva, Op. Cit., p. 101.

[453] I. Von Münch, *A Proteção do Meio Ambiente na Constituição*, p. 45. Nesse sentido, registramos o entendimento de Von Münch, ao dispor que "A mudança da consciência em relação ao meio ambiente também deixou traços mais ou menos nítidos nas constituições de muitos Estados. No que diz respeito às posições constitucionais da protecção do meio ambiente, é preciso distinguir a normação indirecta da normação directa."

[454] I. von Münch, Op. Cit., p. 45.

[455] Na Lei Fundamental da Alemanha a proteção do meio ambiente foi positivada como norma-objetiva.

[456] I. von Münch, Op. Cit., p. 47.

latoris "pelo fato de ser extremamente difícil e, em certas situações, inviável, precisar, ao nível constitucional, o conteúdo e alcance da prestação que constitui seu objeto", conforme justificativa de Sarlet,[457] o que se aplica, dependendo do caso, para a dimensão prestacional. Dessa feita, apesar de o § 1º do artigo 5º da Constituição conferir a todos os direitos fundamentais, aplicabilidade imediata, ou seja, a eficácia plena de suas normas, algumas delas necessitam de complementação para que sejam plenamente justiciáveis, ou seja, analisando o conteúdo das normas contidas no artigo 225, podemos afirmar que nem todas possuem eficácia plena.

Nessa perspectiva, sentimos a necessidade, nesse momento, de realizar uma incursão quanto à eficácia de algumas das normas contidas no texto do artigo 225 da Constituição Federal. A eficácia da norma constitucional prevista no *caput* do artigo 225 da Carta de 1988 prevê eficácia plena no que diz respeito aos seus princípios e direito de preservação, uma vez que o Poder Judiciário não poderá se esquivar de aplicar os princípios de defesa do meio ambiente, mesmo que careça de lei infraconstitucional regulamentadora dos interesses pleiteados.[458] O mesmo ocorre com o disposto no § 4º do mesmo artigo 225, por exemplo, que disciplina a utilização de áreas do patrimônio nacional como a Floresta Amazônica brasileira, a Mata Atlântica, a Serra do Mar, o Pantanal Mato-Grossense e a Zona Costeira para preservação do meio ambiente: é norma de eficácia plena. Podemos salientar ainda, como norma de eficácia plena, o § 5º do referido artigo constitucional ao normatizar a indisponibilidade das terras devolutas ou arrecadadas pelos Estados desde que necessárias à proteção dos ecossistemas naturais.

E, ainda, prevê eficácia limitada quando a norma constitucional transfere ao legislador "a tarefa (o dever constitucional) de concretizar o direito fundamental",[459] e lhes dê capacidade de execução em termos

---

[457] Cf. I. W. Sarlet, Op. Cit., p. 281, pois, é evidente que, especialmente, na dimensão prestacional nem sempre poderá ser reconhecido direito subjetivo a prestacções, em especial, a normativa.

[458] Cabe dizer que na falta de lei infraconstitucional que regule e discipline as forma de proteção do meio ambiente previstas no artigo 225 da Constituição Federal, o Poder Judiciário ao ser invocado deverá proceder na proteção dos interesses pleiteados através dos institutos jurídicos disponíveis, por intermédio da própria Carta e dos processos hermenêuticos, valendo-se da analogia e dos princípios gerais do direito, conforme regulamenta o artigo 4º da Lei de Introdução ao Código Civil.

[459] I. W. Sarlet, Op. Cit., p. 281.

de regulamentação daqueles interesses visados, de acordo com o entendimento de Silva.[460] Nessa linha, enquadram-se as normas previstas, por exemplo, no § 2º do artigo 225 da Constituição Federal ao dispor que "aquele que explorar recursos minerais fica obrigado a recuperar o meio ambiente degradado, de acordo com solução técnica exigida pelo órgão público competente, na forma da lei" e no § 6º do mesmo artigo, o qual determina explicitamente que somente se poderá instalar e operar usinas nucleares em locais definidos em lei federal, constituindo-se em normas de eficácia limitada.

O ato de interpretar as normas de direito é uma atividade cercada de complexidades e de extrema relevância, para que se possa alcançar a justiça mais próxima possível das necessidades reais da coletividade e dos indivíduos. Conforme o entendimento de Freitas,[461] o intérprete jurídico deve saber garantir a coexistência dos valores, dos princípios e das normas, hierarquizando-os com o intuito de obter a maior concordância entre elas, na certeza de que "interpretar é bem hierarquizar", pois a hierarquização "bem realizada é a que salvaguarda e intensifica a totalidade dos valores e princípios". É por meio da atividade do hermeneuta que podemos afirmar ser o direito de proteção do meio ambiente um direito fundamental. Além disso, somente por intermédio da interpretação das normas com o olhar voltado para todo o nosso ordenamento jurídico-constitucional é que se torna possível a aplicação do artigo 5º, § 1º, da Constituição Federal, fornecendo a aplicabilidade imediata dos direitos fundamentais e, em decorrência, aplicabilidade imediata da integralidade do artigo 225 da Carta.

Conforme o entendimento de Streck,[462] o processo interpretativo dominante está alicerçado em um processo sempre dependente de um sujeito que se relacionará com o texto jurídico e os fatos sociais "como se esses fossem parte de um mundo exterior". Nesse sentido, Streck nos orienta "para que se rompa com as concepções vigorantes no campo jurídico-dogmaticizante, sustentadas no paradigma metafísico-objetificante, os textos jurídicos normativos e os fatos sociais não podem ser tratados como objetos. Com os aportes do novo paradigma hermenêutico aqui defendido, sustentado nas concepções heideggerianas-gadamerianas, essa relação objetificante pode/deve ser rompida,

---

[460] J. A. da Silva, Op. Cit., p. 164.

[461] J. Freitas, *A Interpretação Sistemática do Direito*, p. 155-6.

[462] L. L. Streck, *Hermenêutica e(m) Crise*, p. 240.

introduzindo-se uma relação entre o operador-intérprete do Direito e as normas/fatos sociais mediante uma ontologia fundamental (...)".[463]

Nessa linha, Streck afirma, ainda, que "(...) a interpretação da lei é uma tarefa criativa. (...) Os diversos princípios que deve aplicar, por exemplo, o da analogia, ou o de suprimir as lacunas da lei, ou em último extremo o princípio produtivo implicado na mesma sentença, isto é, dependente do caso jurídico concreto, não representam somente problemas metodológicos, senão que entram a fundo na matéria jurídica mesma. Evidentemente, uma hermenêutica jurídica não pode contentar-se seriamente em empregar, como padrão de interpretação, o princípio subjetivo da idéia e intenção originárias do legislador".[464]

Freitas, nessa mesma perspectiva, conceitua a interpretação sistemática do Direito como "(...) uma operação que consiste em pretender atribuir a melhor significação, dentre várias possíveis, aos princípios, às normas e aos valores jurídicos, hierarquizando-os num todo aberto, fixando-lhes o alcance e superando antinomias, a partir da conformação teleológica, tendo em vista solucionar os casos concretos, é reveladora do fato de que o objeto da interpretação não é uma mera coisa destacada do intérprete, tampouco um resultado cego de forças e de processos".[465]

Assim, o intérprete do Direito, conforme a lição de Streck, "é um sujeito inserido/jogado, de forma inexorável, em um (meio) ambiente cultural-histórico, é dizer, em uma tradição",[466] e como tal irá realizar uma tarefa; é impossível requerer de um intérprete uma atuação imparcial e dissociada de seu meio. O referido autor ressalta que "(...) o intérprete não pode captar o conteúdo da norma desde o ponto de vista quase arquimédico situado fora da existência histórica, senão unicamente desde a concreta situação histórica na qual se encontra, cuja elaboração (maturidade) conformou seus hábitos mentais, condicionando seus conhecimentos e seus pré-juízos".

Para além do disposto, o referido autor apresenta-nos a idéia de que se há falta de efetividade entre os dispositivos da Constituição e seus operadores é porque esses continuam a negar a função social do Direito. E, se essa função social é obnubilada por esses sujeitos nas

---

[463] L. L. Streck, Op. Cit., p. 241.

[464] Idem, p. 244.

[465] J. Freitas, Op. Cit., p. 63.

[466] L. L. Streck, Op. Cit., p. 245.

Meio Ambiente
DIREITO E DEVER FUNDAMENTAL

práticas cotidianas do Direito, Streck questiona "(...) onde está o ser da auto-aplicabilidade dos dispositivos definidores dos direitos e garantias fundamentais (art. 5º, § 1º), da função social da propriedade (art. 5º, XXIII), do mandado de injunção como instrumento de dar eficácia às normas do sistema, da saúde, como direito de todos e dever do Estado, e de tantos outros direitos não cumpridos?"[467] e, especificamente, tratando-se do objeto de nosso trabalho, onde está a auto-aplicabilidade – leia-se, eficácia plena –, por nós aqui defendida, do artigo 225 da Constituição Federal, que nos outorga o direito e nos impõe o dever de proteger e preservar o ambiente onde vivemos.

O § 1º do artigo 5º da Constituição dispõe acerca de uma eficácia possível para todos os direitos fundamentais, apresenta uma presunção de eficácia plena das normas de direitos fundamentais. No caso da proteção do meio ambiente, mesma aquelas normas, contidas no artigo 225, que possuem uma dimensão programática, apresentam uma presunção de eficácia plena em virtude da auto-aplicabilidade de todos os direitos fundamentais. Contudo, para se delimitar o problema da eficácia das normas de proteção do meio ambiente, há de se fazer uso do intérprete constitucional.

Dessa feita, somente por meio do exercício de uma interpretação responsável e coerente com o ordenamento jurídico nacional, numa perspectiva "ampliadoramente sábia e realista", decorrente desse novo paradigma hermenêutico, como no dizer de Pasqualini,[468] o Direito não se deixará "sufocar nem pelos horizontes fechados do sistema axiomático-dedutivo, tampouco pelo horizonte unidimensional das exegeses literais". Somente através, segundo Pasqualini,[469] de "uma ótica lúcida e renovadora desbravada pela interpretação sistemático-transformadora", tratando o Direito como um sistema aberto que oferece ao jurista-intérprete "um grande e axiológico reservatório de possibilidades e mudanças seminais, de modo que a única interpretação fiel a si mesma é a que, fundindo os horizontes jurídicos num todo aberto" é que se poderá delimitar a eficácia das normas constitucionais de proteção ambiental e, dessa forma, delimitar a sua efetividade.

---

[467] L. L. Streck, Op. Cit., p. 256.

[468] A. Pasqualini, *Hermenêutica e Sistema Jurídico*, p. 101.

[469] Idem, p. 100.

6. A proteção do meio ambiente e necessária construção de um espaço participativo

> "O melhor modo de tratar as questões do meio ambiente é assegurando a participação de todos os cidadãos interessados, no nível pertinente".[470]

6.1. Participação popular e "feitio indomesticado da democracia"

A participação popular, com o intuito de conservação do meio ambiente, está inserida em um quadro mais amplo da participação diante dos interesses difusos e coletivos da sociedade. Kiss[471] atesta que "o direito ambiental faz os cidadãos saírem de um estatuto passivo de beneficiários, fazendo-os partilhar da responsabilidade na gestão dos interesses da coletividade inteira."

Ao falarmos em participação democrática, temos por base a conduta de tomar parte em alguma coisa, um agir em conjunto, como nos traduz Fiorillo[472] ao analisar a importância e a necessidade dessa ação conjunta, dispondo que "esse foi um dos objetivos abraçados pela nossa Carta Magna, no tocante à defesa do meio ambiente".

O papel da sociedade civil e da esfera pública no cenário político se atualiza por intermédio de um efetivo exercício da democracia no que concerne à defesa dos interesses difusos do cidadão. Em especial, a defesa do meio ambiente constitui-se em parte desse processo; para

---

[470] Artigo 10 da Conferência das Nações Unidas para o Meio Ambiente e o Desenvolvimento, de 1992.

[471] Alexandre-Charles Kiss apud P. A. Leme Machado, *Direito Ambiental Brasileiro*, p. 94.

[472] C. A. P. Fiorillo, *Curso de Direito Ambiental Brasileiro*, p. 37.

a produção de um corpo legislativo que corresponda aos anseios da comunidade que, de alguma maneira – direta ou indiretamente, imediata ou remotamente – se relaciona com esse meio ambiente.

Desta feita, cumpre que façamos um apontamento, mesmo que singelo, acerca da importância dos direitos fundamentais para um verdadeiro Estado Democrático de Direito. Streck e Bolzan de Morais[473] disciplinam que este Estado Democrático de Direito "carrega em si um caráter transgressor que implica agregar o feitio incerto da Democracia ao Direito, impondo um caráter reestruturador à sociedade e, revelando uma contradição fundamental com a juridicidade liberal a partir da reconstrução de seus primados básicos de certeza e segurança jurídicas, para adaptá-los a uma ordenação jurídica voltada para a garantia/implementação do futuro, e não para a conservação do passado".

Streck e Bolzan de Morais salientam, ainda, que "o Estado de Direito, dada a sua substancialidade, para além de seu formalismo, incorporando o *feitio indomesticado da democracia* (grifo nosso), apresenta-se como uma contínua (re)criação, assumindo um caráter dinâmico mais forte do que sua porção estática – formal. Ao aspecto paralisante de seu caráter hierárquico agrega-se o perfil mutante do conteúdo das normas, que estão, a todo instante, submetidas às variações sociopolíticas".[474]

Nesta linha, Sarlet[475] dispõe que é indissociável e muito íntima a relação entre os direitos fundamentais e as noções de Constituição e de Estado de Direito.[476] Streck e Bolzan de Morais acrescentam que quando imergimos nos chamados direitos humanos de terceira geração, como é o caso do direito fundamental de proteção do meio ambiente, "(...) somos tomados pela percepção de que estamos diante, efetivamente, de uma nova realidade para os direitos fundamentais que, neste momento, se apresentam como detentores de uma 'universalidade comunitária' no sentido de que o seu objeto diz respeito a pretensões que

---

[473] L. L. Streck e J. L. Bolzan de Morais, *Ciência Política e Teoria Geral do Estado*, p. 95.

[474] Idem, p. 96.

[475] I. W. Sarlet, Op. Cit., p. 59.

[476] K. Stern, *Staatsrecht III/1*, apud I. W. Sarlet, Op. Cit., p. 59. Com o intuito de ressaltar as assertivas acerca da relevância dos direitos fundamentais para o Estado de Direito, Sarlet traz à colação uma citação de K. Stern que dispõe: "(...) as idéias de Constituição e direitos fundamentais são, no âmbito do pensamento da segunda metade do século XVIII, manifestações paralelas e unidirecionadas da mesma atmosfera espiritual. Ambas se compreendem como limites normativos ao poder estatal. Somente a síntese de ambas outorgou à Constituição a sua definitiva e autêntica dignidade fundamental".

atingem inevitavelmente a comunidade humana como um todo.[477] Não se trata mais de fazer frente ao arbítrio do Estado relativamente a determinados indivíduos, nem mesmo de demandar solução/garantia de certas pretensões/benefícios a grupos determinados de pessoas. Trata-se, isto sim, de fomentar o caráter solidário do homem, fazendo-o compreender uma espécie de destino comum que o prende aos demais".[478]

E, com esta perspectiva, os referidos autores concluem, e com quem concordamos, que há "como se vê, há uma realidade mutante nos direitos humanos que implica a passagem das liberdades para os poderes e, por ora, para solidariedades, sem que isso signifique que a emergência de uma nova geração imponha o desaparecimento, ou mesmo o enfraquecimento, da anterior. Cada uma delas dirige-se para circunstâncias que lhes são próprias".[479]

6.2. Participação popular e direitos fundamentais

Os direitos fundamentais, portanto, são o resultado da positivação constitucional de determinados valores básicos que, ao lado de nossos princípios fundamentais, formam o núcleo basilar de nossa estrutura constitucional democrática. E é a partir desse ponto de vista que abordamos a vinculação dos direitos fundamentais à idéia específica de exercício da democracia, de uma democracia constitucional.

Nessa perspectiva, Gomes Canotilho[480] assevera que "(...) como resulta da própria sistematização dos direitos, liberdades e garantias, em direitos liberdades e garantias pessoais de participação política e direitos, liberdades e garantias dos trabalhadores, a base antropológica dos direitos fundamentais não é apenas o «homem individual», mas também o homem inserido em relações sóciopolíticas e sócioeconómicas e em grupos de várias natureza, com funções sociais diferenciadas".

Alicerçados em Sarlet,[481] verificamos, com alguma facilidade, que os direitos fundamentais podem ser considerados ao mesmo tempo

---

[477] Como já foi por diversas vezes referido neste estudo.

[478] L. L. Streck e J. L. Bolzan de Morais, Op. Cit., p. 130.

[479] Ibidem.

[480] J. J. Gomes Canotilho, Op. Cit., p. 372.

[481] I. W. Sarlet, Op. Cit., p. 62.

um pressuposto, uma garantia e um instrumento do princípio democrático da autodeterminação dos povos, por intermédio de cada indivíduo. Estas concepções tornar-se-ão concretas a partir do reconhecimento de direitos como o direito "de igualdade (perante a lei e de oportunidades), de um espaço de liberdade real, bem como por meio da outorga do direito à participação (com liberdade e igualdade), na conformação da comunidade e do processo político, de tal sorte que a positivação e a garantia do efetivo exercício de direitos políticos (no sentido de direitos de participação e conformação do status político) podem ser considerados o fundamento funcional da ordem democrática e, neste sentido, parâmetro de sua legitimidade".

Torna-se fácil afirmar que a liberdade de participação política do cidadão, atuando como sujeito ativo e intervencionista nos processos decisórios em virtude da incorporação das efetivas atribuições inerentes à soberania, constitui ingrediente indispensável às demais liberdades protegidas pelos direitos fundamentais.[482]

Sarlet[483] salienta, ainda, que os direitos fundamentais exercem função decisiva em um e, principalmente, no nosso regime democrático, haja vista agir como um garantidor dos direitos das minorias ante os eventuais desvios de poder praticados pela maioria detentora do poder; salienta-se, portanto, a efetiva liberdade de participação. Desse modo, buscando estabelecer um real elo entre a eficácia dos direitos fundamentais e a construção de um verdadeiro espaço de participação cidadã, podemos afirmar, em consonância com os ensinamentos de Sarlet,[484] que "(...) além da íntima vinculação entre as noções de Estado de Direito, Constituição e direitos fundamentais, estes, *sob o aspecto de concretizações do princípio da dignidade da pessoa humana, bem como dos valores de igualdade, liberdade e justiça, constituem condição de existência e medida da legitimidade de um autêntico Estado Democrático e Social de Direito*, tal qual como consagrado também em nosso direito constitucional positivo vigente" (grifo nosso).

Como representante basilar do direito-dever fundamental à proteção ambiental, dos direitos fundamentais do homem, o direito ao meio

---

[482] Estamos aqui, diante do *status activus processualis* de Hüberle, trata-se do direito do cidadão à participação na organização e no procedimento e estas com condições para a efetividade.

[483] I. W. Sarlet, Op. Cit., p. 62-63.

[484] Idem, p. 64.

ambiente ecologicamente equilibrado desenvolve uma nova forma de cidadania. Por ser este direito, um direito essencial à qualidade de vida, amplia o próprio conteúdo dos direitos humanos e o próprio conceito de cidadania. Por intermédio dele e devido a ele, todos têm direito a um meio ambiente sadio; segundo Borges, o cidadão[485] passa a ser todo o ser humano, incluindo as futuras gerações, "que têm na eqüidade intergeracional a busca da garantia de um meio ambiente propício ao seu desenvolvimento".[486]

A concepção de deveres fundamentais, por sua vez, insere-se na procura por espaços de moderação, de correção ou de superação de direitos não contemplados nos espaços sociais, prevendo ações e a participação dos indivíduos, se o que se busca, realmente, é o desenvolvimento sustentável alicerçado pela promoção da democracia.

6.3. Dimensões processuais da participação popular e direitos fundamentais

O processo de democratização, que inclui as dimensões de participação, de solidariedade, de liberdade, de igualdade, radica nas condições defendidas por Habermas,[487] que pressupõem (I) o envolvimento e o interesse de todos e de cada um; (II) a não-coação; (III) a factibilidade da expressão e das condições de fazer-se entender; (IV) a possibilidade de que todos possam se expressar e ser ouvidos; (V) a

---

[485] J. Habermas, *La inclusión del outro: estudios de teoria política*, p. 232-234, apresenta, dentre outras concepções, dois conceitos de cidadão: a concepção liberal e a concepção republicana."De acuerdo con la concepción liberal, el *status* de los ciudadanos está determinado por la medida de los derechos subjetivos que tienen frente al Estado y frente a los demás ciudadanos. Como portadores de derechos subjetivos, disfrutan de la protección del Estado mientras persigan sus intereses privados dentro de los límites trazados por las leyes y esto incluye también la protección frente a las actuaciones estatales que vayan allá de las reservas legales de intervención. (...) De acuerdo con la concepción republicana, el status de los ciudadanos no se determina por el modelo de las libertades negativas que pueden reclamar como personas privadas. Más bien, los derechos cívicos, principalmente los derechos de participación y cominicación, son libertades positivas. No garantizan la libertad de coacción externa, sino la participación en una prática común sólo a través de cuyo ejercicio los ciudadanos pueden llegar a ser aquello que elles mismos desean ser: sujetos políticamente responsables de una comunidad de personas libres e iguales". Neste estudo, entendemos por cidadão, em conformidade com o entendimento de J. Habermas e de Véase F. I. Michelman, Political Truth and the Rule of Law, p. 283 *apud* J. Habermas, Op. Cit., p. 233, aquele que cumpre a função da cidadania, ou seja, fazer ativa e operativa a Constituição e com isso obrigar que os governantes atuem de acordo com o propósito constitucional.

[486] R. Borges, Op. Cit., p. 13.

[487] J. Habermas. *Direito e democracia*.

alternativa de colocar em dúvida de condição de legitimidade de qualquer fato, experiência ou norma que não se mostre socialmente legítima, embora possa ser legal.

Os atributos dessa participação qualificam-na e remetem à condição de um empenho solidário de todos na transformação da sociedade e das condições de relacionamento e de gestão/operação com(/no) o meio ambiente, na medida em que contemple a todos e a cada um.

A Carta Magna brasileira, de 1988, em seu artigo 225, *caput*, determinou que para a defesa do meio ambiente é imprescindível a atuação presente do Estado e da Sociedade Civil. No entender de Fiorillo,[488] a Constituição Federal impôs à coletividade e ao Poder Público os deveres de preservação e proteção, resultando daí, a necessidade de uma atuação conjunta entre organizações ambientalistas, sindicatos, indústrias, comércio, agricultura e tantos outros organismos sociais comprometidos nessa defesa e preservação.

Destarte, a análise deste capítulo alicerça-se, principalmente, em Habermas[489] e Heller.[490] O primeiro, no que tange a uma análise específica dos espaços de esfera pública e sua efetiva utilização pela sociedade civil para o exercício da democracia; a segunda, para estabelecer um elo com o que propõe Habermas e os conceitos de justiça, especialmente, o que diz respeito à justiça dinâmica, na qual os processos de legalidade e legitimidade são levados em consideração na busca de um perfil mais adequado à sociedade na qual estamos inseridos.

Habermas e, em certa medida, Heller questionam o papel do indivíduo e da sociedade na preservação do meio ambiente. Qual é o papel das esferas públicas[491] de discussão, quais são os objetivos que

---

[488] C. A. P. Fiorillo, Op. Cit., p. 37.

[489] J. Habermas, *Direito e Democracia entre facticidade e validade*. Vol. II., p. 64.

[490] A. Heller, *Além da Justiça,*. p. 82.

[491] Habermas salienta que: "esfera ou espaço público é um fenômeno social elementar, do mesmo modo que a ação, o ator, o grupo ou a coletividade; porém, ele não é arrolado entre os conceitos tradicionais elaborados para descrever a ordem social". Desta forma, a esfera pública constitui-se, principalmente, em uma estrutura comunicacional do agir orientado pelo entendimento, a qual tem a ver com o espaço social gerado no agir comunicativo, não com as funções, nem com os conteúdos da comunicação cotidiana. Assim, Habermas descreve esfera pública, como sendo: "uma rede adequada para a comunicação de conteúdos, tomadas de posição e opiniões; nela os fluxos comunicacionais são filtrados e sintetizados a ponto de se condensarem em opiniões públicas enfeixadas em temas específicos". As estruturas comunicacionais, conforme o autor, comprimem-se em conteúdos ou tomadas de posição desacopladas dos contextos densos das interações simples de determinadas pessoas e de obrigações relevantes para a decisão, sendo certo que os processos de formação de opinião, uma vez que se trata de questões práticas, sempre acompanham a mudança de preferências e de enfoques dos participantes.

esperamos ver alcançados? Quais os processos a serem continuamente estimulados para manter o processo dessa democracia radical em sua concretude? Como entender a verdade em sua factibilidade, legitimidade e historicidade? Como analisar o direito do Direito nas condições, não de uma verdade, mas de verdades que necessitam ser legitimadas em função de uma legalidade que seja socialmente justa, individual e veraz?[492]

Sem que aqui venhamos a adentrar o complexo universo suscitado por estas e outras indagações, o meio ambiente pode ser traduzido por um interesse difuso e por um direito-dever fundamental de todo e qualquer cidadão. É nossa obrigação como indivíduo e como sociedade civil organizada mantê-lo saudável. O entendimento de saudável, no entanto, sofre das questões de significado e de processos de sentido. Habermas entende esta questão pela relação entre interesses e usos do conhecimento.[493] Assim, essa própria sociedade que deveria protegê-lo, viola-o, desrespeitando regras, aproveitando-se de lacunas ou de falta de fiscalização, ou mesmo da necessidade de reconstrução do direito individual e social.[494]

O uso de espaços de esfera pública[495] serve para conscientizar e, muito mais que conscientizar, instar a que a população se assuma em uma posição ativa, atuante, veja-se como parte do problema e da solução. Os espaços de esfera pública têm como objetivo alcançar a verdade, a veracidade e a justiça, por intermédio da legitimidade.[496] Normas e direitos oriundos dos questionamentos propiciados pelo uso dos espaços de esfera pública ao lado da interpretação sistemática destas normas, podemos criar o melhor direito de proteção ao meio ambiente ou uma forma de pô-lo em prática mediante uma correta aplicação.

---

[492] J. Habermas, Soberania Popular como Procedimento: um conceito normativo de espaço público. *Novos Estudos CEBRAP*. São Paulo, nº 26, p. 107-113, março, 1990.

[493] J. Habermas. *Teoria de la acción comunicativa*, tomo I, 1988.

[494] Ibidem.

[495] Habermas dispõe, ainda, que o núcleo institucional da *sociedade civil* é formado por associações e organizações livres, não-estatais e não-econômicas, as quais ancoram as estruturas de comunicação da esfera pública nos componentes sociais do mundo da vida. Desta feita, a sociedade civil compõe-se de movimentos, organizações e associações, os quais captam os ecos dos problemas sociais que ressoam nas esferas privadas, condensam-nos e transmitem-nos, a seguir, para a esfera política.

[496] J. Habermas, *Como es posible la legitimidad por via de legalidad?*, p. 149 e ss.

A importância dos espaços para discussão alicerçam-se no poder comunicativo realçado por Habermas, valendo-se da Ética do Discurso,[497] na qual se pressupõe o questionamento de um fato, no caso a proteção ao meio ambiente, no que diz com a sua verdade, autenticidade e justiça. Desta forma, não sendo legítimos os atos em suas manifestações, seja como fato, como experiência, ou seja como expressão de regras, estes podem ser negociados, superados ou suprimidos, sendo reinstaurados em novas bases.

6.4. Espaços de esfera pública e direito à proteção ambiental

Nesse contexto, percebe-se que o desenvolvimento das culturas no que concerne à proteção ao meio ambiente está diretamente relacionado ao desenvolvimento da sua consciência moral,[498] ao seu entendimento de justiça e ao papel do cidadão politicamente organizado nos espaços de esfera pública.

A preocupação com o meio ambiente é decorrente de alteração dos processos de formação de opinião, alterações que alcançam uma maior preocupação com o público, com o universal em sua processualidade e busca permanente, com o que é de todos. O Direito Ambiental encontrou reflexo nos espaços de esfera pública, por se fazer necessária uma discussão coerente e atual, preocupada e eficaz quanto à posição da sociedade civil organizada perante as evidentes degradações ambientais.

Por estar apoiada em Direitos Fundamentais, a esfera fornece as primeiras referências acerca de sua estrutura social. A liberdade de opinião e de reunião, bem como o direito de fundar sociedades e associações, definem o espaço para constituição de grupos, instituindo o espaço para organizações livres que interferem na formação da opinião pública. O sistema político passa assim a obrigar-se ou a isto é instado, a ser sensível a influências da opinião pública, conectar-se

---

[497] J. Habermas. *Para a reconstrução do materialismo histórico*, 1990.

[498] M. Medeiros, L. Oliveira, F. L. Medeiros e F. L. Pillon. O desenvolvimento moral e a ação de especialistas na defesa do meio ambiente: um estudo em Educação Ambiental. 1998 (parte de relatório de pesquisa).

com a esfera pública e com a sociedade civil, por meio da atividade eleitoral e da manifestação ordenada dos cidadãos.[499]

Nessa perspectiva, podemos trazer à colação o entendimento do Tribunal Regional Federal da 1ª Região ao manifestar-se acerca da responsabilidade da sociedade para com o meio ambiente, ressaltando o papel de organizações destinadas à proteção do "(...) meio ambiente ecologicamente equilibrado é bem de uso comum do povo e essencial à sadia qualidade de vida (Constituição Federal, art. 225). Assim, tudo tem que ser feito para preservá-lo. Dever de preservação, imposto de resto a todos pela própria Lei Maior. Uma das manifestações do Poder Público, na defesa e preservação em destaque, opera-se, principalmente, por intermédio do Instituto Brasileiro do Meio Ambiente e dos Recursos Naturais Renováveis – IBAMA (...)".[500]

No concernente às barreiras e estruturas de poder que surgem no interior da esfera pública, salientamos que os conceitos da esfera pública política e da sociedade civil introduzidos não representam apenas postulados normativos, pois têm referências empíricas. Em sociedades complexas, a esfera pública forma uma estrutura intermediária que faz a mediação entre o sistema político, de um lado, e os setores privados do mundo da vida e sistemas de ação especializados em termos de funções, de outro lado. A esfera pública representa uma rede super-complexa que se ramifica especialmente num sem-número de arenas internacionais, nacionais, regionais, culturais, dentre outras. Em suma, no interior da esfera pública geral, definida por intermédio de sua relação com o sistema político, as fronteiras não são rígidas em princípio.

Quando dispõe sobre a superação das barreiras em situações críticas, Habermas retoma a questão central, que consiste em descobrir o sujeito capaz de colocar os temas na ordem do dia e de determinar a orientação dos fluxos de comunicação. As estruturas comunicacionais da esfera pública estão ligadas aos domínios da vida privada, fazendo com que a sociedade civil possua uma sensibilidade maior para os novos problemas, conseguindo captá-los e identificá-los antes que os centros da política.

---

[499] J. Habermas, Op. Cit. Habermas salienta que o fato de o público ser composto de leigos e de a comunicação pública se dar numa linguagem compreensível a todos não significa necessariamente um obscurecimento das questões essenciais ou das razões que levam a uma decisão.

[500] Jurisprudência coletada junto ao TRF 1ª R. – AGA 01000408089 – MT – 2ª T. – Rel. Juiz Carlos Fernando Mathias – DJU 08.10.1998.

A comunidade de comunicação instaura-se quando algum dos três mundos (objetivo, subjetivo e social),[501] ou todos eles, considera ilegítimo ou algum ato de fala de um deles, podendo vir a ser tematizado em um ambiente de debate e de busca de reconstruções e reinstaurações de outros ordenamentos em novas bases, mais verdadeiras, mais justas e verazes para cada um e para todos. Dessa forma, dentro das esferas públicas, espaços destinados às discussões e conscientização dos problemas que afligem a sociedade civil, como a preocupação com a manutenção de um meio ambiente saudável e equilibrado, com uso de direitos e deveres legais e legítimos, apresentarão os pressupostos da comunidade de comunicação.

As discussões na esfera pública formalizam o alicerce intersubjetivo da comunicação, caracterizando-se em um processo dialógico, no qual não se faz uso da coação. Assim, quando uma norma não atende a cada um e a todos e essa comunidade decide que ela é ilegítima, mesmo que esteja instituída no ordenamento jurídico, pode-se propor a sua transformação. Isso se faz nos espaços de esfera pública, pois "Teoricamente, alguém pode rejeitar qualquer conjunto de normas e regras. Entretanto, conforme mencionado, não se pode rejeitar todas elas como injustas. Rejeitamos normas e regras como injustas se podemos provar (ou substanciar) que as normas rejeitadas são erradas". E, "se rejeitarmos normas e regras como injustas, normalmente não as chamamos de injustas porque elas não são (ou não podem ser) seguidas ou observadas (ainda que às vezes perecemos argumentar dessa forma): preferimos garantir primeiro que, por elas serem injustas, a sua observância é injusta; em segundo lugar, que por serem injustas, não podem ser (ou não são) observadas e seguidas; em terceiro, que, por elas serem injustas, não devem ser observadas e seguidas até serem substituídas por um conjunto de normas e regras alternativas consideradas justas. Em todos estes casos, a distinção é feita se as próprias normas e regras são certas ou erradas e/ou se sua observância é certa ou errada".[502]

Cabe salientar, ainda, a importância dos espaços de esfera pública para o uso da comunidade de comunicação no concernente a um de-

---

[501] J. Habermas, *Para a Reconstrução do Materialismo Histórico*, p. 64 e ss. Segundo Habermas, podem ser tanto experiências (mundo subjetivo), fatos (mundo objetivo) e normas (mundo social).

[502] J. Habermas, *Direito e Democracia: entre facticidade e validade*, p. 332 e ss.

senvolvimento moral e de engajamento social do cidadão nas questões ligadas à proteção e ao desenvolvimento de um meio ambiente saudável e seguro.

A participação da sociedade nas questões vinculadas à proteção do meio ambiente está vinculada ao direito fundamental de participação na organização e no procedimento. A questão dos direitos de participação na organização e procedimento centra-se, conforme Sarlet, "(...) na possibilidade de exigir-se do Estado (...) a emissão de atos legislativos e administrativos destinados a criar órgãos e estabelecer procedimentos, ou mesmo de medidas que objetivem garantir aos indivíduos a participação efetiva na organização e no procedimento".[503]

Nesse sentido, em destaque, encontram-se as organizações não-governamentais[504] (ONGs), que por intermédio de discussões e tematizações públicas de temas ecológicos, com o uso de uma linguagem pragmática, em todo o mundo conseguiram atrair a atenção dos governantes e da sociedade civil organizada para o perigo do desenvolvimento insustentável.

Com o decorrer do tempo, um número maior de entidades ligadas ao, assim denominado, terceiro setor influenciam as discussões e as polêmicas acerca do que se dispõe sobre o meio ambiente, especialmente em termos de políticas ambientais. Servindo-se da comunicação empregada no mundo da vida, no mundo dos cidadãos, por intermédio da produção de bens públicos, as ONGs[505] conseguiram trazer para o

---

[503] I. W. Sarlet, *A Eficácia dos Direitos Fundamentais*, p. 196.

[504] A grande maioria dessas organizações não-governamentais atua ativamente em conjunto com a comunidade, valendo-se de ações de preservação do meio e o do homem, com trabalhos de conscientização e práticos. Como exemplo, podemos citar a COMAM, ONG que atua em defesa do meio ambiente mediante atividades comunicativas e de educação ambiental, promovendo seminários e congressos e mantendo diálogo com profissionais da comunicação (http://www. meioambiente. org. br); a ONG Instituto Ecológico, ativa nas regiões amazônicas e no Estado de Tocantins, procurar melhorar a qualidade de vida das comunidades locais por meio da conservação dos ambientes naturais e da promoção da educação ambiental (http://www. ecologia. org. br), dentre outras ONGs.

[505] Outros exemplos de organizações não-governamentais (ONGs) que trabalham incessantemente em prol da proteção ambiental e que, de alguma forma, vêm garantindo resultados efetivos, podemos ressaltar na área jurídica – *"O Direito por um Planeta Verde"* (www. planetaverde. org. br) , organização que reúne advogados, promotores, juízes, dentre outros membros do mundo jurídico para discutir as leis ambientais, a sua efetividade e novas propostas para a melhoria de nosso planeta; em áreas interdisciplinares podemos salientar a "EURONATURA", ONG portuguesa que propõe discussões e ações sobre a proteção internacional sobre as alterações climáticas, a poluição das águas e o extermínio da flora e da fauna, possuindo integrantes de diversos ramos da ciência (www. euronatura. pt).

Meio Ambiente
DIREITO E DEVER FUNDAMENTAL

cerne das discussões o desenvolvimento sustentável da economia e do meio ambiente, com o intuito de fazer permanecer a biodiversidade do meio no qual estamos inseridos.

Cada vez mais essas organizações são as responsáveis pela elaboração de leis de proteção ambiental e de conscientização do Poder Judiciário, tanto por influência deste, quanto da atividade ímpar praticada pelos membros do Ministério Público.

A omissão participativa da coletividade e dos órgãos do Poder Público poderá resultar em um prejuízo incalculável que será suportado por toda a humanidade, haja vista a natureza difusa do direito fundamental à proteção ambiental. Fiorillo[506] alerta que o fato de a administração desse bem ficar sob a custódia do Poder Público não elide o dever do povo de atuar na conservação e na preservação do direito do qual é titular.

6.5. Direito ambiental e bem essencialmente difuso e coletivo

Habermas salienta os seguintes pontos com a finalidade de elucidar a compreensão da constituição: sistema político, especializado na produção de decisão; política, responsável por problemas que atingem a sociedade como um todo; e, além disso, as decisões que envolvem a coletividade têm que ser vistas como a concretização de direitos.

O referido autor sustenta que essa prática é perenizada nas formas de organização do Estado democrático, perfectibilizado pela Constituição. Habermas afirma que toda a constituição histórica desenvolve uma dupla relação: como documento histórico e projeto de sociedade justa. Para tanto, Habermas apresenta a síntese dos elementos a serem levados em conta pelo sistema jurídico, dispondo que a reconstrução desses direitos revelou que os direitos fundamentais e os princípios do Estado de Direito explicitam apenas o sentido performativo da autoconstituição de uma comunidade de parceiros do direito, livres e iguais.

O controle do cidadão sobre o aparato estatal torna-se cada vez mais atuante e capaz de imprimir uma nova dinâmica à própria democracia representativa. Desta forma, o controle popular caracteriza-se

---

[506] C. A. P. Fiorillo, Op. Cit., p. 38.

como instrumento que possibilita a participação direta dos administrados no Poder Público.

Mediante um processo de justiça dinâmica, especialmente, uma lei não mais atende à sociedade como um todo, quando passa a ser questionada quanto à sua legitimidade, pode vir a ser revogada ou reformulada. Esses questionamentos são oriundos de discussões, de atos de fala do cidadão comum, do leigo, não só do técnico. A comunidade de comunicação torna-se viva dentro dos espaços de esfera pública, onde organizações não-governamentais discutem e tentam solucionar problemas ligados ao interesse comum que, por ventura, não forem os mesmos interesses do Estado dominante.

A nossa Carta Constitucional dispõe sobre várias hipóteses de gestão democrática, tanto na seguridade social como na educação, e principalmente na proteção do ambiente e do patrimônio cultural. Rocha[507] salienta que a construção de uma cidade ecologicamente equilibrada depende, em muito, da construção de uma gestão democrática e participativa,[508] afastando de uma vez por todas a concepção autoritária da administração, tendo em vista que a cidade é de todos, o ambiente é de todos, constituindo, por conseqüência, um bem essencialmente difuso.

As organizações não-governamentais e outras formas de gestão democrática vão surgir quando a sociedade, representada pelo conjunto de seus cidadãos, no mundo da vida, conflitar com os interesses do Estado político-econômico dominante, buscando mais moralidade no agir e mais consciência ao desenvolver tecnicamente a sociedade em conjunto com o meio ambiente.

A função do poder comunicativo, da comunidade de comunicação consubstancia-se no efetivo uso da democracia nos espaços de esfera pública, nos quais poder-se-ão realizar discussões acerca da proteção ao meio ambiente, das leis ambientais, do desenvolvimento do capital, da exploração das forças naturais.

Somente será possível um desenvolvimento sustentável do planeta quando houver o interesse de todos ou pelo menos de grande parte

---

[507] J. C. de Sá da Rocha, *Função Ambiental da Cidade – Direito ao meio ambiente urbano ecologicamente equilibrado*, p. 45.

[508] A construção desse espaço democrático e participativo representa o exercício do direito à participação direta da população na gestão das políticas ambientais. A necessária criação e incentivo de organizações atuantes na proteção do ambiente a partir do estabelecimento de procedimentos adequados.

dos cidadãos do mundo, pois é o homem, como instituição social, que desperta para o interesse de preservar o meio em que vive, exercendo, inclusive, a tutela do que Habermas denomina como o "direito da criatura muda". Torna-se imperiosa, portanto, a tomada de consciência da população em torno de uma ética de preservação universal em que todos, sem exceção, possuam sua quota de responsabilidade. Esta posição político-ideológica de ação e função da população em face da proteção ambiental encontra arrimo na nossa própria Lei Fundamental. O *caput* do artigo 225 da Constituição Federal de 1988 impôs à coletividade e ao Poder Público o dever conjunto de preservação. Neste contexto, afirma Fiorillo,[509] "a Constituição Federal de 1988, em seu artigo 225, *caput*, consagrou na defesa do meio ambiente a atuação presente do Estado e da sociedade civil na proteção e preservação do meio ambiente, ao impor à coletividade e ao Poder Público tais deveres. Disso retira-se uma atuação conjunta entre organizações ambientais, sindicatos, indústrias, comércio, agricultura e tantos outros organismos sociais comprometidos nessa defesa e preservação".

Nessa perspectiva, cabe expor o conceito de Justiça Dinâmica de Heller,[510] que compreende a Justiça como a possibilidade de todos e de cada um de questionar, de tematizar as normas que nos regem. A responsabilidade por adequar, criticar e até mesmo aprimorar estas normas recai, de certa forma, sobre a própria população a elas submetida, uma vez que só o realmente envolvido poderá julgar determinada norma ou regra como válida, legítima, certa ou errada na análise historicizada e circunstanciada a um tempo e a um espaço. Tal merece ainda maior relevo no que diz com a proteção ambiental, já que em jogo está a vida e a responsabilidade solidária de todos.

Assim, observa-se a necessidade de surgimento dos espaços de esfera pública para que se propicie o costume e o desenvolvimento do pensar, do questionar, do criticar, e, ao mesmo tempo, que se instaure a necessidade da produção de alternativas, de substituições, de novas propostas. O papel do terceiro setor no mundo em que vivemos ganhou grau de notoriedade pelo poder que tem à sua disposição, no sentido de poder aglutinar um grande número de cidadãos em todo o mundo, para discutir, pensar e proteger o ecossistema maior no qual vivemos, resgatando-se também o elemento democrático-participativo indispen-

---

[509] C. A. P. Fiorillo, Op. Cit., p. 37.
[510] A. Heller, Op. Cit., p. 165-209.

sável à efetividade e legitimação das políticas e das normas protetoras do ambiente.

Habermas e Heller de alguma forma se aproximam quando dispõem sobre os espaços e usos da esfera pública pela sociedade civil e de que forma a justiça, dentro deste contexto pode ser o mais próximo da Justiça, ou seja, de que forma o conceito de justiça poderia se adequar à mobilidade de um direito vivo, que é discutido, que é questionado.

Contudo, a participação popular na formação da vontade do Estado, conforme afirma Séguin,[511] ainda está ensaiando seus primeiros passos, ou seja, está engatinhando neste processo de tomada de consciência e de instigação à participação popular em sua radicalidade. Séguin[512] acentua que "(...) as representações continuam nas mãos de grupos que se perpetuam apenas trocando de cadeiras. A fiscalização é deficiente e o grosso da população não sabe como reclamar ou a quem. Ainda não aprendeu que só se indignar não resolve, que é preciso agir (...)."

Afirmamos, assim, que a participação popular constitui ainda um dos elementos do Estado democrático e social de Direito, no entender de Fiorillo,[513] ao apresentar que todos os direitos sociais integram a estrutura essencial para uma saudável qualidade de vida, que é um dos pontos nucleares da tutela ambiental. E, para que se concretizem as ações participativas e conscientes, no sentido de consubstanciar uma nova postura coletiva para proteger o ambiente, é imperativo desenvolvam-se, de forma paralela e intercomunicativa, a informação e a educação ambiental.

A preocupação com o futuro dos recursos naturais de nosso planeta, por meio da degradação da flora, da fauna, da terra, da água e do ar em todos as regiões, foi a propulsão necessária para realizar essas reflexões. Proteger o meio ambiente encontra-se revestido de capital importância para a própria manutenção da vida na Terra e, por meio delas, procuramos desvendar qual o papel do Direito, da sociedade e do Estado na imprescindível tarefa de preservação ambiental.

Destacamos a possibilidade de redimensionar a posição do homem em relação ao Meio Ambiente. Além disso, desafiamos o Direito a possibilitar ao homem, através de sua participação efetiva, a redi-

---

[511] E. Séguin, *O Direito Ambiental: nossa casa planetária*, p. 27.

[512] Ibidem.

[513] C. A. P. Fiorillo, Op. Cit., p. 38.

mensionar o ordenamento jurídico, emoldurado pelas dimensões de legalidade e legitimidade. Nesse sentido, avaliar o bem jurídico tutelado é fundamental para compreensão da legitimidade da lei e do próprio ordenamento jurídico.

Partimos do ponto de vista jurídico-constitucional para caracterizar a proteção ambiental como parte integrante do grupo seleto dos direitos fundamentais da Constituição brasileira de 1988. Nessa perspectiva, a premissa nuclear de nossas reflexões parte da tentativa de caracterizar o direito à proteção do meio ambiente, na esfera jurídico-constitucional, como um bem jurídico fundamental. Para tanto, fizemos uso da análise da evolução da proteção jurídica do meio ambiente, nas esferas do direito constitucional nacional, do direito constitucional comparado e do direito internacional, assumindo que a tutela desse bem jurídico foi-se alçando, paulatinamente, à categoria jurídica postada no cume do ordenamento jurídico na grande maioria das Constituições européias e americanas.[514]

O Direito à Proteção Ambiental representa mais do que a descrição da existência de um Direito, é um Direito de proteção ao meio ambiente, é um Direito portador de uma mensagem de interação entre o homem e a natureza, para que se estabeleça um relacionamento mais harmonioso e equilibrado. Não é de surpreender que esse seja um Direito de caráter horizontal, representando um direito fundamental de caráter *erga omnes*, recobrindo diferentes ramos do Direito clássico, procurando estabelecer uma interação entre eles de forma que o âmago do direito ambiental penetre no ordenamento jurídico para os orientar em um sentido ambientalista.

O direito e o dever fundamental do meio ambiente consubstancia-se em um caráter de função mista em relação à teoria dos direitos fundamentais, em virtude da diversidade de normas existentes no artigo 225 da Constituição Federal. O direito fundamental de proteção ambiental, assim como o dever, possui um caráter em sentido prestacional, quando cumpre ao Estado, por exemplo, prestar a proteção aos recursos naturais – representados pelo ecossistema ecologicamente equilibrado – ou a promoção de alguma atividade para a efetiva proteção do meio ambiente, contra intervenções de terceiros e do próprio

---

[514] Ao longo do trabalho podemos constatar a presença de diversos exemplos constitucionais alienígenas que consideram o direito à proteção do meio ambiente como um direito fundamental do cidadão.

Poder Público. Assume, ainda, seu caráter em sentido de defesa quando proíbem seus destinatários de destruir, de afetar negativamente o objeto tutelado.

Em virtude da já referida diversidade de normas do artigo 225, a mesma duplicidade de caracterização, que ocorre com a questão da função, ocorre também, em relação à eficácia. Ressaltamos, em nosso estudo, salvo entendimentos em contrário, a existência de diversas eficácias correspondentes a diversos direitos compreendidos no artigo 225. Apesar de defendermos a idéia de que o direito (e o dever) fundamental de proteção do meio ambiente é um direito fundamental em sentido formal (pois está positivado no corpo do texto constitucional, mesmo que fora do Título II da Carta) e no sentido material (haja vista seu conteúdo ser nitidamente fundamental) e, em decorrência estar submetido ao § 1º do artigo 5º, o que lhe concede aplicabilidade imediata, algumas normas dispostas no artigo 225 necessitam de uma interposição do legislador para serem efetivadas. Tal afirmação resulta na conclusão de que estamos defendendo a existência de normas de eficácia plena e de eficácia limitada, no que diz respeito ao artigo 225.

Buscamos, finalmente, evitar o isolamento da temática ambiental e sua abordagem antagônica, procurando interpretar os mecanismos de proteção ambiental de forma interligada com os instrumentos jurídicos direcionados à organização do Estado e à satisfação de necessidades do homem. É imperativo que se possa, sempre, extirpar do edifício jurídico os tijolos que não mais acompanham a edificação. Tal tarefa deve ser efetuada por intermédio da revogação ou modificação de preceitos legais que, a despeito de vigentes, não mais se adaptam aos interesses da coletividade, através do efetivo exercício de cidadania questionadora e reformadora.

A letra formal da lei passa a constituir-se em letra viva de uma prática vivida em sua condição concreta. Asseveramos, também, que a proteção do meio ambiente para além de se constituir em um direito fundamental, caracteriza-se como um dever fundamental e, é na prática viva do Direito que se insere, não só o direito, mas também o dever e a responsabilidade do homem na construção de um novo ordenamento jurídico, adequado às constantes transformações sociais.

Trabalhamos a idéia da proteção ambiental pelo prisma constitucional com o escopo de incluir a proteção ambiental como um direito fundamental, mas mais do que isso. Procuramos entender e esclarecer a posição do direito à proteção ambiental como um dever fundamental explícito na nossa Constituição. O intuito dessas classificações e caracterizações é incutir/promover (mesmo que pareça rude dizer assim) na sociedade o espírito cidadão necessário para a preservação do meio em que vivemos.

Pois, acreditamos que somente através de uma conscientização da imperatividade de ações preservacionistas que o ambiente conseguirá manter-se, ou tornar-se, equilibrado e sadio para essa e para as próximas gerações. A força do direito manifesta-se a todo o momento, proporcionando à proteção do meio ambiente uma posição nuclear em nosso ordenamento, como um direito fundamental alicerçado em dimensão solidária/fraternal. Mas para que esse direito torne-se, para além do eficaz, efetivo, é necessária a participação da coletividade (já que titulares/destinatários) desse direito, para que despertem à consciência ecológica, à ética ambiental, ao exercício da cidadania.[515]

Julgamos, dessa forma, pertinente que se reflita sobre as seguintes questões: a legislação ambiental brasileira tem atingido seu escopo maior de proteção ao Meio Ambiente? Existe verdadeira efetividade na proteção jurídico-constitucional do meio ambiente? Até que ponto o cidadão tem participado efetivamente dos processos que levam à formação dessas legislações? O cidadão brasileiro está preparado para, através de espaços democráticos, exercer seu poder comunicativo e lutar pelo que, legitimamente, acredita? Que papel está exercendo a sociedade civil no cenário jurídico-político nacional? Até que ponto o homem reconhece que além de reclamar direitos possui a obrigação social de prestar deveres?

A resposta a essas questões é fundamental para que se estabeleça uma política ambiental voltada para efetivação da vontade popular, por intermédio de um direito legal e legítimo, fundamentado em uma educação ambiental preocupada com a conservação e a preservação do ambiente.

Universalizar o pensar jurídico, por meio da participação do homem no que se refere a direitos e deveres, é uma forma de trazer às soluções de demandas e litígios a verdadeira intenção da lei, do legislador e do cidadão. Essa visão deve ser norteada pela interpretação sistemática, com o intuito preventivo de evitar antinomias axiológicas, oferecendo, dentro do edifício jurídico vigente as soluções mais ade-

---

[515] Apesar de que em nossa opinião o titular/destinatário do direito em tela vai mais além do que puramente o cidadão, para nós o titular/destinatário é o homem.

quadas ao espírito do ordenamento, produzindo diretrizes para uma interpretação em consonância plena com a alma da nossa Constituição.[516]

É imperioso ressaltar, ainda, que o direito à proteção ambiental caracteriza-se por ser um direito e um dever fundamental do homem. Através desta fundamentalidade somos, ao mesmo tempo, detentores de direito e obrigados a um dever. Através do nosso estudo, observamos que muito além das determinações jurídicas, ou até, de todas as teorias jurídico-constitucionais, nosso papel como ser humano somente será digno de nossa existência, se honrarmos o ambiente em que vivemos. Mais do que titulares de um direito fundamental, estamos eticamente obrigados a um dever fundamental de manter este planeta saudável e ecologicamente equilibrado, tentando colocar em prática esta complexa teia teórica que define o direito-dever fundamental de preservar o ambiente da vida.

---

[516] Ver: J. Freitas, *Interpretação Sistemática do Direito*, p. 155.

7. Por uma ética ambiental

> "(...) ser ecologista, não é apenas ser contra aquilo que se chama Progresso, não é apenas ser anti-qualquer coisa ou anti-tudo ou porque está na moda, não é apenas ser por certas manifestações com o seu quê de folclore (que também é, aliás, importante); ser ecologista é sobretudo acreditar que a vida pode ser melhor se as mentalidades mudarem e tiverem em consideração os ensinamentos que a velha Terra e ainda o velho Universo não cessam de nos transmitir."[517]

7.1. Razões de ser de uma ética ambiental

A tematização de uma ética ambiental faz retomar as dimensões que orientaram esta obra e que tratam da proposta, já explicitada, de tratarmos o meio ambiente para além de um direito fundamental, mas também como um dever fundamental. Para enfatizar este tópico, retomamos os fundamentos de uma teoria dos deveres fundamentais, na qual "o tema dos deveres fundamentais é reconhecidamente considerado dos mais esquecidos da doutrina constitucional contemporânea".[518] Como afirmamos valemo-nos de Nabais[519] para trazer a

---

[517] Fernando Pessoa. *Ecologia e Território*. Porto: Afrontamento, 1985, p. 73 *apud* V. Passos de Freitas, *A Constituição Federal e a Efetividade das Normas Ambientais*, p. 17.

[518] J. C. Nabais. Op. Cit., p. 15-16.

[519] J. C . Nabais, no artigo intitulado "*A face oculta dos direitos fundamentais: os deveres e os custos do direitos*", propõe que "os direitos e os deveres sejam colocados no mesmo plano, no mesmo plano constitucional. Pois tanto os direitos como os deveres fundamentais integram o estatuto constitucional do indivíduo, ou melhor da pessoa. Um estatuto que assim tem duas faces. Ambas igualmente importantes para compreender o lugar que a pessoa humana deve ter na constituição do indivíduo (...)".

proposta de uma "lista aberta de deveres fundamentais", correspondendo a uma liberdade acompanhada da devida responsabilidade social do indivíduo, como também defendido em Vieira de Andrade.[520] A assunção de temas como ecologia, ética, relação do humano tem a ver, em nosso julgamento, com dimensões inerentes aos direitos fundamentais, assim como aos deveres fundamentais.

A partir de uma ótica voltada ao estado democrático, como pondera Habermas, independente de abordagens vinculadas ao direito ambiental, uma série de pressupostos se instauram e dimensionam condições à instauração de sistemas de direitos, direitos esses que contemplam o meio ambiente em seus múltiplos atravessamentos.

Habermas[521] defende "(...) que os direitos fundamentais e os princípios do Estado de direito explicitam apenas o sentido performativo da autoconstituição de uma comunidade de parceiros do direito, livres e iguais. Esta prática é perenizada nas formas de organização do Estado democrático de direito. Toda constituição histórica desenvolve uma dupla relação com o tempo: enquanto documento histórico, ela relembra o ato de fundação que interpreta; enquanto projeto de uma sociedade justa, a constituição articula o horizonte de expectativas de um futuro antecipado no presente. E sob a ótica desse progresso constituinte, duradouro e contínuo, o processo democrático da legislação legítima adquire um estatuto privilegiado".

O exame e a própria proposta teórico-prática de uma ética ambiental tem sua gênese, em primeira mão, na própria historicidade dos direitos fundamentais. Como inerente à herança dos princípios revolucionários enfatizados e materializados no século XVIII, e que vão abraçar os ideais de liberdade, igualdade e fraternidade, dão origem aos direitos de primeira dimensão. As lutas demarcadas pela liberdade não dão conta, no ordenamento jurídico, das necessidades, expectativas e desenvolvimentos socioeconômico-culturais. Os direitos de segunda dimensão como direitos sociais, por sua vez, nascem abraçados às idéias de igualdade, como bem postula Bonavides,[522] e, com eles, são contemplados os direitos coletivos, destacando-se as garantias constitucionais. Mas estes, da mesma forma, ainda não contemplam o ideal e o compromisso da agenda presente na modernidade, como diz Ha-

---

[520] J. C. Vieira de Andrade. Op. Cit., p. 149 e ss.

[521] J. Habermas. Op. Cit., p. 119.

[522] Bonavides. Op. Cit.

bermas.[523] Têm por compromisso o gênero humano, como valor supremo e fundado na idéia de fraternidade. É sobre esta terceira dimensão dos direitos fundamentais que se assentou o presente estudo e o conseqüente direito a uma ética solidária e fraterna, não centrada somente na proteção individual, de um grupo ou de um determinado Estado.

A esses, agregam-se os deveres fundamentais[524] como "obrigações positivas perante a comunidade, além de parcela inerente as ações sociais e individuais dessa mesma sociedade".[525] Traduz-se, aqui, a mobilização do cidadão para a realização do bem comum e, neste sentido, constituem-se como posições jurídicas passivas, autônomas, subjetivas, individuais, universais, permanentes e essenciais como um dever jurídico condicionante ao viver e ao conviver.[526]

Esses direitos e deveres fundamentais jurídicos condicionantes ao viver e ao conviver se apóiam nas dimensões de ética e de moral instituídas. Fundada na formação geral da vontade, de Habermas,[527] vem pressupor um campo ético e uma filosofia moral, pois, para o autor supracitado, "a ética refere-se ao bem do indivíduo ou da comunidade, ao passo que a moral tem a ver com a justiça". Em nosso caso, referem-se à construção de uma moral que privilegie condições éticas centradas em princípios autônomos e não-heterônomos, como pressupõe uma democracia, um Estado de direito democrático.

7.2. Pressupostos de uma ética ambiental

Com essa proposta, um dos eixos da teoria crítica social de Habermas, há um direcionamento à "uma teoria social capaz de reconhecer a intersubjetividade dos sujeitos numa reciprocidade dialógica que reúne o 'eu' e o 'tu' em torno de expectativas comuns, formando um 'nós' que está frente a outros sujeitos também capazes de linguagem e ação. A idéia de Habermas é elaborar uma estrutura, na qual os conceitos de mundo vivido e a teoria da sociedade possam dar um sentido comum aos sujeitos comunicativos, preservando simultanea-

---

[523] J. Habermas. *Discurso Filosófico da Modernidade.*

[524] J. C. Nabais. Op. Cit. ; J. C. Vieira de Andrade. Op. Cit.

[525] B. F. Macera. Op. Cit.

[526] P. Pastor y R. Arias Bustamante. Op. Cit. *Apud.* B. F. Macera, Op. Cit., p. 32.

[527] J. Habermas. *Direito e Democracia*, p. 23.

mente a identidade e a não-identidade do eu e do outro numa comunidade intersubjetiva".[528]

É o próprio Habermas[529] quem afirma estar a construção desse direito ligado a *três fontes de integração social* "através de *uma prática de autodeterminação*, que exige dos cidadãos o *exercício comum de suas liberdades comunicativas*, o direito extrai sua força integradora em última instância, de *fontes de solidariedade social*". (grifo nosso).

Como enfatiza em momento posterior da sua obra, Habermas[530] "em primeira linha, a prática de autodeterminação de cidadãos orientados pelo bem comum, que se compreendem como membros livres e iguais de uma comunidade cooperadora que a si mesmo se administra."

É na base de um processo reconstrutivista[531] que o próprio Direito assume seu espaço e a categoria do Direito como ordenamento jurídico. Segundo estudos de Habermas, os processos de diferenciação da sociedade, a formação da vontade em relação a padrões individuais, as esferas orientadas pelo interesse do sucesso individual, a complexidade da sociedade em perspectivas etnocêntricas trazem desafios à própria organização da sociedade em suas condições morais e éticas. A estas questões, Habermas levanta alguns dos problemas típicos das sociedades modernas e que em sua teorização nos afetam da seguinte maneira: "como estabilizar, na perspectiva dos próprios atores, a validade de uma ordem social (...) tornando-as distintas de interações estratégicas?"[532] Como manter ou criar espaços públicos para a instauração de discursos comunicativos, eticamente instituídos?

Com a Ética Discursiva ou ética do discurso, Habermas vem propor ações que transcendem o denominado sujeito monológico. As ações superam esse sujeito particular, investindo nos processos intersubjetivos. Nesse enfoque, uma comunidade de comunicação, base dessa ética, está fundada e "é produto da tematização das situações reais, nas quais sujeitos capazes de linguagem e de ação se dispõem a um entendimento possível, para chegar ao consenso sem coação a

---

[528] Pizzi, Jovino. *Ética do Discurso*, p. 56.

[529] J. Habermas. *Direito e democracia*, p. 62.

[530] Idem, p. 332.

[531] Idem, p. 44.

[532] As propostas de ação estratégicas, contrariamente às ações comunicativas, dizem respeito às formas de influência e de dominação social não instituídas via o melhor argumento como em uma ética discursiva. Constituem processos de exercício de poder, de lucro, de influência com base na coação, coerção ou dominação.

respeito da legitimidade das pretensões de validade",[533] sejam elas quais forem.

Da mesma forma, a construção intersubjetiva desse consenso é objeto do enfrentamento de conflitos, de dissensos, desde que asseguradas condições de abertura a fala do outro, além do descentramento da fala do autor como única expressão de pretensões de validade. Pressupõem uma garantia de reciprocidade. Nela, "o sujeito comunicativo tem a consciência de que está diante de um outro que é também sujeito comunicativo, capaz de linguagem e ação. Esses 'eus', através do reconhecimento recíproco, formam um 'nós', que não está isolado, mas está diante de outros sujeitos, que são participantes potenciais no diálogo".[534]

É nessa ordem que se insere a abordagem de uma ética ambiental. A pressuposição de constituição de um dever que inclua os diversos atores sociais para a constituição seres de direito[535] em suas diversificadas e múltiplas configurações socioculturais, quais sejam os sujeitos capazes de linguagem e os seres mudos, os animais em sua condição de tutela.

A problemática existente entre as relações da ética e da ecologia é relativamente recente e complexa. Conforme o entendimento de Renaud,[536] esta realidade pode e deve ser entendida de forma recíproca, como sendo o impacto da ética sobre a ecologia, e como sendo um desafio que a ecologia levanta para a reflexão ética.

Nessa ética ecológica, a nossa ética ambiental torna "(...) difícil de responder es la pregunta fundamental de la ética ecológica: ¿qué tiene que decir ante la vulnerabilidad de la criatura muda una teoría que se limita a un círculo de destinatarios formado por los sujetos capaces de hablar y de actuar? En la compasión con el animal torturado, en el dolor por los biotopos destruidos, se alzan intuiciones morales que no pueden ser satisfechas seriamente por el narcisismo colectivo

---

[533] Pizzi, Jovino. *Ética do Discurso*, p. 59.

[534] J. Pizzi. *Ética do Discurso*, p. 59.

[535] Habermas vem propor, para as negociações, renegociações das condições de consenso, processos de instauração do melhor argumento. É a força do melhor argumento que se faz presente, sem coação, coerção, desde que os sujeitos estejam expressando-se de uma forma lógica e inteligentemente, busquem dar-se a entender sobre algo seja na condição de ouvinte ou de falante simultaneamente, e, além disso, busquem entender-se com os demais. Essa proposta é portadora de ações que ultrapassam o mero nível de uma conversação e que pressupõem o descentramento de uma condição monológica.

[536] I. C. Rosa Renaud, *Dimensão ecológica do Bioética*, p. 131.

de un modo de ver las cosas que en el ultimo termino no es sino antropocéntrico".[537]

É nessa direção, ainda, que Habermas[538] continua questionando nosso envolvimento em questões de ordem cotidiana e, ao mesmo tempo, de alcance global "o filósofo moral no dispone de um acceso privilegiado a lãs verdades morales. En vista de las cuatro grandes cargas moral-políticas que pesan sobre nuestra propia existencia – en vista del hambre y de la miseria del Tercer Mundo; en vista de la tortura y de la continuada violación de la dignidad humana en los Estados que no lo son de Derecho; en vista del creciente desempleo y del dispar reparto de la riqueza social en los países industrializados occidentales; en vista, finalmente, del riesgo autodestructivo que significa la carrera armamentística atómica para la vida sobre este planeta – en vista de situaciones provocativas de este tipo, mi concepción restrictiva de la capacidad de la ética filosófica puede que suponga una decepción, pero en todo caso es también un aguijón: a filosofía no exonera a nadie de su responsabilidad práctica."

A tomada de consciência dos riscos ecológicos que afetam a natureza estimula o pensamento filosófico apontando para a necessidade de superação do antropocentrismo que dominou o pensamento e os hábitos culturais dos últimos séculos. Singer[539] frisa que "as atitudes ocidentais frente à natureza surgiram de uma mescla das atitudes do povo hebreu, como representado nos primeiros livros da Bíblia, e da filosofia da Grécia Antiga, em especial a de Aristóteles" e, salienta, ainda, que "(...) tanto a tradição hebraica quanto à grega transformam os seres humanos no centro do Universo moral, de fato, não apenas no centro, mas com muita freqüência, na totalidade das características moralmente relevantes deste mundo".

Singer[540] exemplifica seu discurso ao transcrever um trecho do Gênesis que relata a história bíblica da criação: "e disse Deus, façamos o homem à nossa imagem e semelhança: e que ele tenha domínio sobre os peixes do mar, e sobre as aves do céu, e sobre o gado e sobre toda a terra, e sobre todos os seres que rastejam na terra. Assim Deus criou o homem à sua imagem, criou-o à imagem de Deus; o homem e a

---

[537] J. Habermas, *Aclaraciones a la ética del discurso*, p. 32-33.

[538] Idem, p. 33.

[539] P. Singer, *Vida Ética*, p. 119.

[540] Idem, p. 120. *Gênesis*, 1:26-28.

mulher criou-os Ele. E Deus abençoou-os, e lhes disse: crescei e multiplicai-vos, repovoai e dominai a Terra; e dominai os peixes do mar, e as aves do céu e todas as coisas vivas que se movem na Terra". Singer manifesta-se adotando a posição de que "segundo a tradição ocidental dominante, o mundo natural existe para o benefício dos seres humanos" e deixa transparecer na sua fala que "Deus concedeu aos seres humanos o domínio sobre o mundo natural, e a Deus não importa como nós o tratamos. Os seres humanos são os únicos membros moralmente importantes nesse mundo". O autor assevera que, sob a ótica da tradição ocidental dominante, que a própria natureza carece de valor intrínseco, "e a destruição das plantas e dos animais não pode ser um pecado, exceto se nessa destruição foram prejudicados os seres humanos".[541]

No entanto, em face de tal questão, preferimos adotar a posição destacada por Attfield[542] na qual aponta que o significado da expressão *domínio* na Bíblia deveria ser interpretado como *cuidado*, em vez de ser considerada como uma licença para a humanidade fazer dos outros seres vivos o que lhe der vontade. Cremos que o trecho citado do Gênesis é uma diretriz para que o homem zele pelos outros seres vivos em nome de Deus e para ser responsável perante Ele pelo modo como são tratados.

Renaud[543] ressalta que se os humanos dominam a natureza para sobreviver, eles também fazem parte dela; voltar a encontrar estes laços de interdependência com o ambiente em que vivemos e com tudo aquilo que o integra não significa somente preservar a qualidade do ar e da água, mas ir ao encontro de uma nova compreensão do cosmos no qual vivemos o nosso destino pessoal e coletivo.

A referida autora dispõe, ainda, que o cerne dessa recente e permanente tarefa impulsionada por essa inovadora forma de pensar consiste em descentrar o ser humano. Quando se diz que o homem é o dono, o senhor da natureza, esta senhoria pode ser entendida como conivência de serviço recíproco, e não como dominação exploradora. Se a natureza está no meio da realização do projeto humano, este meio é conjuntamente intermediário e mediador; pensar a mediação como recíproca significa que os seres humanos são envolvidos num projeto

---

[541] P. Singer, Op. Cit., p. 121.

[542] R. Attfield, *The Ethics of Environmental Concern, apud* P. Singer, Op. Cit., p. 119.

[543] I. C. Rosa Renaud, *Dimensão ecológica do Bioética*, p. 133.

que os supera. Renaud[544] dispõe que "tudo se passa como se a cidade dos fins evocada por Kant não pertencesse somente ao nível das consciências, mas também ao mundo natural".[545]

É Habermas,[546] ainda, quem nos desafia a enfrentar a análise de uma ética ambiental a partir de alguns questionamentos que nos obrigam a processos de auto-reflexão, de reflexão coletiva e de reflexão independente. Assim, são "como cumprir o princípio fundamental da ética do discurso, que exige em cada caso, quando não questionamos nossas ações em relação às minorias, aos grupos excluídos, aos animais e seguimos promovendo ações que, do ponto de vista ético descumprem com os propósitos e pressupostos de igualdade e de solidariedade?"

Nesse sentido, as dimensões morais dependem da suscetibilidade dos homens, da suscetibilidade e fragilidade crônica da identidade do corpo e da vida, exigindo: (1) o reclame de igual respeito pela dignidade de cada um e, (2) reconhecimento recíproco presente nas relações intersubjetivas, preservando os membros de uma dada comunidade. Nesses fazeres, estão presentes processos teóricos vinculados à justiça e à solidariedade. Segundo Habermas: "enquanto um postula respeito e direitos iguais para cada indivíduo, o outro reclama empatia e cuidado em relação ao bem-estar do próximo".[547]

Diferentemente da filosofia da consciência, Habermas, com a teoria do discurso moral ou como é mais conhecida, "ética do discurso", propõe uma unidade entre esse dever e o ser, as que separam justiça e bem-estar geral. Mantemos interlocução com as defesas de Habermas,[548] ao propor que todas as morais se movimentam em torno dos princípios relativos à (1) igualdade de tratamento, (2) à solidariedade e bem-estar geral e estas ancoram-se "no reconhecimento recíproco de sujeitos responsáveis, que orientam suas ações por pretensões

---

[544] I. C. Rosa Renaud, Op. Cit., p. 133.

[545] C. Larrère e R. Larrère, *Do Bom Uso da Natureza*, p. 15. Os autores alertam para a necessidade de se imprimirem padrões éticos em relação a nossa conduta frente ao meio ambiente. Os referidos autores questionam se as transformações contemporâneas das ciências da natureza nos impedem de ver que o homem faz parte dela. Podemos salientar, ainda, que diversamente de Habermas, Kant vem propor uma divisão numa moral universalizante, que pressupõe a crítica da razão teórica, perfeitamente tematizável e a crítica da razão prática, relativa às questões de ordem moral, como não abertas à tematização.

[546] J. Habermas. *Aclaraciones a la ética Del discurso*, p. 32.

[547] Ibidem

[548] Ibidem.

de validade." Nessa linha, essa busca de um consenso só é conseguida mediante ações intersubjetivas, estabelecidas num plano discursivo, ligadas a cada sujeito ou aos interesses de cada um e, paradoxalmente, aos interesses de todos, obrigando a superação de uma perspectiva egocêntrica, obtida mediante o estabelecimento de práticas comunicativas instituídas num espaço público, ancorada em um discurso público organizado e vivido intersubjetivamente. São idéias que subjazem a partir do conceito intersubjetivista de autonomia, que pressupõe o livre desenvolvimento da identidade do eu, da personalidade de cada um como base à realização da liberdade de todos.

Esses operadores de análise somente cumprem um papel procedural e processual de orientar-nos ao trabalho com o ambiente, com os sujeitos e entes que dele fazem parte, como desafios a vencer no processo de desenvolvimento moral, que depende do interjogo entre cada um e todos. São desafios que colocam, cada um de nós, frente a frente, em um processo de transformação reflexiva de formas de vida, sem nos atermos ao que o autor denomina "como proceder de forma reformistas, isto é, segundo leis já existentes e consideradas legítimas".[549]

A proposta habermasiana, por meio de que denominamos de eixo paradigmático,[550] pressupõe a ruptura com o paradigma da consciência ou do sujeito, biológico ou social, para um paradigma comunicativo ou da linguagem, via um processo intersubjetivo das relações socioindividualmente construídas,[551] através das quais são mediados os interesses de cada um com os interesses de todos em uma proposta de democracia radical. Quando Habermas vem propor essa guinada paradigmática, o está fazendo em direção à constituição de uma ética intersubjetivamente constituída.[552]

O referido autor, coerente em nossa ótica, indaga por que prismas, interesses e racionalidades são colocadas as questões como o enfrentamento da condição de miséria da população, da qualidade de vida, do desenvolvimento sustentável em sua relação com propostas neoli-

---

[549] J. Habermas, idem, p. 29.

[550] Cf. Habermas, 1990; Freitag e Rouanet, 1980; Medeiros, 1994.

[551] Para uma exploração maior desse tema convém deter-se no material do próprio autor em estudo, explicitado em *Teoria da Ação Comunicativa*, 1988 e *Discurso Filosófico da Modernidade*, 1990c; além da Coleção, *Os Grandes Cientistas Sociais (Freitag e Rouanet)*, São Paulo: Ática, 1980) ou Habermas e outros, na Coleção, *Os pensadores*, São Paulo: Abril, 1983.

[552] J. Habermas, *Teoria de la acción comunicativa*, 1988.

berais da nova ordem econômica? Qual a contribuição que oferecem como um instrumento democraticamente estabelecido? Como se institui a dimensão de reciprocidade e de formação geral da vontade? Além do mais, na moldura de uma descolonização do mundo vivido, como são expressas as relações ético-políticas em termos de uma reapropriação da emancipação crítica, autônoma e reflexiva? E, nesta linha, a que condições de desenvolvimento da consciência moral se agregam? Que consciência ecológica emerge nos diferenciados níveis de consciência moral propostos por dilemas morais?

Nesse sentido, com o que concordamos, Habermas vem propor dimensões procedurísticas na formação dessa vontade moral, do ponto de vista não só individual, nem só coletivo, mas construído intersubjetivamente, captando, em uma comunidade de comunicação, ou no que ele denomina também como processos de uma ação comunicativa, níveis diferenciados de desenvolvimento moral, pois, segundo esse autor, "os níveis de consciência moral se distinguem aqui com base no grau de completa estruturação simbólica dos motivos da ação. Quando os carecimentos relevantes para a ação podem se manter fora do universo simbólico, as normas de ação lícitas e universalistas têm então o caráter de regras para maximização do útil e de normas jurídicas universais, que abrem espaço à busca estratégica de interesses privados, na condição de que a liberdade egoísta de cada um seja compatível com a liberdade egoísta de todos. Isso corresponde (...) como orientação contratual-legalista".[553]

7.3. Uma ética ambiental, reciprocidade e solidariedade

E, quando entendidos em seus princípios intersubjetivamente constituídos e, então, "quando entendidos em sua interpretação cultural, mas atribuída aos indivíduos como qualidades naturais, as normas de ação lícitas e universalistas têm, ao contrário o caráter de normas morais universais. Cada indivíduo deve pôr à prova, monologicamente, a capacidade de generalização de sua norma respectiva. Isso corresponde ao nível (...) de orientação segundo a consciência."

Temos, nessa linha, a presença na edificação da ação, de uma exigência de reciprocidade completa que, de acordo com Habermas,

---

[553] Habermas, J. *Consciência moral e agir comunicativo*, p. 195.

delimita um nível de consciência moral fundado em princípios. Tal nível de exigência implica a consideração dos sujeitos assumidos ou assumindo-se como membros de uma sociedade mundial, pressupondo o construir de uma liberdade moral e política. Há, no presente, uma ênfase à ética aplicada por traduzir-se em uma parte desta ciência que se destina a problemas práticos. Quando tratamos dessa condição, da prática, estamos assumindo tanto suas condições de natureza material, concreta, assim como envolvemos a imprescindível relação com as dimensões ético-morais que compõem esses pressupostos de cunho prático. Nestes se incluem tematizações, tais como: o aborto, a eutanásia; métodos artificiais de reprodução humana, e a ecologia, dentre outros temas similares. Portanto, a ética ordena como devemos realizar nossa conduta, nosso agir em relação aos demais membros da coletividade. Godoy Prudente[554] afirma que a ética e seus princípios, valores e prescrições têm o objetivo de dar um fundamento para a conduta humana; no nosso caso, tem o escopo de fundamentar a relação entre o homem e a natureza.

É nessa linha que Habermas[555] vem propor o "romper las cadenas de una universalidad falsa, meramente pretendida, de principio universalistas obtenidos selectivamente y aplicados de modo insensible al contexto, siempre han sido necesarios, y lo siguen siendo hasta hoy, movimientos sociales y luchas políticas que nos permitan aprender de las experiencias dolorosas y del sofrimiento irreparable de los humillados y ofendidos, de los heridos y asesinados, que no es licito excluir a nadie en nombre del universalismo moral".

Ainda é Habermas[556] quem apresenta, nesse sentido, que segue sendo diferente quando transcendemos "os limites da formação individual da vontade." Ultrapassa-se o questionamento do tipo "- o que devo fazer?" Assim, "deslocando-se da primeira pessoa do singular para a primeira do plural, estamos modificando algo na reflexão, que não só circunscrito ao foro interno (...) uma argumentação pública (...) Ante uma troca de perspectiva, da interioridade do pensamento monológico à publicidade do discurso, (...) há uma modificação (...) do papel em que o outro sujeito sai ao nosso encontro.(...) Desloca-se da perspectiva que olha o próprio êxito e a própria vida(...) Tão logo aparece alguém, que é real e possui uma vontade própria e indelegável, colocam-se

---

[554] M. Godoy Prudente, Op. Cit., p. 77.

[555] J. Habermas. *Aclaraciones a la ética Del discurso*, p. 124.

[556] Ibidem.

novos problemas. Entre as condições de formação coletiva da vontade conta-se em primeira linha esta realidade presente na vontade alheia."

Defendemos, em acordo com Habermas, como sendo essa uma relação estabelecida não somente a partir de princípios abstratos e éticos. A construção de discursos práticos, que vem caracterizar o desenvolvimento de princípios ético-morais, funda-se numa liberdade que não é só formal, mas que cunha uma visão de mundo, de "vida boa" centrada na liberdade moral e política em busca de uma ética universal, que será, em princípio, permanentemente falível, processual e tematizável em função da sua legitimidade ao todo da sociedade.

Não estamos defendendo somente uma visão de jurisdição ancorada num nível de consciência moral que se situa, em nossa percepção, de acordo com Habermas,[557] entre uma sentença voltada para a "lei e a ordem" e o "legalismo social-contratual" pois tais associações lidam com dimensões de liberdades civis e benefício público, desde que sob a ótica da utilidade e da maximização de resultados e não só da construção da autonomia construída socioindividualmente.

7.4. Ética ambiental, facticidade e validade

Essas propostas se configuram em uma dimensão complexa, eticamente comprometida com uma reciprocidade, um processo de solidariedade e justiça presente não só para aqueles que já as têm, como para aqueles que não as têm e, às vezes, nem têm a condição de saber que não as possuem. Essa reciprocidade nos institui em um nível complexo de desenvolvimento moral. Entretanto, fica aqui presente uma tematização: em que medida essa reflexão acerca de algo nos traduz uma prática que se institui tal como proposta? Ou dito de outra forma, qual o real papel da jurisdição e da constituição da vontade coletiva, como exercício da política e da cidadania, na instituição de um ordenamento que contemple a cada um e a todos?[558]

---

[557] J. Habermas, *Para a Reconstrução do materialismo histórico*.

[558] Segundo Habermas, "*o direito não regula contextos interacionais em geral, como é o caso da moral; mas serve como médium para a auto-organização de comunidades jurídicas que se afirmam, num ambiente social, sob determinadas condições históricas*" (Habermas, 1997, p. 191), pois, segundo esse autor, "*enquanto as regras morais* (grifo nosso), *ao formular aquilo que é de interesse simétrico de todos, exprimem uma vontade geral pura se simples, as regras jurídicas* (grifo nosso) *exprimem também a vontade particular dos membros de uma determinada comunidade jurídica.*"

Com isso, amplia-se "o leque dos argumentos relevantes para a formação da vontade política da vontade – aos argumentos morais vêm acrescentar-se razões pragmáticas e éticas. Isso faz com que o peso se desloque: passa-se da formação da opinião para a da vontade".[559] Ainda nos desafia a repensar as relações entre ética e moral na instituição da vida, na regulação da sociedade, no estabelecimento de princípios e regulações do direito, que privilegiem a todos e a cada um, defendemos que "a história da teoria é um componente necessário, um reflexo da tensão entre facticidade e validade, entre positividade do direito e a legitimidade pretendida por ele, latentes no próprio direito. Essa tensão não pode ser trivializada nem ignorada.".[560]

Essa tensão, que vem possibilitar a constituição de diferentes ordenamentos jurídicos, está ancorada, segundo esse mesmo autor, nas modernas idéias de auto-realização e autodeterminação, apoiando-se no que Habermas denomina como questionamentos éticos e/ou morais. Os discursos morais "estão voltados ao regulamento imparcial de conflitos de ação. Ao contrário das considerações éticas, que são orientadas pelo telos de minha vida e/ou nossa vida boa ou não-fracassada, as considerações morais exigem uma perspectiva distanciada de todo ego ou etnocentrismo" Assim, "sob o ponto de vista moral do igual respeito a cada um e de uma consideração simétrica dos interesses de todos, as pretensões normativas de relações interpessoais legitimamente reguladas passam a ser problematizadas".[561]

Essas problematizações, ou melhor, tematizações correspondem ao desafio de constituir normas que sejam obtidas em espaços públicos, instituindo um processo democrático de formação da vontade coletiva, processo esse que contemple a cada um e a todos, no interesse simétrico de todos os atores, incluindo aqui, os atores que podem ser categorizados como "vulnerabilidade da criatura muda", contrapondo-se à idéia presente em sua própria teoria de abrir a formação da vontade coletiva aos sujeitos capazes de fala e de ação. Nesse ponto, o autor instiga à participação e co-responsabilidade do humano para seus co-atores presentes na natureza.

Habermas[562] (1999, p. 29-30) vem tratar moral, a partir da noção de enunciados morais, entendidos como, "servem para coordenar as

---

[559] J. Habermas, *Direito e Democracia: entre facticidade e validade*, p. 192.
[560] Idem, p. 128.
[561] Idem, 133.
[562] Idem, p. 29.

ações dos diversos atores de modo vinculante. A 'obrigação' moral pressupõe certo o reconhecimento intersubjetivo de normas morais ou de práticas comuns que estabelecem para uma determinada comunidade, de modo convincente, aquilo aos quais estão obrigados os atores, assim como o que hão de esperar uns dos outros (...). Uma moral não só diz como devem comportar-se os membros de uma comunidade".

O mesmo autor afirma, ainda, que "as orientações de valor, incluindo as auto-compreensões de pessoas ou grupos orientados por valores, as julgamos desde o *ponto de vista ético* (grifo nosso); os deveres, as normas e os mandamentos os julgamos desde o *ponto de vista moral* (grifo nosso)".[563]

Reforça, ainda, o autor que "um uso da moral da razão prática[564] quando perguntamos o que é bom para todos por igual; e fazemos um uso ético da razão prática quando perguntamos o que é bom, em cada caso, para mim ou para ti".[565]

É condição da sociedade na qual o "o fardo da integração social se transfere cada vez mais para as realizações de entendimento de atores para as quais a *facticidade*(coação de sanções exteriores) e a *validade*(força ligadora de convicções racionalmente motivadas) são incompatíveis, ao menos fora dos domínios de ação regulados pela tradição e pelos costumes.Se for verdade, como eu penso,(...) que complexos de interação não se estabilizam apenas através *da influência recíproca de atores orientados pelo sucesso*, então *a sociedade tem que ser integrada, em última instância, através do agir comunicativo*".[566]

Nessa perspectiva, cabe questionar: o que podemos realmente fazer? A resposta, segundo Schumacher,[567] é tanto simples quanto desconcertante: cada um de nós pode trabalhar para colocar em ordem o interior de nossa própria casa. O argumento é lógico, uma vez que a transformação pessoal produz uma modificação de conduta, que por sua vez, pode ser traduzida por uma vida comunitária sustentável, pois

---

[563] J. Habermas, idem, p. 54.

[564] No sentido atribuído por Kant à razão que lida com a temática da moral.

[565] J. Habermas, *Textos y Contextos*, p. 169.

[566] J. Habermas. *Direito e Democracia*, p. 45, "o conceito elementar de 'agir comunicativo' explica como é possível surgir integração social através de energias aglutinantes de uma linguagem compartilhada intersubjetivamente. (...) Obriga a sair do egocentrismo e a se colocar sob os critérios públicos da racionalidade do entendimento."

[567] F. Schumacher, *Small in Beautiful*, p. 249-250 *apud* A. Dobson, Op. Cit., p. 166.

os elementos essenciais para se fazer possível um "futuro mais verde" são os indivíduos que avançam por si mesmos e se unem com outros indivíduos que fazem o mesmo. E, de acordo com Habermas, "argumentos em prol da legitimidade do direito devem ser compatíveis com os princípios morais da justiça e da solidariedade universal – sob pena de dissonâncias cognitivas – bem como com os princípios éticos de uma conduta de vida auto-responsável, projetada conscientemente, tanto de indivíduos, como de coletividades".[568] Portanto, "no horizonte de uma fundamentação pós-tradicional,[569] o indivíduo singular forma uma consciência moral dirigida por princípios e orienta seu agir pela idéia de autodeterminação".[570]

Silva[571] defende no caso do direito relativo ao meio ambiente, que "os valores ético-jurídicos da defesa do ambiente não esgotam todos os princípios e valores do ordenamento jurídico, pelo que a realização do Estado de Direito Ambiental vai obrigar à conciliação dos direitos fundamentais (...) com as demais posições jurídicas", vinculadas às diferentes dimensões do direito fundamental, sejam as de primeira, segunda ou terceira dimensões.[572]

Séguin[573] filia-se, da mesma maneira, à defesa das teses defendidas nessa obra, ao propor que "a transversalidade do meio ambiente faz aflorar a relação entre a norma jurídica e o poder que, segundo Maria Helena Diniz, (...) envolve uma decisão por dentre muitos caminhos possíveis" no processo de criação da norma jurídica possuidora de grande carga de uma ética ambiental.

Ao trabalhar com essa dimensão ética, Habermas[574] vem propor, na base de estruturação de uma vontade popular, "quando se trata de

---

[568] J. Habermas. *Direito e Democracia*. Op. Cit., p. 133.

[569] Essa divisão pós-tradicional está atrelada à formulação de desenvolvimento de consciência moral de Laurence Kohlberg, psicólogo americano, que prevê três estágios: o pré-convencional, o convencional e o pós-convencional. Cada um destes estágios é subdividido em dois níveis . Neste último, o indivíduo se orienta por princípios.

[570] J. Habermas. Op. Cit., p. 130.

[571] V. P. da Silva. Op. Cit., p. 17.

[572] P. H. Sand, *Lessons Learned in Global Environmental Governance*, apud S. Felgueras, Op. Cit., p. 14. Segundo, Sand, "por dos razones, *nuestra generación cargará com uma responsabilidad sobre el futuro del planeta Tierra más grande que la que haya tenido cualquier generación anterior.* Primero, tenemos un mejor conocimiento – hemos logrado el acceso a una riqueza de información científica sin precedentes y a una creciente capacidad de análisis y predicción. Segundo, podemos actuar mejor – hemos acumulado suficiente experiencia tecnológica e institucional para realizar las acciones internacionales necesarias" (grifo nosso).

[573] E. Séguin. *O Direito Ambiental: nossa casa planetária*, p. 169.

[574] J. Habermas. *Direito e Democracia*, p. 207.

um questionamento eticamente relevante – como é o caso de problemas ecológicos da proteção dos animais e do meio ambiente, do planejamento do trânsito e da construção de cidades, ou de problemas referentes à política de imigração, da proteção de minorias étnicas e culturais, ou, em geral, de problemas da cultura política – então é o caso de se pensar em discursos de auto-entendimento, que passam pelos interesses e orientações valorativas conflitantes, e numa forma de vida comum que traz reflexivamente à consciência concordâncias mais profundas."

Para além disso, o mesmo autor[575] propõe que, em sociedades complexas, "resta a alternativa de negociações que exigem evidentemente a disposição cooperativa (...) [mais] negociações eqüitativas não destroem, pois, o princípio do discurso, uma vez que o pressupõem." Fazemos "uso moral da razão prática quando perguntamos o que é igualmente bom para todos e fazemos um uso ético da razão quando perguntamos o que, em cada caso, é bom para mim ou para ti".[576]

Buscando analisar a existência de uma conduta obrigatória, e não opcional, de proteção ao meio ambiente, passamos a investigar a possibilidade jurídico-constitucional de tornar essa proteção verdadeira e legítima, como parte de um direito jusfundamental de diferente intensidade, aqui configurado como um dever. Para tanto, partimos da premissa de que o direito à proteção ambiental, *além* de um direito fundamental, constitui-se também, e provavelmente para além de um direito, em um dever fundamental de solidariedade, alicerçado em comportamento ético e consciente.

No entanto, essa formação necessita de um ambiente fecundo, no qual sejam privilegiados fóruns de participação centrados nessas dimensões de solidariedade e fraternidade, dimensões essas descentradas de um eu singular, embora o inclua e o valorize, pois, segundo Habermas, idéias com as quais concordamos, "o processo democrático de criação do direito constitui a única fonte pós-metafísica[577] da legitimidade".[578]

---

[575] J. Habermas. Op. Cit., p. 207 ss.

[576] J. Habermas. *Textos y Contextos*, p. 169.

[577] A ação pós-metafísica cria uma inflexão para análises não-transcendentais, vinculadas a ações de ordem da concreticidade da existência, embora não desvinculadas de seus compromissos teóricos.

[578] J. Habermas, *Direito e Democracia*, p. 308, vol. II.

7.5. Ética ambiental e bioética

Damos ênfase ao ponto de vista bioético por traduzir-se em uma parte da ética que se destina a solucionar os problemas relacionados à vida, envolvendo valorações, tais como: o aborto, a eutanásia, métodos artificiais de reprodução humana e a ecologia, dentre outros temas similares. A ética, em nosso caso, tem o escopo de fundamentar a relação entre o homem e a natureza.

Importa na produção dessa reflexão, a reflexão acerca de uma visão integrada entre Homem e Natureza, abalando concepções paradigmáticas vinculadas a ordens universalistas de domínios particulares. É a ordenação por princípios, do ponto de vista teórico.

Segundo Habermas,[579] "toda a moral autônoma tem dois problemas a serem resolvidos de uma só vez: acentuar a intangibilidade dos indivíduos socializados, na medida em que requer um tratamento igual e respeito uniforme em relação à *dignidade de cada um* (grifo nosso); e proteger as relações intersubjetivas de *reconhecimento recíproco* (grifo nosso), na medida em que *reclama solidariedade* (grifo nosso) por parte de indivíduos enquanto membros de uma comunidade em que foram socializados."

Por sua vez, o tratamento dessa questão, ao ser tangenciado pelas dimensões que envolvem justiça e solidariedade, traz outras implicações, extremamente pertinentes ao ordenamento jurídico: "A *justiça* tem a ver com as iguais liberdades de indivíduos inalienáveis e que se auto-determinam, enquanto *a solidariedade* tem a ver com o bem-estar das partes irmanadas numa forma de vida partilhada intersubjetivamente – e assim, *também com a preservação da integridade dessa própria forma de vida* (grifo nosso). As normas morais não conseguem proteger uma coisa sem a outra: nem conseguem preservar os direitos e liberdades iguais do indivíduo sem o bem-estar do próximo e da comunidade a que pertencem".[580]

Essa fala de Habermas remete-nos a uma defesa de padrões e processos auto-emancipados, decorrentes de visões não-antropocêntricas do universo e, muito menos, eurocêntricas. Decorre de uma visão mais integrada, pois compartilhada do ponto de vista da interdependência entre os seres e entes.

---

[579] J. Habermas, *La inclusión del outro,* p. 70.
[580] Ibidem.

Partimos de uma visão moderna da antropologia e da ética, procurando assumir o homem como parte ativa do processo de preservação, e não mero usurpador dos recursos naturais. Classificando o direito à proteção ambiental como um direito e um dever fundamental previsto em nossa Constituição, procuramos demonstrar a necessidade do desenvolvimento de uma consciência planetária em torno do ambiente, fazendo com que todos, independente da existência de qualquer previsão positivada, sintam-se como partes responsáveis pelo todo.

Toda a matéria dos direitos fundamentais, incluindo-se aqui a matéria dos deveres fundamentais, visa à prossecução de valores ligados à dignidade humana dos indivíduos e da coletividade como um todo. Vieira de Andrade ressalta que a dignidade humana não representa um valor abstrato, inatingível, é vista como uma autonomia ética "dos homens concretos, da pessoa humana",[581] por isso o predomínio do plano axiológico e funcional de uma dimensão subjetiva há de naturalmente corresponder, no plano jurídico-estrutural, lugar central da posição jurídico subjetiva.

Buscando aglutinar a ética inerente aos direitos fundamentais e aos próprios deveres fundamentais para a manutenção da dignidade da pessoa humana, trabalhamos a bioética, uma ética voltada para a vida, para tentar justificar a necessidade de entender a proteção ambiental como um direito e um dever da sociedade e do indivíduo. Por intermédio deste ramo da ética, procuramos valorar o que devemos ou não fazer para atingirmos o bem e sabermos quais são os meios necessários para atingir o fim desejado, como bom para cada um e para todos.

A origem do conceito de bioética é datada da década de 70, quando o termo foi cunhado pelo médico Van Renssaler Potter em seu livro *Bioethics: bridge to the future*, editado em 1971.[582] O objetivo do médico era chamar a atenção das pessoas para a degradação causada pelo homem contra a natureza e, com isso, propor uma nova relação homem-natureza, baseada em valores mais adequados. A bioética para Potter seria a ciência ideal para cuidar desta relação instintiva existente entre o homem e a natureza que o rodeia. Contudo, a bioética converteu-se não em uma nova ciência, uma nova ética científica, mas sim

---

[581] J. C. Vieira de Andrade, Op. Cit., p. 162.
[582] M. Godoy Prudente, Op. Cit., p. 41.

uma ética aplicada a um novo campo de estudo: o campo da medicina e da biologia.[583]

De acordo com a definição da *Encyclopedia of Bioethics*,[584] bioética é "o estudo sistemático do comportamento humano na área das ciências da vida e dos cuidados da saúde, quando se examina esse comportamento à luz dos valores e dos princípios morais".

Clotet frisa que a "bioética consiste na abordagem crítica dos assuntos relacionados com a vida sob a perspectiva do que é bom e do que é ruim" e, esclarece que "a bioética tem as suas raízes na ética, cresce e se desenvolve orientada para os problemas da vida". Em um sentido amplo, Clotet assevera que a bioética está "ocupada com os diversos temas da vida", podendo "desabrochar-se na ética ecológica, na ética e o uso adequado dos animais para a pesquisa, o trabalho e o lazer, na ética e as plantas geneticamente modificadas ou transgênicas (...)".[585]

Godoy Prudente[586] ressalta que a bioética é um ramo da ética, que reúne um conjunto de conceitos, direitos, princípios e teorias, com a função de dar legitimidade às ações humanas que podem ter efeito sobre os fenômenos vitais. Segundo o autor supra-referendado, esta conceituação ressalta a idéia de que todo o ato humano que, direta ou indiretamente, alterar, de forma reversível ou não, a vida, necessita apresentar ou propor as razões éticas que tornam legítima sua conduta. Desta forma, podemos afirmar que a bioética, segundo o entendimento

---

[583] F. Bellino, *Fundamentos da Bioética*, p. 28-29 dispõe que "A novidade da bioética é que, na esfera que parece se referir especificamente à saúde e ao corpóreo do homem, na realidade tem como próprio objeto não já o ser mas o não-ser do homem: o que ainda não é, o que não é mais, o que se poderia fazer, ou se discute se é humano – o não concebido, o feto, o moribundo, o corpo e os órgãos do defunto. Já na bioética médica a relação moral tem sempre entre seus termos pelo menos uma destas ambíguas entidades. Porém, o estender-se da bioética às entidades animal e ambiental, como também a superação do ponto de vista antropocêntrico, sancionaram de maneira particularmente nova e provocadora a transcendência do humano, vindo assim a impor uma profunda reinterpretação daquela que é a categoria fundamental da própria ética. Se os princípios morais originais são o negativo e o positivo, põe-se no centro a interrogação: quem é o outro na relação moral? A questão da alteridade corresponde ao problema da definição do bem em geral e da comunidade ética correlativa, ou seja, do conjunto de todos os seres aos quais o bem definido seja referente. Se a razão é assumida como supremo bem, os outros, conseqüentemente, serão os seres razoáveis; se a vida é considerada o verdadeiro bem, os outros serão todos os seres vivos".

[584] W. T. Reich (org.), *Encyclopedia of Bioethics*, New York, 1978, v. I, Introduzione, p. XIX apud F. Bellino, *Fundamentos da Bioética*, p. 21.

[585] J. Clotet, *Bioética: uma aproximação*, p. 215.

[586] M. Godoy Prudente, *Bioética: conceitos fundamentais*, p. 38.

Meio Ambiente
DIREITO E DEVER FUNDAMENTAL

de Godoy Prudente, ultrapassa o campo tradicionalmente reservado para a ética médica. Inclui, também, na esfera de suas preocupações, o sistema político e jurídico da sociedade e preocupa-se com os temas mais variados, como a ecologia, a biotecnologia, o direito das futuras gerações, a demografia, os direitos sociais e individuais, dentre outros temas como a eutanásia e o aborto.

Com o avanço dos temas bioéticos, criou-se a exigência de uma reflexão sobre tais assuntos, pois é necessário instituir um consenso social mínimo acerca dessas questões, uma vez que elas afetam, direta ou indiretamente, de forma indiscriminada, a todos os indivíduos.[587]E é neste momento que a bioética abre espaço para a intervenção jurídica; cabe ao legislador orientar-se acerca dos temas ao produzir a norma que afeta a vida; ao magistrado que interpreta e aplica a norma jurídica, buscar a sintonia com esses novos valores que informam e formam as condutas na área bioética.

Um dos aspectos fundamentais para o desenvolvimento da bioética como estudo sistemático é a transdisciplinaridade de suas ações e reflexões, ou seja, seu diálogo com as demais ciências, procurando preencher as lacunas deixadas pelas reflexões que a antecederam. Dentre as ciências com as quais a bioética interage,[588] talvez a que tenha proporcionado o diálogo mais importante, no que se refere à prática e à aproximação com a vida real, foi com a ciência jurídica e é com base neste diálogo que desenvolvemos o tema.

Nossa busca por uma ética ambiental nada mais é do que enfrentar este diálogo entre a bioética e o direito, e esta troca almeja incorporar às normas de direito constitucional ambiental uma carga ética que seja capaz de induzir a todos os cidadãos o cumprimento de suas determinações. A inter-relação entre a bioética e o direito é permitida haja vista a própria fundação pragmática desta ética da vida.

---

[587] J. Clotet, Op. Cit., p. 27, afirma, nesse sentido, que a "Bioética poderia ser definida brevemente como a abordagem dos problemas éticos ocasionada pelo avanço extraordinário das ciências (...)".

[588] A bioética caracteriza-se pela sua multidisciplinaridade, uma complexidade cultural e científica. Contudo, procurando evitar indeterminações em seu estatuto epistemológico, F. Bellino, Op. Cit., p. 34-35, determina que "o objeto material da bioética é comum a todas as ciências que estudam a vida (biologia, genética, ecologia, medicina, sociologia, zoologia, etc.). Essas ciências se distinguem ulteriormente entre si pelo ponto de vista formal através do qual cada uma estuda seu objeto. A bioética estuda, epsitemologicamente, o seu objeto sob o ponto de vista ético. Se o próprio objeto material (a vida) é, por exemplo, estudado do ponto de vista jurídico, temos não a bioética, mas o *bio-ius*.

Segundo Bellino,[589] a bioética é baseada em uma lógica que tende a recuperar a racionalidade na escolha dos valores, a superar as várias formas de ceticismo e decisionismo. O referido autor afirma que, nesta ótica pragmático-transcendental move-se também Larl-Otto Apel com sua ética do discurso, segundo a qual, a comunicação pressupõe princípios e normas morais fundamentais, ou seja, a justiça, a solidariedade e a co-responsabilidade.

A situação instalada no âmbito do dever fundamental da proteção ambiental origina uma nova ordem jurídico-constitucional. Com o advento da Constituição Federal de 1988, o meio ambiente passou a receber um tratamento diferenciado, seguindo as tendências mundiais de preservação. A responsabilidade pela manutenção de um meio ambiente sadio e equilibrado não é mais, tão-somente do Poder Público, a Constituição Federal instou o cidadão como indivíduo e como coletividade, a ser co-responsável pelo ambiente que usa e habita. O que se instalou nessa perspectiva de proteção ambiental foi um "direito-dever *erga omnes*", como no dizer de Borges,[590] em que se manifesta uma situação de solidariedade jurídico-ética em que todos os sujeitos encontram-se em ambos os pólos.

A questão levantada, neste momento, acerca da relevância de se estabelecer um compromisso sociojurídico de preservação do ambiente no qual estamos inseridos, está alicerçada na idéia de que não estamos buscando a proteção do direito de propriedades, de liberdade, de defesa perante o Estado, de prestação social. Procuramos enraizar o respeito ao outro, o respeito às pessoas, como seres vivos, o direito à vida em geral. O grande mérito do direito-dever à preservação ambiental consiste em não desenvolver apenas buscas imediatistas, mas, sim a defesa das medidas a longo prazo. Este direito-dever não se encontra circunscrito a um determinado tempo e espaço, está arraigado ao hoje e a tudo aquilo que está por vir.

A integração da bioética com a ciência jurídica se faz importante no sentido de despertar na sociedade um sentimento de solidariedade, de responsabilidade, de fazer justiça ao meio que nos mantém vivos. Contudo, a inexistência de formas mais diretamente coercitivas para fazer com o que o cidadão comum encampe a luta pela preservação,

---

[589] F. Bellino, Op. Cit., p. 31.
[590] R. Borges, Op. Cit., p. 20.

faz com que surja a necessidade de incutir na sociedade valores morais mais adequados ao momento jurídico-social que estamos vivendo.

O direito constitucional brasileiro, demonstrando uma maturidade científica e um nível elevado de consciência moral para com a preservação planetária, inclui em suas normas a necessidade pungente da participação da sociedade como agente ativo da preservação ambiental. No entanto, para que a sociedade incorpore o real significado de que a proteção ambiental consiste em um direito e um dever fundamental cidadão há que se realizar um trabalho de base para que valores éticos e morais sejam incutidos na população.

O debate instituído em espaços públicos é relevante na perspectiva habermasiana, em termos da abertura à descolonização do mundo da vida, como possibilidade de criar condições à transformação, na prática, do "estado de coisas", muitas vezes determinado pelos interesses/lógica do mundo do sistema. A essa competência se agregam os pressupostos já anunciados no respeito ao outro-sujeito e configurados como: fazer-se entender; procura da simetria de fala; uso da argumentação isenta de coação, persuasão, cooptação; veracidade das vivências; verdade dos fatos defendidos/apresentados; justiça das normas propostas e, finalmente, delimitação da legitimidade. Assumimos a condição "a-utópica" da proposta de embate público para a instituição de princípios éticos vinculados à bioética, haja vista que, na prática, exercemos sempre uma determinada racionalidade que privilegia um ou outro conjunto de interesses no uso do conhecimento, assumimos, também, o compromisso com a saída da minoridade de cada um e de todos, em direção à autonomia, através da administração permanente e processual de conflitos, presente no respeito ao outro.

Permanece como desafio e convite, pensarmos como agentes/sujeitos da sociedade civil, lutar para a construção de condições de espaços de intersubjetividade. Para isso, segundo Habermas,[591] pressupomos a criação, dia-a-dia, de espaços denominados como "comunidade de comunicação", base para a instauração de princípios éticos e de ordenamentos jurídicos, na qual as pretensões de validade possam ser testadas com base em pressupostos, facilitando (não sem dificuldade,

---

[591] Habermas, J. *Para a reconstrução do materialismo histórico*. São Paulo, Brasiliense, 1990; ———. *La inclusión del otro. Estúdios de teoria política*. Buenos Aires, Paidós, 1991; ———. *Conciencia moral y acción comunicativa*. Barcelona, Península, 1996; ———. *Direito e democracia, entre facticidade e validade*. Rio de Janeiro, Tempo Brasileiro, 1997.

reflexão, auto-reflexão e reflexão com o outro) que para os sujeitos envolvidos na ação: 1. tenham a condição de serem ouvidos e de serem considerados em suas falas, isto é, que todos sejam competentes para agir e falar através da força de seus argumentos; 2. possam fazer-se entender, independente das diferenciações em seus capitais cultural (simbólico) e econômico; 3. tenham a possibilidade de se fazer ouvir e serem considerados em seus argumentos, sem coerção ou qualquer outra forma de pressão; 4. tenham condições de testar as pretensões de validade das suas vivências, com base na autenticidade e veracidade de suas falas, o que significa que o outro, por princípio, é um sujeito e um sujeito que não mascara suas expressões; 5. possam testar suas pretensões de validade com relação aos fatos, com base na verdade das falas apresentadas, o que significa que o sujeito, por princípio, expressa verdades; 6. possam testar suas pretensões de validade com relação à justiça e retidão das normas e regras socioindividuais, o que significa que o sujeito, por princípio, pode questionar as normas, quando estas não se mostrarem justas para cada um e para todos, tematizando as decorrentes questões de legitimidade.

E, dessa forma, a "ordem do dia combina uma formação da opinião, orientada à verdade, através da formação de uma vontade coletiva, atinente a regra da maioria. Mas, do ponto de vista da teoria do discurso[habermasiano],() *a regra da maioria necessita manter uma referência interna com uma busca cooperativa da verdade*(grifo nosso)".[592]

Representa uma luta pela não-colonização dos espaços de potencialidade à emancipação, abrindo campos para os processos de tematização de questões que envolvem fatos, vivências ou normas consideradas ilegítimas: assim, os sujeitos enraízam-se não mais no a-temático, no não refletido do mundo da vida, mergulhados sim em ações reflexivas, auto-reflexivas e socio-reflexivas.

É uma reivindicação que se forja na contra-direção de um aprisionamento em torno de interesses instrumentais e estratégicos. No entanto, há, algumas vezes, um engessamento em torno de uma lógica que privilegia dimensões técnico-burocráticas, pertencentes à lógica do mundo do sistema em detrimento das ações emancipatórias, mais apropriadas ao mundo da vida. Resta, no "ao fim e ao cabo", a luta contra o predomínio de um mundo da vida colonizado, pois o que é

---

[592] J. Habermas, *Discurso filosófico da modernidade*, p. 181.

comum como aspiração dos diferentes grupamentos, o que é público e, como tal, merece ser publicizado, transforma-se em uma ação ou classe de saber instrumental, pois se particulariza como propriedade privada de poucos.

Assim, "não podemos avaliar a força dos argumentos, nem entender a categoria das pretensões de validade para qual desempenho vão contribuir, se não entendermos o sentido da tarefa ou finalidade a cujo serviço está em cada caso da argumentação"[593] que nos permitirá instituir uma ética de direito a todos e a cada um.

Partimos de uma visão moderna da antropologia e da ética, procurando enquadrar o homem como parte ativa do processo de preservação e não mero usurpador dos recursos naturais. Classificando o direito à proteção ambiental como um direito e um dever fundamental previstos em nossa Constituição, enfatizamos a necessidade do desenvolvimento de uma consciência planetária em torno do verde, fazendo com que todos, independente da existência de qualquer previsão positivada, sintam-se como partes responsáveis pelo todo.

Tendo em conta a relevância do direito e do dever à proteção do meio ambiente para a vida em geral, bem como para a espécie humana e para sua dignidade, buscamos aglutinar a ética inerente aos direitos fundamentais e aos próprios deveres fundamentais para a manutenção da dignidade da pessoa humana. É encontrado, também, na vivência e tematizações acerca de uma área como a bioética. Essa é uma ética voltada para a vida, para tentar justificar a necessidade de entender a proteção ambiental como um direito e um dever da sociedade e do indivíduo. Por intermédio deste ramo da ética, buscamos que seja determinado o que devemos ou não fazer para atingirmos o bem e sabermos quais são os meios necessários para alcançar o fim desejado e como mantê-los.[594]

---

[593] J. Habermas, *Teoria de laación comunicativa*, p. 55.

[594] A origem do conceito de bioética é datada da década de 70 quando o termo foi cunhado pelo médico Van Renssaler Potter em seu livro "Bioethics: bridge to the future", editado em 1971. O objetivo do médico era chamar a atenção das pessoas para a degradação causada pelo homem contra a natureza e, com isso, propor uma nova relação homem-natureza, baseada em valores mais adequados à dignidade de todos e de cada um. A bioética para Potter seria a ciência ideal para cuidar desta relação instintiva existente entre o homem e a natureza que o rodeia. Contudo, a bioética converteu-se não em uma nova ciência, uma nova ética científica, mas sim a ética aplicada a um novo campo de estudo: o campo da medicina e da biologia.

De acordo com a definição da Encyclopedia of Bioethics, bioética é: "O estudo sistemático do comportamento humano na área das ciências da vida e dos cuidados da saúde, quando se examina esse comportamento à luz dos valores e dos princípios morais".

Destaca-se, desde logo, que um dos aspectos fundamentais para o desenvolvimento da bioética,[595] assim como de outras áreas similares, como estudo sistemático é a transdisciplinaridade de suas ações e reflexões, ou seja, seu diálogo com as demais ciências, procurando preencher as lacunas deixadas pelas reflexões que a antecederam. Dentre as ciências com as quais a bioética interage,[596] talvez a que tenha proporcionado o diálogo mais importante, no que se refere à prática e à aproximação com a vida real, seja a ciência jurídica, e é com base neste diálogo que desenvolvemos o tema.

Neste contexto, nossa busca por uma ética ambiental nada mais é do que enfrentar este diálogo entre a ética e o direito, e esta troca almeja incorporar às normas de direito constitucional ambiental uma carga ética que seja capaz de fornecer diretrizes para a comunidade (e todas as pessoas) e para o cumprimento de suas determinações. A inter-relação entre a ética e o direito é permitida, haja vista a própria fundação pragmática desta ética da vida.

Segundo Bellino,[597] a bioética é baseada em uma lógica que tende a recuperar a racionalidade na escolha dos valores, a superar as várias formas de ceticismo e decisionismo. O referido autor afirma, neste sentido, que nesta ótica pragmático-transcendental move-se também Karl-Otto Apel[598] com sua ética da comunicação, segundo a qual a comunicação pressupõe princípios e normas morais fundamentais, ou seja, a justiça, a solidariedade e a co-responsabilidade.

A situação instalada no âmbito do dever fundamental da proteção ambiental origina uma nova ordem jurídico-constitucional. Com o advento da Constituição Federal de 1988, o meio ambiente passou a receber um tratamento diferenciado, seguindo as tendências mundiais

---

[595] M. Godoy Prudente, *Bioética: conceitos fundamentais*, p. 38. Conforme Godoy Prudente "bioética é um ramo da ética aplicada, que reúne um conjunto de conceitos, direitos, princípios e teorias, com a função de dar legitimidade às ações humanas que podem ter efeito sobre os fenômenos vitais".

[596] A bioética caracteriza-se pela sua multidisciplinaridade, uma complexidade cultural e científica. Contudo, procurando evitar indeterminações em seu estatuto epistemológico, F. Bellino, Op. Cit., p. 34-35, determina que "o objeto material da bioética é comum a todas as ciências que estudam a vida (biologia, genética, ecologia, medicina, sociologia, zoologia, ect.). Essas ciências se destinguem ulteriormente entre si pelo ponto de vista formal através do qual cada uma estuda seu objeto. A bioética estuda, epsitemológicamente, o seu objeto sob o ponto de vista ético. Se o próprio objeto material (a vida) é, por exemplo, estudado do ponto de vista jurídico, temos não a bioética, mas o "bio-ius".

[597] F. Bellino, Op. Cit., p. 31.

[598] K. Apel, *Estudos da Moral Moderna*, p. 35.

de preservação. A responsabilidade pela manutenção de um meio ambiente sadio e equilibrado não é mais, tão-somente, do Poder Público, a Constituição Federal convocou o cidadão, como coletividade e como indivíduo, a ser co-responsável pelo ambiente de que desfruta e no qual habita. O que se instalou nesta perspectiva de proteção ambiental foi um "direito-dever *erga omnes*", como no dizer de Borges,[599] em que se manifesta uma situação de solidariedade jurídico-ética em que todos os sujeitos se encontram em ambos os pólos.

A questão levantada acerca da relevância de se estabelecer um compromisso sociojurídico de preservação do ambiente no qual nos inserimos, está alicerçada na idéia de que estamos buscando ressaltar a necessidade do respeito recíproco, o respeito às pessoas, como seres vivos, assim como o direito à vida em geral. O grande mérito do direito-dever à preservação ambiental consiste, talvez, na necessária defesa de medidas de longo prazo. Este direito-dever, portanto, não se encontra circunscrito a um determinado tempo e espaço, mas se revela perene, pelo menos tão perene quanto a vida no nosso planeta.

A integração da bioética em especial e da ética, em seu escopo mais amplo, com a ciência jurídica, faz-se importante no sentido de despertar na sociedade um sentimento solidariedade, de responsabilidade, de fazer justiça ao meio que nos mantém vivos. Contudo, a inexistência de formas mais diretamente coercitivas para fazer com o que o cidadão comum encampe a luta pela preservação, faz com que surja a necessidade de incutir na sociedade valores morais mais adequados ao momento jurídico-social que estamos vivendo.

O direito constitucional brasileiro, demonstrando uma maturidade científica e um nível elevado de consciência moral para com a preservação planetária, incluiu dentre suas normas a necessidade pungente da participação da sociedade como agente ativo da preservação ambiental, como aliás já referido.

A consciência ecológica, conforme o entendimento de Dobson,[600] conecta o indivíduo com um mundo mais amplo. Esta consciência serve de novo fundamento sobre a construção de uma ética "ecológica" diferente e novas formas "ecológicas" de conduta. Assim, a idéia pressupõe enfocar o indivíduo além de uma entidade corporal isolada do todo. Como um desafio aos estudiosos do mundo jurídico, buscamos

---

[599] R. Borges, Op. Cit., p. 20.
[600] A. Dobson, Op. Cit., p. 80.

Fernanda Luiza Fontoura de Medeiros

superar dogmas preexistentes e resistentes e tentar alterar a visão do mundo jurídico acerca dos novos acontecimentos e suas conseqüências, alterar a perspectiva e a participação da Ordem Jurídica na vida dos cidadãos. Trata-se muito mais do que trabalhar a ética e o direito; de trabalhar a bioética e o direito, trata-se de trabalhar o direito como ente regulador da ética da vida.

Bibliografia

ALEXY, Robert. *Teoria de Los Derechos Fundamentales*. Madrid: Centro de Estudios Constitucionales, 1997.

ÁLVARES, Luis Ortega (org.). *Lecciones de Derecho del Medio Ambiente*. Villadolid: Lex Nova, 2000.

ANDRADE, José Carlos Vieira de. *Os Direitos Fundamentais na Constituição Portuguesa de 1976*. Coimbra: Almedina, 1998.

ANTUNES, Paulo de Bessa. *Dano Ambiental: uma abordagem conceitual*. Rio de Janeiro: Lumen Juris, 2000.

——. *Direito Ambiental*. Rio de Janeiro: Lumen Juris, 1999.

APEL, Karl-Otto. *Estudos de Moral Moderna*. Petrópolis: Vozes, 1994.

ARAGÃO, Alexandre. Considerações sobre a interpretação das normas e o efeito nacional do direito comunitário para a protecção das aves e seus habitats a proposta da localização da nova ponte sobre o Tejo em Lisboa. *Revista Jurídica do Urbanismo e do Ambiente*, n° 4, Coimbra: dez/1995.

ARCHER, Luís (coord.). *Bioética*. Lisboa: Verbo, 1998.

BARROSO, Luís Roberto. *Interpretação e Aplicação da Constituição*. São Paulo: Saraiva, 1999.

——. *O Direito Constitucional e a Efetividade de suas Normas*. Rio de Janeiro: Renovar, 1996.

BELLINO, Francesco. *Fundamentos da Bioética*. Bauru: Edusc, 1997.

BOBBIO, Norberto. *A Era dos Direitos*. Rio de Janeiro: Campus, 1992.

——. *Teoria do Ordenamento Jurídico*. Brasília: UnB, 1994.

BONAVIDES, Paulo. *Curso de Direito Constitucional*. São Paulo: Malheiros, 1993.

——. *Curso de Direito Constitucional*. São Paulo: Malheiros, 2000.

CADERNOS CEDES. Meio Ambiente. São Paulo: CEDES, no 29, 1993.

CANARIS, Claus-Wilhelm. *Pensamento Sistemático e Conceito de Sistema na Ciência do Direito*. Lisboa: Fundação Calouste Gulbenkian, 1996.

CANOTILHO, José Joaquim Gomes (coord.). *Introdução ao Direito do Ambiente*. Lisboa: Universidade Aberta, 1998.

——. *Direito Constitucional e Teoria da Constituição*. Coimbra: Almedina, 1998.

——. Procedimento Administrativo e Defesa do Ambiente. *Revista de legislação e de jurisprudência*. Coimbra: n° 123, 1990-1991.

Meio Ambiente
DIREITO E DEVER FUNDAMENTAL

——. *Protecção do Ambiente e Direito de Propriedade.* Coimbra: Coimbra, 1995.

CAPPELLI, Sílvia. *Polígrafos da Disciplina de Direito Ambiental do Curso de Especialização em Gestão Ambiental.* Porto Alegre: PUCRS, 1999.

CAPRA, Fritjo. *O tao da Física: um paralelo entre a Física moderna e o misticismo.* São Paulo: Cultrix, 1995.

CARNELUTTI, Francesco. *Teoria Geral do Direito.* São Paulo: LEJUS, 1999.

CARVALHO, Carlos Gomes de. *Introdução ao Direito Ambiental.* São Paulo: Letras e Letras, 1991.

CLOTET, Joaquim. *Bioética: uma aproximação.* Porto Alegre: EDIPUCRS, 2003.

DEEBEIS, Toufic Daher. *Elementos de Direito Ambiental Brasileiro.* São Paulo: Universitária de Direito, 1999.

DERANI, Cristiane. *Direito Ambiental Econômico.* São Paulo: Max Limonad, 1997.

DOBSON, Andrew. *Pensamiento Político Verde.* Barcelona: Paidós, 1997.

FELGUERAS, Santiago. *Derechos Humanos y Medio Ambiente.* Buenos Aires: Ad-Hoc, 1996.

FERRAZ JR., Tércio Sampaio. *Introdução ao Estudo do Direito: técnica, decisão, dominação.* São Paulo: Atlas, 1994.

FERREIRA FILHO, Manoel Gonçalves. *Direitos Humanos Fundamentais.* São Paulo: Saraiva, 1995.

FIDALGO, Gonzalo de la Huerga. *Tutela do medio ambiente, especialmente en materia de costas.* Santiago de Compostela: Escola Galega de Administración Pública, 1993.

FIGUEIREDO, Guilherme José Purvin de (org.). *Temas de Direito Ambiental e Urbanístico.* São Paulo: Max Limonad, 1998.

FIORILLO, Celso A. P. & RODRIGUES, Marcelo A.. *Manual de Direito Ambiental e Legislação Aplicável.* São Paulo: Max Limonad, 1999.

FIORILLO, Celso A. P.. *Curso de Direito Ambiental Brasileiro.* São Paulo: Saraiva, 2000.

——. *Direito Processual Ambiental Brasileiro.* Belo Horizonte: Del Rey, 1996.

——. *O Direito de Antônio em Face do Direito Ambiental no Brasil.* São Paulo: Saraiva, 2000.

FOLLARI, Roberto. Ecodesenvolvimento. Ecocídio. *Cadernos CEDES.* São Paulo: CEDES, no 29, 19993.

FREIRE, William. *Direito Ambiental Brasileiro.* Rio de Janeiro: Aide, 1998.

FREITAS, Juarez. *A Interpretação Sistemática do Direito.* São Paulo: Malheiros, 1998.

FREITAS, Vladimir Passos de (org.). *Direito Ambiental em Evolução.* Curitiba: Juruá, 1998.

——. *A Constituição Federal e Efetividade das Normas Ambientais.* Rio de Janeiro: Revista dos Tribunais, 2000.

——. *Direito Administrativo e Meio Ambiente.* Curitiba: Juruá, 1998.

GOLDBLATT, David. *Teoria Social e Ambiente.* Lisboa: Piaget, 1998.

GOMES, Sebastião Valdir. *Direito Ambiental Brasileiro.* Porto Alegre: Síntese, 1999.

GOULD, S.J. *Viva o brontossauro. Reflexões sobre a História Natural.*

GUATTARI, Félix. *As Três Ecologias*. Campinas: Papirus, 1990.

HABERMAS, Jürgen. Teoria de la acción comunicativa. Buenos Aires, Paidós, Vol I y II, 1988.

——. A soberania popular como procedimento: um conceito normativo de espaço público. *Novos Estudos CEBRAP*. São Paulo, nº 26, p.107-113, março, 1990.

——. *O discurso filosófico da modernidade*. Lisboa, Dom Quixote, 1990.

——. *Para a Reconstrução do Materialismo Histórico*. São Paulo: Brasiliense, 1990.

——. La inclusión del otro. Estúdios de teoria política. Buenos Aires, Paidós, 1991.

——. Como es possible la legitimidad por via de legalidad? *Escritos sobre Moralidad y Eticidad*. Barcelona: Paidós, 1991.

——. Conciencia moral y acción comunicativa. Barcelona, Península, 1996.

——. Comentários à ética do discurso. Lisboa, Instituto Piaget, 1999.

——. *Direito e Democracia: entre facticidade e validade*. Rio de Janeiro: Tempo Brasileiro, 1997.

——. *Aclaraciones a la ética del discurso*. Madrid: Editorial Trotta, 2000.

——. Textos y Contextos. Madrid: Editorial Trotta, 1999.

HELLER, Agnes. *Além da Justiça*. Rio de Janeiro: Civilização Brasileira, 1998.

KELSEN, Hans. *A Teoria Pura do Direito*. São Paulo: Martins Fontes, 1998.

KISS, Alexandre. Direito Internacional do Ambiente. *Direito do Ambiente*. Lisboa: INA, 1994.

LARRÈRE, Catherine e LARRÈRE, Raphäel. *Do bom uso da natureza: para uma filosofia do meio ambiente*. Lisboa: Piaget, 2000.

LEITE, José Rubens Morato e AYALA, Patryck de Araújo. *Direito Ambiental na Sociedade de Risco*. Rio de Janeiro: Forense Universitária, 2002.

LEWGOY, Flávio (org.). *Política e Meio Ambiente*. Porto Alegre: Mercado Aberto, 1986.

MACERA, Bernard-Frank. *El Deber Industrial de Respetar el Ambiente: análisis de una situación pasiva de Derecho público*. Barcelona: Marcial Pons, 1998.

MACHADO, Paulo Affonso Leme. *Direito Ambiental Brasileiro*. São Paulo: Malheiros, 1999.

MAGALHÃES, Juraci Perez. *A Evolução do Direito Ambiental no Brasil*. São Paulo: Oliveira Mendes, 1998.

MATURANA, Humberto Romesin; VARELA Garcia, Francisco. *De máquinas e seres vivos. Autopoiese – a organização do vivo*. Porto Alegre: Artes Médicas, 1997.

MAXIMILIANO, Carlos. *Hermenêutica e Aplicação do Direito*. Rio de Janeiro: Forense, 1998.

MELLO, Celso D. de Albuquerque. *Direito Internacional Público – Tratados e Convenções*. Rio de Janeiro: Renovar, 1997.

MILARÉ, Édis. *Direito do Ambiente*. São Paulo: Revista dos Tribunais, 2000.

MINC, Carlos. *Despoluindo a Política: um olhar alternativo*. Rio de Janeiro: Relume-Dumará, 1994.

MIRANDA, Jorge. A Constituição e o Direito do Ambiente. *Direito do Ambiente*. Lisboa: INA, 1994.

Meio Ambiente
DIREITO E DEVER FUNDAMENTAL

——. *Manual de Direito Constitucional – Direitos Fundamentais*. Coimbra: Coimbra Editora, 1998.

MORAES, J. L. Bolzam. *Dos Direitos Sociais aos Interesses Individuais*. Porto Alegre: Livraria do Advogado, 2001.

MORIN, Edgar (org.). *A Religação dos Saberes*. Rio de Janeiro: Bertrand, 2002.

MUKAI, Toshio. *Direito Ambiental Sistematizado*. Rio de Janeiro: Forense, 1998.

MÜLLER, Friedrich. *Direito, Linguagem, Violência: elementos de uma teoria constitucional*. Porto Alegre: Sérgio Antônio Fabris, 1995.

——. *Quem é o povo?* São Paulo: Max Limonad, 1998.

MÜNCH, Ingo Von. A protecção do meio ambiente na constituição. *Revista Jurídica do Urbanismo e do Ambiente*. Coimbra: n° 1, junho 1994.

NABAIS, José Casalta. *O Dever Fundamental de Pagar Impostos*. Coimbra: Almedina, 1998.

OST, François. *O Tempo do Direito*. Lisboa: Instituto Piaget, 2001.

——. *A Natureza à Margem da Lei*. Lisboa: Instituto Piaget, 1997.

PASQUALINI, Alexandre. *Hermenêutica e Sistema Jurídico: uma introdução à interpretação sistemática do Direito*. Porto Alegre: Livraria do Advogado, 1999.

PAULA, João Antônio de (coord.). *Biodiversidade, população e economia*. Belo Horizonte: UFMG, 1997.

PIGRETTI, Eduardo A.. *Derecho Ambiental*. Buenos Aires: Depalma, 2000.

PRUDENTE, Mauro Godoy. *Bioética – Conceitos Fundamentais*. Porto Alegre: Editora do Autor, 2000.

RENAUD, Isabel Carmelo Rosa. *Dimensão Ecológica da Bioética*.

ROCHA, Julio Cezar de Sá da. *Função Ambiental da Cidade – Direito ao meio ambiente urbano ecologicamente equilibrado*. São Paulo: Juarez de Oliveira, 1999.

ROHDE, Geraldo Mario. *Epistemologia Ambiental: uma abordagem filosófico-científica sobre a efetuaçãao humana alopeiética*. Porto Alegre: EDIPUCRS, 1996.

ROSA, João Guimarães. *Grande Sertão: Veredas*. Rio de Janeiro: ,1982.

ROSA, Vilma Guimarães. *Relembramentos, João Guimarães Rosa, meu pai*. Rio de Janeiro: ,1983.

RUIZ, José Juste. *Derecho Internacional del Medio Ambiente*. Madrid: McGraw-Hill, 1999.

SÁ, Elida & CARRERA, Francisco. *Planeta Terra: uma abordagem de Direito Ambiental*. Rio de Janeiro: Lumen Juris, 1999.

SARLET, Ingo Wolfgang. *A Eficácia dos Direitos Fundamentais*. Porto Alegre: Livraria do Advogado, 1998.

——. *Dignidade da Pessoa Humana e Direitos Fundamentais na Constituição Federal de 1988*. Porto Alegre: Livraria do Advogado, 2001.

SÉGUIN, Elida. *O Direito Ambiental: nossa casa planetária*. Rio de Janeiro: Forense, 2000.

SILVA, José Afonso da. *Direito Ambiental Constitucional*. São Paulo: Malheiros, 1997.

——. *Curso de Direito Constitucional Positivo*. São Paulo: Malheiros, 1999a.

——. *Aplicabilidade das Normas Constitucionais*. São Paulo: Malheiros, 1999b.

SILVA, Vasco Pereira da. *Verdes são também os direitos do homem.* Cascais: Principia, 2000.

——. *Verde Cor de Direito – lições de direito do ambiente.* Coimbra: Almedina, 2002.

SINGER, Peter. *Vida Ética.* Rio de Janeiro: Ediouro, 2002.

SOARES, Guido Fernando Silva. *Direito Internacional do Meio Ambiente: emergências, obrigações e responsabilidades.* São Paulo: Atlas, 2001.

SOUZA FILHO, Carlos Frederico Marés de. *Bens Culturais e Proteção Jurídica.* Porto Alegre: UE/Porto Alegre, 1997.

STRECK, Lenio Luiz. *Hermenêutica Jurídica e(m) Crise.* Porto Alegre: Livraria do Advogado, 2000.

——; BOLZAM DE MORAIS, José Luis. *Ciência Política e Teoria Geral do Estado.* Porto Alegre: Livraria do Advogado, 2000.

TABORDA, Maren. *Sobre o Direito Romano* e o Meio Ambiente. Entrevista realizada na Faculdade de Direito da PUCRS, 23/05/2003.

TAVOLARO, Sérgio Barreira de Faria. *Movimento ambientalista e modernidade: sociabilidade, risco e moral.* São Paulo: Annablume/FAPESP, 2001.

TRINDADE, Antônio Augusto Cançado. *Direitos Humanos e Meio Ambiente: paralelo dos sistemas de proteção internacional.* Porto Alegre: Sergio Antonio Fabris, 1993.

TUGENDHAT, Ernst. *Lições sobre Ética.* Petrópolis: Vozes, 1997.

VARELLA, Marcelo Dias & BORGES, Roxana Cardoso B.. *O Novo em Direito Ambiental.* Belo Horizonte: Del Rey, 1998.

VERÍSSIMO, Érico. *Solo de Clarineta.* Porto Alegre: Globo, 1976.

VILLALON, Pedro Cruz. Formacion y Evoluciona de los Derechos Fundamentales. *Revista Española de Derecho Constitucional,* año 9, nº 25, 1989.

ZSÖGÖN, Silvia Jaquenod de (coord.). Temas de legislación, Gestión y Derecho Ambiental. *Ilustre Colegio de Abogados de Madrid. Programa Iberoamericano 1995-1997.* Madrid: Dykinson, 1997.

——. El derecho ambiental y sus principios rectores. Madrid: Dykinson, 1991.